LA NUIT
AU
MOYEN AGE

Du même auteur

La Chronique de Saint-Maixent, 751-1140, édition et traduction, Les Belles Lettres, 1979 (Les Classiques de l'Histoire de France au Moyen Age, 33).

Les Loisirs au Moyen Age, Tallandier, 1980.

Isabeau de Bavière, Tallandier, 1981.

Grégoire de Tours, « le père de l'histoire de France », Horvath, 1988.

Les Françaises pendant la guerre de Cent Ans, Perrin, 1991 (ouvrage couronné par l'Académie française).

JEAN VERDON

LA NUIT
AU
MOYEN AGE

LE GRAND LIVRE DU MOIS

AVANT-PROPOS

« Une panne d'électricité a plongé New York dans l'obscurité mercredi 13 juillet... Les trains et les métros se sont immobilisés, retenant leurs usagers prisonniers. M. Abraham Beame, maire de New York, s'est adressé aux habitants pour leur demander de garder leur sang-froid alors que les pompiers et les agents de police, au repos, étaient rappelés d'urgence. M. Hugh Carey, gouverneur de l'État, a déclaré qu'il mettait la garde nationale en état d'alerte pour venir renforcer la police locale. Celle-ci a annoncé qu'elle avait arrêté près de quatorze cents pillards qui profitaient de l'obscurité pour dévaliser les magasins. » (*Le Monde*, 15 juillet 1977, p. 16.)

Le monde contemporain vit mal la nuit, plus exactement la nuit qu'il n'a pas domestiquée grâce à l'électricité. Qu'en est-il alors au Moyen Age où l'obscurité règne presque sans partage du coucher au lever du soleil ?

Je remercie vivement Dominique Malezieux-Pastol qui a bien voulu lire mon manuscrit avant l'impression et m'a fait nombre de pertinentes remarques.

INTRODUCTION

« Dieu dit : “ Que la lumière soit ” et la lumière fut. Dieu vit que la lumière était bonne, et Dieu sépara la lumière et les ténèbres. Dieu appela la lumière “ jour ” et les ténèbres “ nuit ”. Il y eut un soir et il y eut un matin : premier jour. »

Ainsi s'exprime l'auteur du livre de la Genèse lorsqu'au début de cet ouvrage est relatée la création du monde. De fait, la nuit apparaît avant tout comme l'espace de temps qui s'écoule du coucher du soleil à son lever. Et, comme l'écrit Isidore, évêque de Séville au début du VIIe siècle, auteur d'une véritable encyclopédie appelée les *Étymologies*, durant le jour le soleil se trouve sur les terres, la nuit il est dessous. La journée comporte donc deux espaces, l'un diurne, l'autre nocturne.

Attachons-nous à ce dernier, en compagnie du savant compilateur qui distingue sept parties au cours de la nuit. Le soir, ainsi appelé à cause de l'étoile qui suit le soleil couchant et précède les ténèbres. Le crépuscule, marqué par une lumière indécise. La première période, où règne le silence. Le milieu, exempt d'activités, car un profond sommeil a entraîné une tranquillité sans faille – on ne prend conscience du temps que par les actes humains; or le milieu de la nuit est exempt de tout mouvement et par conséquent correspond en quelque sorte à une absence de temps. Le moment où le coq chante, annonçant la lumière. Le matin, entre le départ de la lumière et l'arrivée de l'aurore. Le point du jour, lorsque commence à percer un peu de la clarté solaire.

Nuit-ténèbres. Mais à côté de cette nuit qui n'a rien de spécifiquement médiéval se profile de plus en plus nettement une nuit légale, marquée par l'époque, dont les limites, dans une certaine mesure, semblent indépendantes de la notion d'obscurité.

Cette nuit-là n'est pas définie par le lever et le coucher du soleil, mais par des sonneries de cloches qui annoncent, le soir, l'extinction des feux et, le matin, la reprise du travail. Lorsque tombe le jour, se déroule tout un cérémonial. Les portes qui dans l'épaisse muraille entourant la cité permettent de s'évader vers la campagne ou au contraire d'amener le ravitaillement se ferment, faisant de la ville un espace clos privé quelques heures de toute relation avec le monde extérieur. Dans les rues, pour s'opposer à une attaque ou pour gêner la fuite des mauvais garçons après un larcin, des chaînes sont tendues.

Il s'agit alors non pas d'une nuit cosmique, mais d'une nuit marquée, en principe tout au moins, par l'absence des activités urbaines. Urbaines, car la campagne vit, elle, au rythme de la nature et, encore de nos jours, les paysans ne connaissent pas cet affairement qui caractérise les habitants des grandes villes.

La distinction entre ces deux types de nuit ne paraît pas toutefois rigoureuse. La cloche du soir qui marque la fin de la journée artisanale, l'interdiction de travailler à la lueur d'une chandelle, la cloche du matin qui appelle les ouvriers au travail peu après le lever du jour ne résonnent pas à la même heure selon les saisons; elles tiennent compte de la lumière si précieuse que dispense le soleil.

Lorsque l'on passe de la période nocturne à ses composantes, on constate une évolution : au « temps de l'Église » succède, en effet, le « temps du marchand ». Certes, le jour complet comporte, au Moyen Age comme à notre époque, vingt-quatre heures, divisées soit en minutes, secondes et tierces, soit en points – une heure comporte quatre points –, moments – un point équivaut à dix moments –, onces – un moment représente douze onces – et atomes – il y a quarante-cinq atomes dans une once. A ces divisions théoriques, les auteurs médiévaux préfèrent le quart d'heure ou la demi-heure. Mais les heures n'ont pas la même durée au cours de l'année, car l'on compte toujours douze heures du lever au coucher du soleil et douze heures du coucher du soleil à son lever, de sorte que les heures de nuit se trouvent bien plus longues en décembre qu'en juin, passant de quatre-vingt-dix minutes à trente minutes.

Les prières ou heures canoniques récitées par les moines permettent de distinguer les différents moments de la journée. Complies au coucher du soleil, matines ou laudes au lever de l'astre... Les cloches retentissent alors ainsi que, dans certaines régions, pour l'Angelus du soir.

Les horloges mécaniques vont permettre le passage des heures inégales aux heures égales. La nuit, comme le jour, les heures ont alors la même durée. Horloges publiques – on en signale une à Paris en 1370 –, mais aussi horloges domestiques. Froissart, en 1369, écrit dans *L'Horloge amoureuse :*

Car nuit et jour les heures nous apprend,
Par la subtilité qu'elle comprend
En l'absence même du soleil.

Ces horloges n'empêchent point les cloches de continuer à sonner, telle celle nommée Marie, installée dans la chapelle de la Sorbonne, qui annonce le couvre-feu de l'Université.

Villon s'en souvient bien lui qui, une froide nuit de décembre, alors qu'il écrit ses lais :

[entend] *la cloche de Sorbonne*
Qui toujours à neuf heures sonne
Le Salut que l'Ange prédit.

S'arrêtant alors de travailler, il se met à prier.

L'homme médiéval doit intégrer dans son existence cette nuit inévitable à laquelle sont liés Éros, Hypnos et Thanatos. L'Amour qu'elle dissimule aux regards indiscrets. Le Sommeil quotidien et en fin de compte éternel. La Mort donc. Dès l'origine, cette nuit s'identifie au mal ; si Dieu est lumière, les ténèbres ne peuvent être que le domaine du Malin. Mais il est une manière spécifique au Moyen Age de dompter la nuit et les peurs qu'elle suscite. Plus que la technique, ou de façon générale l'action humaine, c'est la sublimation par l'orientation inconsciente ou consciente vers Dieu.

PREMIÈRE PARTIE

SATAN
ou
LA NUIT HORRIFIQUE

LE PAYSAGE NOCTURNE MÉDIÉVAL

Les campagnes

Le pays est couvert de nombreuses forêts, forêt-refuge pour les ermites ou les marginaux, forêt productrice de produits essentiels, mais forêt où il ne fait pas bon errer la nuit, ainsi qu'en témoigne l'aventure arrivée au duc de Bourgogne Philippe le Bon et narrée par le chroniqueur Georges Chastellain.

Philippe craignant d'être l'objet de sollicitations de la part du dauphin Louis – le futur Louis XI réfugié à sa cour – décide de quitter subrepticement son hôtel et fixe un rendez-vous nocturne à quelques seigneurs de ses amis. Les jours sont alors courts et l'on est déjà à « basse vesprée » lorsque le prince monte à cheval. Le dégel qui succède à un long et âpre gel, la bruine épaisse qui a sévi toute la journée et se transforme en pluie menue détrempent le sol. Cependant le duc part au hasard, pensant qu'il retrouvera facilement son chemin.

Le jour disparaît et la nuit le surprend. Ce grand prince qui commande à des milliers de personnes chevauche ainsi, seul, perdu, mais il ne veut pas regagner Bruxelles; « il aimait supporter l'aventure de la périlleuse nuit ». Plus il avance, plus il erre; mais il a toujours la ferme intention de rejoindre Halsenbergue, lieu de son rendez-vous; et pourtant, « la nuit, telle qu'elle était si hideuse et si pleine de péril, devait épouvanter tout cœur d'homme et le mener à désespoir ».

Le dauphin part à sa recherche. Mais comme les heures s'écoulent, considérant « la nuit et le temps pleins de péril », il rentre à son domicile.

Le duc chemine au hasard, car le monde à cette heure n'est que ténèbres. Il se trouve en une épaisse et vaste forêt, dont il ignore les issues. Il garde toutefois courage, ne tenant compte ni du froid, ni de la nuit obscure, attendant la venue du jour et se disant qu'une nuit, même dure, est bientôt passée. Ses cris ne rencontrent aucun écho. Son cheval bute par trois ou quatre fois.

Il aperçoit enfin une clarté lointaine, mais il s'agit d'une motte d'où une flamme sort de tous côtés. Il peut être minuit. Il se remet donc à cheminer, affamé. Longtemps il erre ainsi. Finalement il entend les aboiements d'un chien et parvient à une maisonnette où un pauvre homme dort en compagnie de sa femme. Malgré ses cris et des coups violents sur la porte, le bonhomme ne se hâte pas de répondre, « car pensait que ce fussent brigands des bois ou gens de mauvais repaire, quand à cette heure et par tel temps et si hors de voie, ils se trouvaient par chemin. " Allez votre chemin, il est à cette heure après minuit, laissez-nous dormir et vous en allez " ».

Le duc réussit à convaincre le bonhomme qui le fait entrer dans sa petite maison, asseoir près du feu et lui apporte un maigre repas puis, contre espèces sonnantes et trébuchantes, l'accompagne pour lui indiquer la bonne direction. Et le duc reprend sa route vers Halsenbergue; il peut être quatre heures après minuit.

Accueilli chez son garde-chasse Loykin, il y passe le reste de la nuit.

Cependant les seigneurs auxquels il a donné rendez-vous s'inquiètent. Ils restent là, attentifs, « tant que le jour commença fort à passer et la nuit à survenir noire et hideuse, pleine de bruine et de verglas, qui leur semblait très dure et pleine de périls, et ils commençaient à entrer en fantasmes et en diverses pensées, comment et pourquoi il pouvait mettre tant de temps à venir, vu que déjà il était noire nuit et que le temps était dur et mauvais ». Ils le cherchent en vain. Le seigneur de Croy se désole ; « considérant le péril du temps et de la noire nuit, il ne pouvait s'empêcher de penser qu'un mauvais accident l'avait mené à la mauvaise, dure et confuse mort parmi les champs ».

Les arbres et la nuit se conjuguent ainsi pour occulter la lumière, multiplier les périls et augmenter l'angoisse.

Peur de la nuit, peur dans la nuit. La peur de l'obscurité consiste en une appréhension que rien ne justifie, sinon l'absence de perceptions visuelles. L'homme ne peut vivre sans dommages dans les ténèbres ; il lui faut voir pour agir. Il existe aussi une peur dans l'obscurité – celle que doit ressentir notre duc de Bourgogne, incapable de discerner les dangers qui l'entourent.

La ville

La ville – on pourrait parler du château qui présente des caractéristiques similaires, mais à une moindre échelle – se protège contre les périls qui la menacent, tout particulièrement la nuit.

Et tout d'abord en s'entourant d'une solide muraille. A l'époque gallo-romaine des murs ceinturent les cités. Détruites peu ou prou par la suite, sous l'effet des guerres ou du manque d'entretien, ces fortifications – du moins ce qui en reste – ne peuvent pas contenir la croissance démographique du XIe siècle et des faubourgs poussent au-delà des murailles littéralement enkystées au sein des maisons. Il faut alors, vers le milieu du XIVe siècle, en raison des conflits, construire de nouvelles enceintes.

De sorte que le voyageur, en ce Moyen Age finissant, essaie d'atteindre avant la tombée du jour la ville où il espère trouver repos et sécurité. Gare aux retardataires, car chaque soir les portes sont fermées et le guet mis en place!

Dans la cité, des rues étroites, irrégulières, tout un dédale de ruelles, de jardins. Un véritable coupe-gorge pour qui se promène nuitamment sans être accompagné ou sans quelque arme apte à dissuader les voleurs de bourses.

Mais nous voici devant la bonne ville de Tours [1]!

Vers le milieu du XIVe siècle, face à la menace anglaise, on a décidé d'enclore la cité, en laissant toutefois deux quartiers peuplés hors les fortifications, construites moins solidement que prévu au départ. Les murailles maçonnées de terre doivent souvent être étayées; le chemin de ronde n'est généralement qu'un plancher en surplomb; à la place des échauguettes de simples guérites. Pour atteindre le haut des murs une vingtaine d'échelles.

Au total cependant une muraille longue de 4,5 kilomètres, enserrant près de 60 hectares, précédée de fossés et de rerefossés. L'entrée se fait par dix portes, très différentes. Pour certaines il s'agit de simples ouvertures dans le mur, facilement closes. D'autres, au contraire, sont ouvertes dans d'épais massifs entre deux tours rondes. Toutes sont équipées d'un pont-levis.

La porte est franchie juste avant que les cloches ne sonnent à La Riche et à la tour Feu-Hugon et que les lourds battants ne soient fermés. Notre voyageur peut maintenant muser, errer selon sa fantaisie au gré des rues, à moins que prudemment il ne décide de rechercher auparavant quelque endroit hospitalier pour y passer la nuit.

Dans le quartier de Châteauneuf, les habitants viennent de cesser le travail; les tavernes se remplissent, car la population est dense. Les rues forment

1. Bien connue grâce aux travaux de Bernard Chevalier.

un dédale où l'étranger se reconnaît difficilement. Les maisons s'alignent le long des ruelles, avec des cours intérieures, mais l'espace manque pour des jardins. Parfois une place ; la plus vaste, longue de cinquante mètres, comporte les grandes et les petites boucheries ; le samedi s'y déroule le marché.

En poursuivant, on atteint le centre de la ville qui présente un aspect fort différent avec deux rues longitudinales, la rue de la Scellerie et la grand-rue, lieu de résidence de bourgeois ou d'artisans fortunés. L'espace ici ne manque pas pour les grands hôtels et leurs jardins, pour les monastères et leurs vastes parcs. Quelques maisons modestes, égarées, enclavées dans les dépendances des demeures aristocratiques. Sur cent cinquante mètres de long et cent de large s'étend la grande place Foire-le-Roi où sont représentés les mystères et où se tient le pilori. Mais le quartier comporte aussi des jardins de notables n'attenant pas à leur demeure et qui, parfois négligés, présentent l'aspect de véritables terrains vagues. Aussi, en cette fin de journée, des filles de joie se promènent, cherchant le client, cependant que de mauvais garçons guettent le bourgeois rentrant chez lui à pas précipités pour lui dérober sa bourse.

En regard, le quartier de la Cité apparaît plus tranquille. Quelques hommes d'armes dans le château, des chanoines dans le cloître qui abrite leurs maisons, peu de mouvement sur le vaste terrain occupé par les bâtiments, encore inachevés, de la cathédrale. Dans le centre, le carroi des Arcis, point de vaste demeure. Mais beaucoup d'étroites impasses donnant sur la grand-rue garnies de maisons construites de façon désordonnée, au gré de la fantaisie de chacun et de la place disponible.

Ces ruelles n'incitent guère à flâner la nuit.

Mais quittons la Touraine et sur le bâton d'une sorcière franchissons les régions qui séparent le riant pays de la Loire de Paris où maître François Villon, noctambule impénitent, se fera un plaisir de nous guider.

L'obscurité commence à gagner la ville. Les vêpres viennent de sonner aux églises et aux couvents, le travail s'est arrêté. Dans la rue les enfants vont chercher, avant le repas, de la moutarde fraîchement broyée ; ils s'y rendent en groupes, entonnant des chants plaisants, voire déshonnêtes, comme « Ouvrez votre huis [porte], Guillemete ».

Les travailleurs se restaurent, pour la plupart grâce à un modeste repas dont pain, fèves et pois, lard et choux constituent l'essentiel. Le couvre-feu résonne : à sept heures pour Notre-Dame, à huit heures dans les autres églises de Paris, à neuf heures pour la cloche de Sorbonne.

La nuit est maintenant tombée, depuis plusieurs heures en hiver, depuis peu lors des longues journées d'été. Quelques chandelles brûlent encore dans de rares échoppes d'artisans qui, par exception, ont reçu la permission de poursuivre un travail urgent.

Dans la ville l'obscurité est complète. Du côté de l'entrée de la porte du Châtelet brille une lanterne devant l'image de la Vierge Marie. Les buveurs ont quitté les tavernes et regagnent en titubant leur domicile.

Les mauvais garçons, les pauvres qui n'ont pu trouver un endroit pour dormir et s'installent sous les tables destinées aux marchandises, les amoureux qui rejoignent leur belle dont le père sommeille ou dont le mari est absent s'emparent de la capitale. Villon les dépeint sans concession :

Et à ceux qui sont couchés sous les étaux des marchands,
Je laisse à chacun sur l'œil un coup de poing;
Ils grelottent, le visage renfrogné par le froid,
Maigres, velus et enrhumés,
Je leur lègue donc chausses courtes, robe raccourcie.
Ils sont gelés, contusionnés et mouillés.

Ce voleur de Villon n'a vraiment aucune pitié pour les pauvres honteux !

Quant aux sergents à pied, il nous les peint de fort plaisante manière « tâtonnant parmi les étaux », c'est-à-dire touchant de la main les boutiques. Bien des textes signalent d'ailleurs que les amoureux se cassent le nez et la figure en se heurtant à des charrettes ou à la porte des maisons.

Marot écrira :

Je crains le guet; c'est un mauvais garçon.
Et puis de nuit trouvez une charrette;
Vous vous cassez le nez comme un glaçon,
Pour le plaisir d'une jeune fillette.

La nuit s'achève. Le jour est corné du haut du donjon du Louvre, des tourelles du Grand et du Petit Châtelet. Les mauvais garçons ont regagné leur lit et dorment sans remords. Les cloches sonnent prime. La ville retrouve ses activités.

Mais pendant les heures nocturnes les farces des joyeux écoliers ont parfois dégénéré en rixes sanglantes.

1

VIOLENCE

La nuit, domaine de la peur, est apparemment le domaine du diable, du péché. Péché « véniel » s'il s'agit du seul tapage nocturne de jeunes sortant des tavernes après maintes libations ou d'écoliers décrochant les enseignes de braves commerçants endormis. Mais « péché mortel » lorsque de telles équipées aboutissent à des homicides, que de mauvais garçons profitent du sommeil des honnêtes gens pour piller leur maison, que de redoutables mercenaires franchissant en silence les murailles d'une ville se jettent sur des habitants inoffensifs ou que, en l'absence d'un mari, quelque épouse se livre à des ébats extra-conjugaux.

Les procès mentionnent fréquemment l'heure des délits. Et la précision concerne avant tout ceux commis à « heure suspecte », à « heure propice aux méfaits », à « heure prohibée » – c'est-à-dire après le couvre-feu. A en croire les textes, la plupart des mauvaises actions se produisent dans l'obscurité.

Les ordonnances de police de Lyon interdisent qu'« aucun tavernier ne soit si hardi de tenir taverne ouverte publiquement après le grand séral, sous peine de soixante sous ». Mais bien des estaminets ne respectent pas les règlements et tard dans la soirée de jeunes célibataires les quittent pour errer dans les rues, cherchant quelle sottise faire, voire quelle fille agresser.

VIOLENCE PRIVÉE

Chahuts

Dijon. Le jeudi 22 juin 1464, quatre ou cinq compagnons déguisés parcourent la ville à plusieurs reprises – chaque fois revêtus d'habits différents, et l'une des fois habillés en diables – de minuit à deux heures du matin, et jettent des pierres contre les portes et fenêtres. Ils cherchent à pénétrer dans une demeure et crient au maître de maison nommé Jacot : « En voix de diable rauque et mal claire : Jacot, Jacot, la, la, la, sus sus ; lève-toi, de par le diable. » Ensuite ils poussent des cris véritablement diaboliques à la grande frayeur des voisins.

En décembre 1452, les « subalternes » du recteur des écoles, mécontents de ce dernier, organisent un chahut. Vers neuf heures du soir, alors que le recteur est dans une chambre et discute avec certains de ses écoliers, il entend un grand bruit. Des pierres sont lancées contre la maison. Le recteur, fort effrayé, essaie de se rendre compte de ce qui se passe. Par la fenêtre il aperçoit seize à dix-huit personnes dont certaines sont déguisées et entend des cris, mais sans rien distinguer que « Savate, savate » ou « Bru, bra ». Avant de partir, les jeunes gens cassent trois portes, « toujours criant, faisant du bruit et chantant ».

Voici déjà plus grave. En 1473, le dimanche de l'Assomption, Jean Aigneaul, bourgeois et échevin, fait le guet accompagné de plusieurs valets et voisins pour savoir si personne dans la ville ne cause du tapage, s'il n'y a pas d'étrangers, car on dit que « en ladite ville, on fait plusieurs bruits, bagarres et autres grandes violences par nuit ».

La petite troupe passe le long d'une boucherie vers onze heures et demie du soir. Un des jeunes serviteurs d'Aigneaul qui se trouve à l'arrière se voit arracher des mains une torche de cire par un boucher nommé Jean Fèvre. Son maître se porte à son secours et demande au boucher pourquoi il se trouve dehors à cette heure indue. Comme Jean Fèvre refuse de rendre la torche, Aigneaul le fait prisonnier. Cris de l'épouse de Fèvre. Arrivée des voisins. L'un d'eux, Étienne Dacier, dit à Aigneaul : « Par Dieu, vous ne le mettrez pas en prison, Jean Aigneaul, Jean mouton, Jean brebis. Quel malheur d'être gouverné par un tel teinturier. »

Jean Aigneaul accepte de relâcher Fèvre. Mais aussitôt celui-ci le prend au collet, essaie de le jeter à terre et de s'emparer de l'arme qu'il tient en sa main. On le retient. Jean Fèvre et Étienne Dacier sont emprisonnés, le premier condamné à verser cent livres tournois, le second cinquante livres tournois et tous les deux à faire amende honorable.

C'est dans les villes universitaires où les étudiants se comptent par centaines que la situation se révèle la plus pénible pour les bourgeois ensommeillés. Ainsi dans l'épisode de la pierre dite le Pet-au-Diable.

Il s'agit d'une pierre levée, d'origine inconnue, peut-être une ancienne borne, ayant la forme d'une vessie ou d'un sac, et tirant son nom apparemment d'un fabliau déshonnête *Dou pet au vilain.* Située devant l'hôtel d'une vieille et pieuse dame, Mlle de Bruyères, elle est devenue l'objet de maintes facéties estudiantines. Un beau jour de 1451, les écoliers parisiens s'emparent de la pierre et la transportent sur la montagne Sainte-Geneviève. Le Parlement décide d'ouvrir une information et la pierre est emmenée dans la cour du Palais.

Les écoliers retournent par la suite en l'hôtel de Mlle de Bruyères et ôtent la pierre qu'elle a fait installer en remplacement du Pet-au-Diable. Après l'avoir baptisée la Vesse, ils l'emmènent au mont Sainte-Geneviève où ils la fixent solidement. Toutes les nuits ils viennent danser au son des flûtes et des bedons.

Les écoliers, d'ailleurs, selon le lieutenant criminel Jean Bezon, se rendent coupables de nombreux excès depuis quelques années. La nuit, ils ôtent bruyamment les enseignes attachées aux hôtels par de solides crampons de fer et crient « Tuez! tuez! » pour terrifier les bourgeois qui, entendant du bruit dans la rue, tentent de s'informer en ouvrant précautionneusement leur fenêtre. Ils ôtent les crochets des boucheries de Sainte-Geneviève. Ces enseignes, ils les marient, se vantant par exemple de posséder le *Serf* pour célébrer l'union de la *Truie* et de l'*Ours*.

Mais un tel tapage nocturne – et parfois diurne – finit par indisposer gravement les autorités. Fin 1452, pierre et enseignes sont ôtées de la montagne Sainte-Geneviève.

Les étudiants constituent une communauté turbulente dont bien des membres pourraient proclamer :

J'ai mis mon cœur autre part qu'à l'étude.

Et de fait réveiller les bourgeois la nuit en faisant du vacarme, proférer des injures, courtiser les chambrières, fréquenter les tavernes, telles sont les occupations favorites d'un grand nombre.

Malheureusement bien des chahuts se terminent par une blessure ou un coup mortel.

Homicides

En décembre 1471, Toussaint Bouton, « pauvre jeune enfant de vingt ans », soupe avec quatre compagnons nommés Philippot Noblet, Barthélemy Bonhomme, Jean Davant et Jean Hamelin dans une taverne parisienne, rue de la Juiverie. Après le souper, sur les neuf heures – à ce moment, le couvre-feu est pourtant sonné depuis longtemps –, ils quittent l'établissement et se dirigent vers l'hôtel de la grosse Margot, situé près du cloître Notre-Dame, où l'on accepte les filles de joie ; ils y restent quelque temps sans provoquer d'esclandre, puis décident de rentrer chez eux. En chemin, Toussaint, Noblet et Bonhomme aperçoivent Noël Mercier en train de parler à une prostituée nommée Thomassine. Nos trois compères s'approchent, échangent quelques mots avec Noël, puis s'éloignent. Mais bientôt on entend Noblet s'écrier : « A la mort! le meurtre! » Et il appelle Toussaint, lui disant : « Tuez, tuez. » Ses amis se précipitent et le voient blessé. Toussaint voulant venger son camarade se met à la recherche de Noël qu'il trouve à la porte du jeu de paume nommé la *Plastrière*. Noël donne un coup de bâton à Toussaint qui tire son épée. Blessé à la tête, Noël meurt trois semaines après.

Du tapage nocturne on est passé à l'homicide. Comment en arrive-t-on à de telles extrémités? Il faut d'abord noter l'importance de la consommation du vin. A Tours, au XVe siècle, la consommation annuelle moyenne pour un adulte est de 148 à 178 litres par an ; or des personnes, en raison de leur âge ou de leur santé, ne boivent que de l'eau. En Touraine, un tiers des affaires de violence a pour origine la boisson. Il n'est donc pas rare que bien des rixes aient lieu à la sortie des tavernes, le soir, lorsque tombe la nuit.

Ajoutons à cela la misère, une sexualité masculine exacerbée par l'âge tardif au mariage, l'habitude de porter une arme sur soi.

La première étape de cette violence se situe au niveau du langage, et le tolérable fait bientôt place à l'intolérable. Des injures usuelles, telles que « canaille » ou « savate », on passe à des doutes sur la virilité de l'adversaire, le pire étant constitué par la mise en cause de la conduite de l'épouse.

Aux injures s'ajoutent des gestes orduriers et l'on en vient à la gifle ou « buffe », pour en finir par un coup de couteau.

Quelques exemples vont permettre d'éclairer cette évolution vers l'homicide, alors que les protagonistes se rencontrent au départ de façon anodine.

Des scènes de ménage. Le 15 novembre 1425, Guillaume Bouyn, âgé d'environ soixante ans, vers neuf heures du soir, finit de souper en compagnie de son épouse Macé dans leur logis situé près du Pont-Neuf à Paris. Ils discutent et, entre autres choses, Guillaume annonce à Macé qu'il a loué une petite chambre avec fenêtre sur rue près de l'hôtel des Tourelles afin de vendre de la mercerie, comme il l'a toujours fait pour gagner sa vie. Elle rétorque aussitôt qu'elle ne pourra pas s'y rendre en raison de la distance qui sépare leur logis de cette boutique, car elle est infirme d'une jambe. Il lui répond de rester alors chez elle. Macé multipliant les reproches, Guillaume qui, tout comme son épouse, est pris de vin, lui administre deux soufflets puis, comme elle ne veut pas se taire et continue de plus belle, cherche un bâton pour lui administrer une correction. Il trouve au lieu et place d'un morceau de bois dans la ruelle de son lit la petite épée qu'il utilise pour faire le guet la nuit à la porte Saint-Jacques. Il en donne quelques coups de plat sur les épaules de sa femme qui s'efforce de lui prendre l'arme, mais n'y parvient pas et, courroucée, quitte la chambre en criant : « A l'assassin ! » Pensant se diriger vers la porte de leur demeure pour prendre la fuite, elle se retrouve dans une petite cuisine qui comporte une fenêtre basse, alors ouverte, par laquelle elle tombe. Peu de temps après, des passants – il y en a donc à cette heure ! – la trouvent, et plusieurs voisins surviennent qui la soulèvent et la conduisent chez l'un d'eux. Un sergent arrive, monte trouver Guillaume et l'emmène en la conciergerie du Palais où il est emprisonné.

Toujours à Paris, en novembre 1431, autre querelle qui met aux prises Raoulin Petit, valet courtier de vin, âgé de quarante-huit ans, et Velizon, jeune femme de mœurs légères qu'il a recueillie trois ou quatre mois auparavant et qu'il essaie en vain, dit-il, de retirer de la vie dissolue qu'elle menait antérieurement. Six semaines environ avant la lettre de rémission datée du 26 décembre, un certain jour « à heure de huit ou neuf heures de nuit ». Raoulin regagne son hôtel. Il y trouve Velizon ivre, et la blâme pour sa conduite, lui affirmant que, si elle ne s'amende pas, il la chassera de chez lui. La jeune femme répond que de toute façon elle ne s'en ira pas, l'appelle « faux traître, mauvais » et, sur ces paroles, s'approche soudain et le prend par les « génitoires », de telle manière qu'il tombe par terre et elle sur lui. Raoulin se sentant ainsi tenu par les « parties d'en bas » commence à crier : « A la mort ! » Malgré ses hurlements, Velizon continue à le tenir et elle le serre si fortement qu'il est maintenant entre les mains des médecins en raison d'une enflure desdites « parties d'en bas ». Craignant que la jeune femme ne le tue, Raoulin se dégage en partie à grand-peine et du pommeau de l'épée qu'il porte à son côté donne un coup sur le front de Velizon qui le laisse aller. Puis ils se réconcilient - selon le suppliant. Le lendemain, sans tenir compte de sa blessure, elle le quitte pour continuer sa vie dissolue.

Dernier exemple où apparemment c'est un accident qui cause la mort. Nous sommes en Poitou à Charzais, en l'an 1335. Jean Moreau, père de quatre petits enfants, après avoir été boire à la taverne et s'être enivré, revient « sur la nuit » en sa maison où il trouve sa femme qui, le voyant dans cet état, commence à le tancer vigoureusement. Jean Moreau s'émeut, lui ôte l'enfant qu'elle tient dans les bras et lui donne plusieurs coups. Elle s'efforce alors de le frapper, de l'égratigner au visage en proférant des injures, puis se réfugie dans un grenier qui s'effondre sous son poids. Elle décède dans la nuit. Moreau qui s'est endormi, la trouvant morte à son réveil, prend la fuite.

Voici trois scènes de ménage où le scénario précédemment exposé est respecté. Mais ces textes inspirent quelques réflexions. C'est la femme qui reçoit les coups, mortels par deux fois. Velizon décède quelque temps après la dispute, certes « tant par son mauvais gouvernement comme par la maladie de flux de ventre », mais c'est le suppliant qui l'affirme. Laissons de côté le fait que l'issue fatale est due à l'exaspération provoquée par les injures de la femme – personne ne pourra vérifier la véracité de ces dires. Il faut noter que chaque fois l'ivresse intervient. Guillaume et Macé Bouyn ont dû boire copieusement durant leur repas. Raoulin Petit trouve Velizon prise de boisson et lui-même, courtier en vin, a sans doute sacrifié à Bacchus avant de rentrer chez lui. Jean Moreau s'est enivré dans une taverne – notons que, pour obtenir sa rémission, on signale, à titre de circonstance atténuante, « que pour lors il était chargé de vin ». Enfin la première scène commence à neuf heures du soir, la seconde vers huit ou neuf heures – et cela en novembre –, la troisième se passe de nuit sans doute vers la même heure – en janvier, vers la Saint-Hilaire. C'est avant de se coucher, quand la nuit vient de tomber, que l'on a un peu trop bu – chez soi ou à la taverne –, que se déchaîne surtout la violence conjugale.

Les expéditions punitives se déroulent de préférence la nuit, lorsque la méfiance est émoussée. Vers 1350, le frère fermier d'un prieuré situé près de L'Isle-Jourdain assemble quantité d'hommes et les conduit vers un village où ils trouvent un nommé Brigant qu'ils tuent à coups de bâton.

La nuit n'interrompt pas toujours apparemment l'action de la justice, ce qui engendre parfois des pugilats. Jacques de Belleville, écuyer âgé de vingt-cinq ans, vient à Poitiers en octobre 1462 pour soutenir un procès contre l'évêque de Luçon. Le procureur du roi en Poitou le fait arrêter sous prétexte qu'il a jeté une épée nue contre un nommé Fortin et qu'il a pris des blés et foins qu'il prétend lui appartenir. Relâché, il reste en ville afin de régler ses affaires. Le jour de la Saint-Luc, environ « onze heures de nuit », entrent secrètement en l'hôtellerie du Mouton où il loge, et pénètrent dans sa chambre où une chandelle brûle sur la table un nommé Hilleret Tondeur, fermier de la prévôté de la ville, muni d'une grande dague, et deux valets en manteau tenant chacun un grand couteau ou braquemart. Jacques, fort effrayé, déclare à Hilleret qu'il ne l'a pas envoyé quérir et qu'il n'est pas l'heure de faire des exploits de justice. Il se dresse, s'assied sur le lit revêtu seulement d'une chemise. Hilleret pose la main droite sur sa dague et la gauche sur le suppliant qui tente de s'enfuir, mais tombe au coin de la cheminée et se blesse au bras et à l'épaule. La chandelle a presque fini de brûler et comme il fait assez sombre dans la chambre, il réussit à s'échapper. En cherchant l'échelle qui aboutit à la pièce, il trouve une lanterne. Tout en descendant les barreaux, en raison du sang qu'il perd, il crie : « Au meurtre et à l'aide du roi ! »

En bas de l'échelle règne l'obscurité, mais il trouve ouverte la porte de la chambre non éclairée de l'hôtelière. Il y entre en se plaignant de l'outrage dont il est victime. Et comme il entend s'approcher Hilleret et ses valets, il tente en vain de fermer la porte, car une broche à rôtir mal placée l'en empêche. Il s'empare alors de l'instrument et, se doutant que les autres essaieront de pénétrer en la chambre, s'écrie : « N'entrez pas et prenez garde. Je ne vois goutte ! » Et il avance la broche par la porte entrebâillée. Il entend alors Hilleret dire : « Jésus, ribaud traître, tu m'as tué ! » Il ne l'avait pas vu, parce qu'il n'y avait ni chandelle ni lumière, et s'il l'a frappé de sa broche, c'est par hasard et non de propos délibéré, et en se défendant – du moins l'affirme-t-il dans la lettre de rémission qui relate l'anecdote. Les valets réussissent enfin à entrer et s'emparent de Jacques de Belleville.

Les hôtels ne sont pas sûrs, et la nuit – d'autres textes l'attestent – s'y passent parfois de bien étranges événements. Il est vrai qu'ayant pour fonction essentielle de proposer aux voyageurs un lieu pour dormir, ils sont souvent plus peuplés la nuit que le jour, et l'obscurité est propice à maints délits.

Finalement la violence paraît omniprésente, notamment de nuit, soit que l'ivresse y prédispose les individus, soit que les ressentiments exacerbent les passions.

Bien plus, elle éclate parfois pour des vétilles. Retournons dans les rues de Paris en compagnie de maître François Villon.

Un soir, François Villon se rend chez un nommé Robin Daugis qui demeure en la rue de la Parcheminerie, à l'enseigne du Chariot, pour se faire payer à souper, car il n'a pas un sou vaillant. Daugis, bon prince, accède à sa demande et ils mangent avec deux autres compagnons, Rogier Pichart et Hutin du Moustier. Puis ils décident de gagner la chambre de François et, pour ce faire, tous quatre prennent la rue Saint-Jacques. Il peut être sept ou huit heures du soir.

Or, sur la gauche, jouxtant la taverne de la Mule se trouve l'étude d'un notaire pontifical, maître François Ferrebouc. De par ses fonctions, il lui est permis de travailler après le couvre-feu et dans sa demeure des jeunes gens copient des actes à la lueur des chandelles.

Rogier Pichart, apercevant de la lumière, s'arrête devant la fenêtre de notre notaire, lance des plaisanteries aux scribes occupés à leur besogne et crache dans leur chambre. Aussitôt ces derniers sortent en vitupérant les paillards qui se permettent de telles choses. Pichart leur demande s'ils désirent « acheter des flûtes ». Par cette question il veut sans doute leur montrer de quel bois on fait ces flûtes, puisqu'il souhaite les rosser. Les employés de maître Ferrebouc ne l'entendent évidemment pas ainsi et une rixe éclate. Hutin du Moustier fait prisonnier est emporté dans la demeure du notaire aux cris de « Au meurtre! on me tue! je suis mort! ». Maître Ferrebouc se précipite dehors et pousse Robin Daugis qui tombe à terre, mais se relève aussitôt, sort sa dague et le frappe. Robin rejoint ensuite Rogier Pichart devant l'église Saint-Benoît-le-Bétourné et lui reproche véhémentement sa conduite. Sur ce, il va se coucher en sa demeure, fort inquiet des conséquences de cette rixe nocturne.

L'auteur du *Testament* est un habitué de ces bagarres. Le 5 juin 1455, le jour de la Fête-Dieu, François, vers neuf heures du soir, est assis sur un banc de pierre dans la grand-rue Saint-Jacques en compagnie d'un prêtre et d'une femme répondant au nom d'Isabeau. On devise gaiement lorsque surgissent Philippe Sermoise, prêtre, et Jean le Mardi. Apercevant Villon, Philippe s'écrie :

– Je renie Dieu! Maître François, je vous ai trouvé; croyez que je vous courroucerai.

Villon alors de répliquer :

– Vous tiens-je tort? Que me voulez-vous? Je ne crois en rien vous avoir méfait. Beau frère, de quoi vous courroucez-vous?

Et il se lève pour céder sa place, mais Philippe refuse. Villon se rassoit. Alors Sermoise tire sa dague et, le frappant au visage, lui ensanglante la lèvre.

Les deux compagnons de maître François sont partis discrètement. Ne restent que Philippe et François. Ce dernier recule, une pierre dans la main droite, une dague dans l'autre main. Comme le prêtre le poursuit, Villon la lui plante dans l'aine.

Puis il se rend chez un barbier pour se faire soigner. Afin de respecter les ordonnances de police, le barbier lui demande son nom. Villon lui déclare s'appeler Michel Mouton et désigne comme l'auteur du coup Philippe Sermoise.

Pendant ce temps, des voisins ramassent Sermoise, le couchent dans une maison proche de la porte ouvrant sur la rue Saint-Jacques. On le soigne et un examinateur du Châtelet l'interroge. Le lendemain il est transporté à l'Hôtel-Dieu où il décède le samedi suivant.

Il est plus commode d'occire un ennemi lorsque les rues sont devenues presque désertes après le couvre-feu, que l'obscurité permet de se cacher et d'échapper plus facilement aux regards; aussi violence nocturne et politique riment-elles parfois. C'est ainsi que le soir du 23 novembre 1407, le duc d'Orléans est assassiné sur l'ordre de son cousin le duc de Bourgogne Jean sans Peur. L'épisode est relaté dans de nombreuses chroniques, mais laissons la parole à Enguerran de Monstrelet. « Le duc se trouvant à Paris fut, un mercredi, jour de Saint-Clément pape et martyr, mis à mort vers sept heures du soir. Et cet homicide fut perpétré par dix-huit hommes environ qui étaient logés en l'hôtel ayant pour enseigne *L'Image Notre-Dame* près de la porte Barbette. » Un valet de chambre de Charles VI a été envoyé vers sept heures pour signaler au duc que le roi le demande. « Le duc, voulant obéir au roi, encore que celui-ci ne fût pas au courant, monta aussitôt sur sa mule et l'accompagnèrent deux écuyers sur un cheval, et quatre ou six valets devant et derrière, portant des torches. Quand il arriva près de la porte Barbette, les dix-huit hommes susdits qui portaient des armes sous leurs habits, l'attendaient près d'une maison. *Si faisoit assez brun pour ceste nuit.* Aussitôt, ils s'élancent tous ensemble sur le duc, et l'un d'entre eux crie : "A mort! A mort" et le frappant d'une hache lui coupe le poing... »

Deux autres types de violence nocturne peuvent être recensés, mais ils présentent des caractères bien particuliers. Le premier, c'est la violence exercée sur son propre corps qui, à la limite, aboutit à la mort. Des suicides ont dû se produire de jour, mais l'heure n'est pas alors mentionnée. Au contraire, lorsque des malheureux mettent fin eux-mêmes à leur existence la nuit, on ne manque pas de le signaler. Pour un suicide dont on dit qu'il se produit de jour, on en signale huit correspondant à un moment de la nuit : un de nuit sans autre précision, un le soir, trois vers minuit, trois à l'aube. Les médecins constatent d'ailleurs que les malades mettent souvent leur projet à exécution dans la deuxième moitié de la nuit, car dormant peu ils se réveillent angoissés devant une nouvelle et pénible journée qu'ils devront supporter, au moment même où ceux qui les surveillent, fatigués, relâchent leur attention; ils accomplissent alors leur acte fatal. Ainsi, vers le point du jour, le 3 juillet 1423, Michelet le Cavelier, malade mental, profitant du sommeil de sa femme et de sa garde qui l'ont veillé toute la nuit, se lève tout nu, ouvre une fenêtre donnant sur la halle des Chaudronniers, se jette dans le vide et se tue sur le coup. En 1447, une femme atteinte d'aliénation mentale repose auprès de son mari. Comme elle se lève, celui-ci lui demande où elle veut aller; elle répond qu'elle va satisfaire un besoin naturel. Elle sort de la maison toute nue et se jette dans un puits profond.

Il arrive heureusement que de telles tentatives échouent. Jeannette Voidié, déprimée de ne pouvoir nourrir son dernier enfant et se considérant comme une mauvaise mère, se lamente une nuit alors qu'elle se trouve dans son lit près de son mari : « Ah! faux ennemi, tu m'as bien trompée, j'allais réussir et tu as ôté la corde. » En effet, elle a tenté à plusieurs reprises de se pendre et par deux fois s'est levée de nuit pour se jeter dans la rivière par une fenêtre de leur maison située sur le pont Notre-Dame à Paris; mais elle n'y est pas parvenue en raison de l'intervention de son mari. La malheureuse mère, toujours déprimée, finit cependant par noyer son jeune fils âgé de trois mois.

Des enfants meurent la nuit étouffés par leurs parents dont ils partagent le lit. « As-tu trouvé ton enfant étouffé dans ton lit, quand toi et ton mari étiez couchés ensemble, sans que l'on sache qui l'a étouffé, toi ou son père, ou si l'enfant est mort de mort naturelle? » demande Burchard de Worms au début du XIe siècle, faisant écho à saint Colomban (fin du VIe siècle), lequel traite dans son pénitentiel du père ou de la mère qui étouffent leur enfant en bas âge. On peut rapprocher de ces évocations la triste aventure arrivée à Colette, jeune nourrice de dix-sept ans, femme d'un fripier nommé Jean Mingois. Colette qui habite Paris nourrit depuis sept mois Jean, fils de Jean Cordier, bourgeois de la ville. Le lundi 2 décembre 1420, « à heure de huit heures de nuit », Colette, après avoir fait souper l'enfant, le couche et le met dans son berceau, lui donne la tétée à neuf heures, et, après qu'il s'est endormi, le place comme d'habitude près de son lit. Sur sa tête elle pose un couvre-chef replié en raison du froid et une heure après va se coucher seule, car son mari se trouve dehors; et elle dort jusque vers quatre heures du matin. Se réveillant alors, ravie de ce que l'enfant l'ait laissée dormir, car ce n'est point son habitude, elle va le trouver, aperçoit le couvre-chef sur son visage et constate qu'il est mort.

Vols

Violence contre les personnes, violence contre les biens. Signalons une inversion des valeurs par rapport à notre époque. Alors que la rixe, la violence physique en général, ne suscitent pas obligatoirement le blâme de la société, il n'en va pas de même du vol qui provoque peur et dévastation. Dans le registre criminel du Châtelet de Paris couvrant les années 1389-1391, 67 % des prévenus le sont pour vol. Dans quelle mesure ce pourcentage correspond-il à la réalité? En effet, les lettres de rémission donnent une bien plus grande place aux bagarres qui se terminent par un homicide. La grâce royale est-elle plus facile à obtenir dans ce dernier cas?

Quoi qu'il en soit, vol et nuit semblent avoir partie liée. Mais il faut apporter quelques nuances à cette première impression et opérer des distinctions. Le voleur qui commet une faute inexcusable ne doit pas être reconnu. Il convient donc que le vol soit perpétré dans un lieu inhabité ou durant la nuit, les deux éléments pouvant être réunis.

Grégoire de Tours, à l'époque mérovingienne, rapporte de nombreux emprunts illicites accomplis dans les ténèbres. Ainsi dans le bourg d'Yzeure, aux confins du territoire de Tours, s'élève une église qui possède des fenêtres garnies de vitres à châssis de bois, ce qui permet à la lumière de pénétrer plus facilement. Une nuit, un audacieux voleur pénètre dans l'ombre;

voyant qu'il ne peut rien emporter du mobilier rangé avec soin par les gardiens, il décide de s'emparer des vitraux.

Un autre individu, pendant les vigiles de saint Julien, vole le cheval d'un homme venu à cette cérémonie et s'éloigne rapidement, espérant n'être pas découvert avant le jour et « que la nuit célerait la fraude criminelle d'un larron dont la conscience était obscurcie par les ténèbres de la cupidité. C'est de telles gens que le Seigneur a dit dans l'Évangile : "Celui qui agit mal hait la lumière." »

Un troisième, tandis que le peuple quitte l'église de Saint-Julien après la prière du soir, se cache dans un coin de la basilique et, lorsque le silence de la nuit a envahi tout l'édifice, quitte sa cachette, comme poussé par Satan, court vers la grille du tombeau du saint et arrache du faîte une croix couverte de pierres resplendissantes. Puis il regagne le lieu où il était couché et s'endort. De sorte que les gardiens en faisant leur ronde l'aperçoivent. Gardé à vue pendant le reste de la nuit, il avoue son forfait le matin.

Toutefois, c'est l'absence de fidèles la nuit dans la basilique de Saint-Julien et non pas la nuit elle-même, qui incite dans ce dernier cas les voleurs à opérer. D'ailleurs, à la fin du Moyen Age, à en juger par les lettres de rémission, nombreux sont les vols commis de jour en l'absence des propriétaires dont on a guetté le départ. Parfois cependant c'est l'obscurité que l'on recherche. Dans les hôtels d'abord. Les chambres communes, occupées par des personnes qui ne se connaissent pas, offrent des occasions de vol aux dépens des compagnons d'une nuit. Ainsi, en juin 1460, à Paris, à l'hôtel de l'Amour de Dieu, rue de la Barillerie, se trouvent dans la même pièce un Dijonnais, un Normand, un Nantais et deux compagnons dont on ignore l'origine. Alain Robert, le Breton, est pris en train de s'emparer de l'argent placé dans le sac de son voisin de lit.

En 1476, Étienne Maubec, de la paroisse de Maillé

en Poitou, s'empare des cloches de l'église, puis « attend la nuit » et, « la nuit venue », ouvre la porte de l'édifice et vole neuf écus. En 1483-1484, Pierre Prévost, d'Airvault, pénètre nuitamment dans la maison de Daniel Musset et prend dans le grenier deux boisseaux de froment. Une autre nuit, il se rend dans le jardin de Jean Saquet, et par une fenêtre entre dans la chambre où reposent Saquet et son gendre; mais il est surpris. Peu après, vers neuf heures du soir, il s'installe dans le fenil de Pierre Mercier, y reste tapi jusqu'à minuit, puis se dirige vers la chambre de Mercier où il s'empare de l'argent contenu dans une gibecière. En compagnie de son oncle Colin Prévost, il se rend de nuit en la maison de Georges le Feure, pénètre dans la chambre où celui-ci dort en compagnie de son épouse et prend une somme d'argent. Dans une abbaye, alors que les religieux disent matines, il vole une paire de chausses noires et un pourpoint.

Terminons par le rappel de la « carrière » de Christophe Micheau, natif de Secondigny-en-Gâtine, qui atteste bien que les voleurs ne recherchent pas systématiquement l'obscurité. Une lettre de rémission de mai 1457 rappelle que notre héros, âgé de vingt-sept ans ou environ, et prisonnier à La Mothe-Saint-Héraye, passant le 24 octobre précédent par un village proche de ce lieu, « entre à force » dans une maison où il prend furtivement une pièce de drap et deux couvre-chefs. Arrêté pour ce larcin, il en confesse alors bien d'autres. Le jeudi auparavant, se rendant de Pamprou à Saint-Maixent, il pénètre dans un logis « environ dix heures de jour » par une fenêtre mal fermée. Le dimanche 23 octobre, dans un bourg voisin, « à l'heure où les gens sont à la grand-messe », il visite une habitation où il n'y a personne. Même réaction, le 22 septembre, lorsqu'il voit une maison dont la porte est ouverte. Antérieurement, un jour, à Saintes, à midi, il dérobe chez un chapelain divers objets. Trois ans auparavant, dans la ville de Parthenay, il s'introduit vers minuit dans l'hôtel d'un gentilhomme. Puis, craignant d'être découvert, il quitte la ville en franchissant les murs à l'aide d'une corde. A Thouars, en vendant un bien volé, il aperçoit l'endroit où l'acheteur prend l'argent pour le payer. Il attend alors que l'homme dîne en ville et qu'il n'y ait plus personne en son hôtel pour s'y emparer de force choses. Il confesse de même être entré, vers onze heures du soir, dans la forteresse de Pamprou et avoir forcé les serrures de plusieurs maisons. A Vienne, en Dauphiné, après avoir observé un changeur, il se rend nuitamment en sa demeure. Cette liste de méfaits n'est pas complète, mais elle permet, telle quelle, de préciser les moments où se commettent les vols.

On ne peut assimiler le pillage au vol simple. Particulièrement intense pendant la guerre, celui-là ne recherche pas forcément l'absence des propriétaires puisqu'il comporte des destructions par des individus supérieurs en force, en dehors de la mainmise sur des objets.

CONTESTATION DE L'AUTORITÉ

Au-delà de la violence privée, la nuit recèle un autre danger bien autrement redoutable, celui de la subversion de l'ordre public. La nuit, a-t-on écrit à propos de Venise, signifie le « refus de l'ordre urbain ». Des bandes de jeunes causent du désordre, commettent des actes de vandalisme qui se rapprochent du délit politique dans la mesure où apparaît une contestation des autorités municipales, voire royales.

Un texte édité et analysé par Robert-Henri Bautier le montre excellemment. La scène se passe à Orléans les 27 et 28 février de l'an 1284. La nuit du dimanche des Brandons le peuple a l'habitude de se distraire et en particulier d'allumer des feux pour marquer le début du carême. Ce soir-là donc, quatre sergents royaux du

Châtelet d'Orléans, après le couvre-feu, font une ronde pour vérifier si rien d'anormal ne se produit. Selon trois d'entre eux, rue du Retour-Saint-Benoît ils rencontrent un valet qui, malgré les interdictions, porte une dague à la ceinture. Explication. Et l'un des sergents s'empare de la dague au grand dam de l'individu qui se met à hurler. Aussitôt d'une maison voisine sortent huit étudiants, ses maîtres, qui réclament la restitution de l'arme aux sergents. Ceux-ci répondant qu'ils n'ont pas le droit de s'en dessaisir, les étudiants qui sont armés se précipitent sur eux, en blessent deux et prennent son épée à un troisième.

Jean de Boulonville, prévôt d'Orléans, décide de rétablir l'ordre et de diriger lui-même le guet la nuit suivante pour retrouver les coupables. Onze sergents et auxiliaires l'accompagnent. Près de l'hôtel des Tournemines, dans la rue où l'accident s'est produit, on entend du bruit. Comme une taverne se trouve à cet endroit, les sons ne peuvent venir que de là ! Le prévôt heurte à l'huis et exige qu'on lui ouvre. Le tavernier et sa femme – qui dormaient – se voient vertement reprocher de tenir leur maison ouverte aussi tard. Il s'agit d'une erreur, car le bruit provient d'un hôtel voisin où logent des étudiants. Pendant la discussion, on entend des mouvements; ce sont les jeunes gens qui accumulent des pierres, comme ils l'ont d'ailleurs fait tout au long de la journée.

Le prévôt quitte la taverne. D'après sa déposition, il aurait été blessé avant d'indiquer ses fonctions. Il semble plutôt, à en juger par d'autres témoignages, que d'une fenêtre à l'étage des voix aient demandé : « Qui est là? », et que le prévôt ait répondu : « C'est le prévôt du roi. » Les étudiants sachant maintenant à qui ils ont affaire s'écrient : « Merde au roi » et ajoutent : « Courez au mauvais destin ! Que Dieu vous l'envoie ! » et « Courez avec votre roi en Espagne ! » Il ne s'agit pas là de paroles inconsidérées, car quelques jours auparavant le roi a décidé la croisade d'Aragon. Qui pis est, joignant le geste à la parole, les interlocuteurs de l'officier royal, cul nu, frappent leurs fesses avec la paume.

Le prévôt réplique, et la bagarre s'engage. Les pierres pleuvent sur lui et ses sergents. Il ordonne d'ouvrir la porte. Pour toute réponse, les projectiles et les cris augmentent. Le prévôt blessé à la joue, mais de façon anodine, voit par contre son bassinet défoncé par un pavé bien ajusté. Aux pierres s'ajoutent des flèches ferrées, des carreaux d'arbalète, ce qui atteste bien la préméditation. Trois sergents sont blessés, et en particulier l'un d'eux a un œil crevé.

Le prévôt décide alors de donner l'assaut. Mais auparavant il ordonne à tous les bourgeois de l'aider. Et, pour faire respecter le ban du roi, il se rend en personne devant chaque maison. Tous viennent lui prêter main forte, à l'exception d'un homme qui ne veut pas laisser seule sa femme en gésine. Un voisin remarquant que l'on continue à approvisionner les insurgés essaie en vain de les raisonner. Le prévôt somme de nouveau les étudiants de se rendre. En réponse, les hurlements redoublent. Les bourgeois venus aider le guet sont traités de « chiens d'Orléans » ; les flèches, les pierres volent dans les airs. Une partie de la nuit se passe ainsi. Plusieurs bourgeois ne sortent pas indemnes de l'aventure, blessés l'un aux reins, un autre aux genoux... Finalement le prévôt ordonne l'assaut qui durera jusqu'au jour. Se mettant à l'abri sous les portes des maisons voisines qui ont été ôtées de leurs gonds ou sous des tables, ses troupes parviennent à l'hôtel des trublions dont ils enfoncent l'huis. Mais les assiégés sont partis par les fenêtres qui donnent sur le verger en emmenant leurs affaires, leurs épées et boucliers. De sorte que le prévôt pénétrant dans la demeure avec sept hommes la trouve vide. Il réclame une torche, car il fait sombre. On découvre alors un moine qui, après avoir brisé la torche de son épée, est fait prisonnier. Puis trois clercs cachés dans l'école, quatre étudiants dans le cellier d'une demeure proche, un autre qui fuit dans la rue.

Cette affaire atteste, en dehors d'un chahut qui dégénère, une contestation de l'autorité royale. Les allusions à la croisade d'Aragon, la persévérance dans une lutte dont l'issue n'est pas douteuse sont révélatrices d'un état d'esprit.

Dépassons ce chahut à connotation politique pour aborder le problème plus profond de l'opposition au pouvoir, préméditée ou non. Lorsque des opinions politiques font l'objet de poursuites, il reste la nuit pour les exprimer secrètement, voire pour leur donner une illustration concrète. De sorte que des conspirations prennent alors naissance. Et la nuit n'est plus licence, elle devient liberté.

Au cours des périodes difficiles, comme aux XIVe et XVe siècles, il n'est pas rare de voir les opposants se rassembler la nuit, voire tenter de prendre par la force la direction des affaires. Les tentatives pour renverser ceux qui détiennent le pouvoir sont particulièrement nettes lors de la querelle entre Armagnacs et Bourguignons. Nicolas de Baye, greffier au Parlement de Paris, signale que partout dans la ville il n'est bruit que de sédition. Le mardi soir 10 décembre 1415, un pâtissier demeurant devant la grande boucherie de Paris est arrêté parce qu'il a écrit et fait parvenir des lettres au duc de Bourgogne, par l'intermédiaire d'un enfant de dix ou onze ans, pour l'inciter à venir rapidement à Paris. Ce pâtissier, selon Juvénal des Ursins, est décapité le 11 et son corps pendu de nuit au gibet. Sans doute afin d'éviter des troubles. D'ailleurs dans la nuit du mercredi – toujours pour le même motif – on incarcère au nom du roi « grand nombre de gens à Paris, seulement pour éviter qu'ils ne fassent aucune commotion en la ville ». En 1416, alors que Charles VI est « absent », que le duc de Guyenne gouverne au nom de son père, quelques séditieux accrochent une nuit aux églises des placards : « Chers concitoyens, sachez qu'on va bientôt vous enlever les chaînes des rues de la ville et vos armes défensives. Préparez-vous donc à résister avec énergie et courage; vous recevrez sous peu un puissant renfort. » Les autorités royales doivent prendre des mesures, d'autant plus que guerre civile et guerre étrangère se conjuguent. On défend ainsi, sous peine d'emprisonnement, de tenir des conciliabules et des conférences secrètes et de sonner les cloches dans les églises depuis le couvre-feu jusqu'au lendemain matin, afin de permettre à ceux qui font le guet la nuit de mieux entendre les bruits à la fois extérieurs et intérieurs. Et, « pour prévenir les complots de certaines gens animés de l'esprit de trahison, qui, en jetant du feu méchamment et à des heures indues par les soupiraux des caves, pourraient exciter quelques soulèvements populaires, pendant qu'on s'empresserait d'accourir pour éteindre le feu, on enjoignit également par la voix du héraut de fermer ces soupiraux, et chacun dut avoir devant la porte de sa maison un tonneau plein d'eau ».

En 1417, la communauté rouennaise se soulève et met à mort le bailli, messire Raoul de Gaucourt. Sur les instances de partisans du duc de Bourgogne, quelques personnes de petit état se rendent chez le bailli du roi. Armées et embastonnées, elles frappent vigoureusement à la porte et demandent à lui parler afin de présenter un traître qu'elles viennent d'arrêter. Il peut être dix heures du soir. Les serviteurs du bailli leur répondent de mettre en sûreté leur prisonnier jusqu'au lendemain. Néanmoins ces individus se montrent tellement opiniâtres qu'on leur ouvre la porte. Le bailli se lève et, recouvert d'un grand manteau, vient leur parler. Alors certains d'entre eux le tuent. Au cours de la nuit, les conjurés se rendent en d'autres lieux et mettent à mort une dizaine de personnes.

Le 20 août 1418, vers dix heures du soir, le peuple de Paris se met à murmurer que le Châtelet et d'autres établissements du même ordre contiennent plusieurs prisonniers que l'on dit favorables au parti armagnac. Certains, accusés du même crime, ont été libérés, ceux-là ne le sont point. Et l'on reproche aux gens de justice négligence ou corruption, ignorance ou dissimulation. C'est pourquoi les Parisiens, assemblés en grand nombre, se rendent cette nuit au grand Châtelet et au petit, en brisent les portes, s'emparent de tous ceux qui ont été emprisonnés pour avoir soutenu la cause du comte d'Armagnac. Ce murmure et cette commotion durent toute la nuit et le jour suivant.

Quinze ans plus tard, c'est dans la nuit de l'Ascension que les Gantois tentent de se rassembler pour se soulever contre les officiers du prince et les gouverneurs de la ville.

A ces mêmes Gantois qui souhaitent recevoir leur prince, il est répondu d'une manière qui ne laisse aucun doute sur les implications politiques de la nuit : « [Ils] pourraient faire un rassemblement par nuit, et à l'heure quand lui et nous tous ses serviteurs dormirions, pourraient venir frapper dessus et s'efforcer de tout tuer, le maître avec sa famille. »

GUERRE

Si la conspiration est essentiellement liée à la nuit, sur le plan proprement militaire l'obscurité présente une ambivalence indéniable. La nuit attire et repousse les actions armées selon que l'on met en avant telle ou telle qualité, la ruse ou la force.

Fuite

La nuit s'avère favorable à la guerre, d'abord de façon négative, dans la mesure où elle permet de sortir d'une situation difficile par la fuite. En 1383, lors du siège de Bergues par les troupes françaises, le commandant de la garnison qui, à en croire le religieux de Saint-Denis, est considéré par les Anglais comme un modèle de vaillance, déclare à ses soldats, car il n'a pas confiance en ses forces : « Mes amis, je viens vous faire part de mes projets. Notre position est devenue telle, que j'ai plutôt à vous indiquer ce qu'exige la nécessité qu'à vous donner un conseil. Notre seul moyen de salut, c'est de sortir d'ici et de nous échapper; et il faut que cette sortie se fasse pendant la nuit. Ainsi, puisque nous n'avons point l'espoir de conserver la ville, profitons du moment de la nuit où les hommes sont plongés dans le sommeil le plus profond, et allons rejoindre nos compatriotes à Gravelines. » Tous l'approuvent, puis, munis de leurs bagages, ils se retirent avec un immense butin, après avoir mis le feu à la cité. Le matin, au point du jour, les Français n'y trouvent pas de quoi se dédommager de leurs peines. »

En 1414, un rebelle, Enguerrand de Bournonville, voyant les gens du roi l'emporter, parle ainsi à ceux qui se trouvent encore en sa compagnie à Soissons : « Écoutez, mes amis, la résolution que j'ai prise ; l'état de nos affaires est tel qu'il me reste moins à vous donner un conseil qu'à vous indiquer ce à quoi nous réduit la nécessité. Nous n'avons plus aucun espoir de défendre la place ; notre unique moyen de salut est de l'abandonner et de nous retirer. Nous ne pouvons le faire que pendant la nuit. Partons donc à la seconde veille, au moment où les assiégeants seront plongés dans le plus profond sommeil ; marchons silencieusement et tenons-nous prêts à nous ouvrir un chemin l'épée à la main, si nous rencontrons par hasard les sentinelles chargées du guet. » Messire de Craon, se doutant de la trahison d'Enguerrand, refuse de le laisser sortir au moment prévu.

Ce procédé, les lieutenants du roi de France l'emploient également, puisque l'amiral Jean de Vienne, ayant convoqué au cours de l'année 1385 ses compagnons d'armes, leur déclare : « Il faut tromper l'ennemi ; à mon avis, notre seul moyen de salut c'est de quitter la place [Édimbourg] et de nous échapper. Il faut que cette sortie se fasse pendant la nuit ; je crois que le moment le plus favorable c'est l'heure où les mortels sont plongés dans le sommeil le plus profond.

Les ennemis ne seront point sur leurs gardes, ni préparés à se défendre ; nous ne trouverons ni postes, ni sentinelles et nous pourrons passer le long de leur camp en observant le plus grand silence. » Tous approuvent ce projet ; et dès lors on ne songe plus à sommeiller ou à se reposer, mais la veille est employée à choisir les objets qu'on emportera. Puis le signal du départ est donné ; les Français, dans l'obscurité de la nuit, passent silencieusement près des ennemis et franchissent en deux jours le désert qui constitue la limite de l'Écosse.

La similitude de ces discours laisse planer quelque doute sur la véracité des paroles rapportées par le religieux de Saint-Denis. Il n'en reste pas moins que dans tous ces cas les chefs décident de s'enfuir de nuit, car il s'agit du moment le plus propice pour quitter une place devenue indéfendable sans éveiller l'attention des assiégeants.

Surprise

L'obscurité intervient de façon plus positive en facilitant les déplacements des troupes. La surveillance ne peut déceler les manœuvres et le matin les ennemis devenus proches ont la possibilité de procéder à une attaque inopinée. Chastellain rapporte comment, en 1421, le duc de Bourgogne Philippe le Bon surprend ses adversaires. Le duc, ayant appris que les Français se préparent à franchir la Somme pour attaquer son armée occupée à un siège, décide pour les empêcher d'entrer en Picardie de prendre les devants.

Le siège est donc levé : « Au moins fut conclu de lever cette nuit prochaine par nuit, afin que leurs ennemis ne se gardent de leur entreprise. » Le duc appelle « à basses vêpres » deux chevaliers et leur ordonne de partir avec six cents combattants pour s'enquérir de la situation adverse. Il les suivra de nuit, pour les secourir s'ils sont en difficulté. Les deux seigneurs se mettent en chemin lorsqu'il est déjà « noire nuit ». Ils arrivent devant une porte d'Abbeville, la font ouvrir, traversent la ville, ressortent par une seconde porte de l'autre côté de la rivière et continuent leur chemin, l'oreille aux aguets pour entendre éventuellement bruit de gens ou de chevaux.

Au même moment le duc de Bourgogne part avec son armée et se trouve devant Abbeville au point du jour. Il met ainsi la nuit à profit pour tenter de renverser la situation en sa faveur.

Monstrelet narre que les Français, en 1435, passent la Somme de nuit à la Blanquetaque, et de là parviennent à la ville de Rue tenue par les Anglais. Ils y entrent secrètement par des échelles et, avant que leurs adversaires ne s'aperçoivent de quelque chose, s'emparent de la cité qui n'oppose aucune résistance.

Évidemment les protagonistes utilisent les mêmes ruses, ce qui donne parfois des résultats inattendus. La même année 1435, le duc de Bedford, qui se trouve à Rouen, apprend la prise de la ville de Rue. Se rendant compte des dangers que court la région sous influence anglaise à la suite de cette perte, il écrit au comte d'Arondel, alors à Nantes, d'aller mettre le siège devant Rue. En cours de route le comte, informé du fait que les Français réparent une vieille forteresse appelée Gerberoy, décide de s'en emparer. A Gournay il fait charger vivres, artillerie et autres engins de guerre, se met en route « tantôt après minuit » et parvient vers huit heures du matin devant le château de Gerberoy. Mais la place comporte beaucoup plus de soldats que prévu. Pendant que son armée s'installe, La Hire, Pothon, et d'autres vaillants hommes de guerre français délibèrent. Ils sont eux aussi « venus la nuit devant », ce qui explique l'ignorance anglaise. Ils décident aussitôt de combattre. « Et furent ces Anglais ainsi comme demi surpris et défaits, et la plus grande partie mise à mort et tournée à grand malheur. »

Il arrive même que les armées en quelque sorte se cherchent dans l'obscurité – ou plutôt tentent de s'éviter. En 1436, Messire Jean de Croy, bailli de Hainaut, rassemble quinze cents combattants pour se rendre devant Calais et d'autres forteresses du parti des Anglais. Le regroupement se fait dans un village nommé Le Waast, que les soldats quittent de nuit pour se rapprocher de leurs adversaires. Ces derniers, cette nuit même, abandonnent leur garnison pour se rendre dans le Boulonnais. Comme les deux troupes ignorent leurs positions respectives et ne souhaitent pas se rencontrer, Jean de Croy, près des marches de Picardie et du Boulonnais, envoie des hommes experts, connaissant bien le pays pour avoir des nouvelles. Ceux-ci aperçoivent les Anglais au lever du jour.

Laissons la conclusion au *Jouvencel*, ouvrage de Jean de Bueil, écrit en 1461-1468, qui relate les exploits de ce héros. « La nuit est l'heure que toutes bêtes prennent repos et croient être en sécurité, dont souvent sont déçues ; ainsi qu'il appert de l'outarde et d'autres oiseaux ; semblablement aussi de plusieurs reptiles de la terre qui sont pris et déçus par leur confiance en la nuit, de même que les hommes se surprennent les uns les autres et se font des trahisons et de périlleuses entreprises. »

Et de fait la nuit permet non seulement de s'approcher subrepticement du château ou de la ville ennemis, mais surtout de s'en emparer à l'aide de divers stratagèmes.

Trahison

La fuite des ennemis peut être mise à profit lorsqu'elle est connue à temps. En 1383, les Français qui se sont emparés de Bergues, après le départ nocturne des Anglais, s'en vont assiéger Gravelines. Ils établissent leur camp non loin de la ville qui renferme une population belliqueuse. Les assiégés refusent de se rendre et disposent avec beaucoup de soin des soldats pour garder leur cité jour et nuit et faire le guet à tour de rôle ; les chefs surveillent tous les postes, font des rondes sur les murs et passent la plus grande partie des nuits sans dormir. Mais quand les Anglais constatent que l'on prépare les machines de siège, ils décident de s'enfuir. Les habitants essaient en vain de les retenir. Les Anglais tuent les gardiens de la porte, s'en vont dans le plus profond silence par le côté qui n'est pas bloqué et gagnent Bourbourg.

L'annonce de cette retraite furtive vient rapidement aux oreilles des Français. Alors que dans la ville règne la confusion, trois prisonniers picards réussissent à s'échapper et informent des événements l'amiral de France messire Jean de Vienne qui fait alors le guet de nuit. Ils lui disent que l'occasion est favorable, qu'il peut s'emparer facilement de la cité, mais qu'il lui faut agir sur-le-champ. L'amiral, méfiant, place les trois hommes sous bonne garde; puis il réunit les seigneurs afin de prendre leur avis. Ceux-ci lui conseillent l'attaque. Aussitôt ils franchissent la rivière et parviennent en haut des murs, silencieusement, au point que les gardes n'entendent rien et que les chiens même n'aboient pas. Ils arrivent ainsi au centre de la ville et mettent à mort tous ceux qu'ils rencontrent les armes à la main. Les autres s'enfuient et tentent de se cacher. L'amiral, après avoir confié la garde des portes à quelques-uns de ses soldats, abandonne la ville au pillage. Au lever du jour il fait prévenir le roi de cette victoire nocturne.

Il semble que les attaques de nuit soient reliées par la mentalité de l'époque bien plus à la trahison qu'à la sagacité. En 1412, les Parisiens apprennent avec indignation la prise du pont de Saint-Cloud par le duc d'Orléans. Un messager leur donne quelques détails. « Colin de Puiseux qui avait été naguère préposé à la garde du pont, n'a pu voir sans mécontentement qu'on eût désigné pour ce poste, au nom du roi, Guillaume de Beaumont; en conséquence il a négligé à dessein le service qui lui était confié. J'ignore s'il s'est laissé corrompre à prix d'or, et si c'est pour cela qu'il n'a pas même voulu qu'un enfant fît le guet la nuit. » Profitant de la situation, un chevalier, Jean de Gaucourt, franchit la Seine à l'aide de cordes en compagnie de trois cents hommes dans le plus profond silence. Un soldat gascon escalade le pont de bois, brise la serrure et permet ainsi à ses compagnons d'entrer. Il n'est pas possible d'agir sans bruit. Mais Colin fait semblant de ne pas entendre. Il freine même l'ardeur de ses gens et leur commande à plusieurs reprises de retourner se coucher. En sorte que les envahisseurs peuvent ouvrir les portes des chambres à l'aide de fausses clefs. Ils le surprennent dans son lit en compagnie de sa femme et l'autorisent à se retirer chez son beau-frère qui appartient au parti orléanais. Après avoir laissé quelques-uns d'entre eux pour garder le pont, les soldats vont aussitôt attaquer hommes d'armes et bourgeois qui ne s'y attendent point. De sorte qu'ils ne peuvent pas résister. Et les vainqueurs font main basse sur un énorme butin.

Lorsque, en 1415, les habitants de Saint-Denis apprenant l'arrivée prochaine du duc de Bourgogne demandent aux princes ce qu'ils peuvent faire, ceux-ci leur conseillent de maintenir les portes fermées et de garder leur calme. « Mais le duc avait avec lui le prévôt de la ville et douze autres habitants qui avaient à cœur de lui livrer la place, et qui, vers le milieu de la nuit, y pénétrèrent furtivement, comme d'infâmes traîtres, en escaladant les murs. » Le lendemain, lorsque surviennent les troupes bourguignonnes, ils ouvrent la porte.

En mai 1418, la guerre civile règne toujours, mettant aux prises Armagnacs et Bourguignons. Bon nombre de Parisiens désirent voir le duc de Bourgogne s'emparer du pouvoir, mais ne savent comment l'aider. Pas question d'entrer en contact avec lui, car de nombreux soldats du parti armagnac les surveillent et sont prêts à réprimer durement toute tentative de rébellion. Néanmoins, quelques jeunes gens « de moyen état et de légère volonté » parviennent à rejoindre le seigneur de l'Isle-Adam qui tient garnison à Pontoise. Parmi eux Perrenet Le Clerc. Ils traitent avec le sire de l'Isle-

Adam qui s'engage à rassembler nombre de soldats et à les amener le 29 mai suivant devant la porte Saint-Germain-des-Prés. De leur côté ils lui promettent d'ouvrir cette porte. Le seigneur de l'Isle-Adam assemble donc huit cents combattants environ et les conduit à l'endroit indiqué, le jour prévu. Là ils trouvent Perrenet Le Clerc qui a pris à son père sous son oreiller les clefs de la porte Saint-Germain dont celui-ci est le gardien. Perrenet et ses compagnons ouvrent comme promis, et s'en vont dire au seigneur de l'Isle-Adam d'entrer hardiment; ils le guideront à travers la ville. Les soldats du parti bourguignon pénètrent donc à cheval dans Paris. Il peut être environ deux heures du matin. Perrenet Le Clerc referme ensuite la porte avec les clefs qu'il jette par-dessus la muraille. Et ils cheminent dans la nuit vers le Châtelet où ils trouvent douze cents Parisiens prêts à les rejoindre. Ainsi cette prise de la ville est liée à une conjuration puisque aux éléments extérieurs se joignent des habitants du lieu. Tous se mettent d'accord pour prendre d'assaut plusieurs hôtels. Puis certains s'en vont par les rues, incitant ceux qui veulent la paix à venir en armes avec eux. De sorte qu'une grande multitude se dirige vers les hôtels, dont celui de Saint-Pol où les insurgés brisent les portes, et font tant qu'ils obtiennent de parler au roi. Et « toute cette nuit et le premier et le second jour », ils fouillent les hôtels et font prisonniers de nombreux hauts personnages.

De telles manifestations ne sont pas spécifiques à la capitale. La Flandre, région économiquement développée, est elle aussi le théâtre de conspirations nocturnes. Des Gantois dirigés par un nommé François Ackermann gagnent le port de Damme « dans le perfide dessein » de favoriser l'armée anglaise. Ils se renseignent discrètement auprès des habitants pour savoir s'il est possible de se rendre traîtreusement à la faveur de la nuit jusqu'aux navires du roi afin de les incendier. Ils trouvent dans le port voisin de l'Écluse des complices qui doivent leur indiquer le moment propice pour mettre leur projet à exécution. Au crépuscule les gens de l'Écluse ôtent discrètement les serrures et les barres de la grande porte.

Le silence règne, les habitants dorment presque tous. Mais les conjurés ne peuvent parvenir à leurs fins et réussir dans « leur exécrable complot », car le capitaine en a connaissance. Ses soldats s'emparent des principaux meneurs. Le lendemain il se rend en hâte auprès du roi pour lui apprendre « cette odieuse conspiration ».

L'indignation du chroniqueur paraît dépendre ici moins du caractère nocturne de l'entreprise que de l'aide apportée à des Anglais par les Gantois.

Le succès n'est donc pas toujours au rendez-vous. Le seigneur d'Offemont en fait également l'expérience vers 1421. Les habitants de Meaux, assiégés par les troupes royales, connaissent de terribles souffrances, ne pouvant en particulier dormir ni de jour ni de nuit. Le seigneur d'Offemont décide de leur porter secours. Pour ce faire, il rassemble une quarantaine d'hommes triés sur le volet afin de s'introduire nuitamment dans la ville. Des habitants de la cité l'ont prévenu qu'ils jetteraient une échelle pour lui permettre d'entrer. Le seigneur d'Offemont, au moment jugé propice, arrive sans bruit près de l'armée anglaise, mais au cours de sa marche vers les murailles il rencontre des guetteurs. Il réussit à s'en débarrasser sans bruit et continue son chemin. Les premiers soldats parviennent même à monter à l'échelle tendue par les assiégés. Mais l'expédition se solde par un échec.

La nuit est d'autant plus redoutée qu'elle facilite les incendies. Le mercredi 5 septembre 1414, « par nuit, environ douze heures », un homme « mû de mauvaise volonté » met le feu au logement du seigneur d'Alençon, écrit Monstrelet. L'incendie éclate le mardi 11 septembre « environ trois heures après minuit », d'après le *Journal d'un bourgeois de Paris* qui ne parle pas d'acte criminel. Les deux narrateurs en tout cas se rejoignent pour la suite des événements. Les Gascons, à qui on a interdit de faire du feu par crainte de l'incendie qui se propage rapidement dans des baraques de bois, n'obéissent pas, soit qu'ils veuillent célébrer la paix signée peu auparavant, soit qu'ils désirent montrer leur désaccord. Le feu, allant de tente en tente, finit par atteindre les arrières du pavillon royal. Le roi est placé en lieu sûr, mais bien des malades ne peuvent s'enfuir et périssent dans les flammes.

La réussite d'un petit groupe peut être l'effet du hasard. Le dixième jour de décembre 1419, quelques seigneurs et cinq cents combattants, partisans du Dauphin, sortent de Compiègne et chevauchent jusqu'à la ville de Roye en Vermandois où, en l'absence de guet, ils entrent sans coup férir, se rassemblent sur la place du marché et commencent à crier : « Ville gagnée ! Vive le roi et le dauphin ! » A ces cris s'éveillent des habitants qui constatent qu'ils ne peuvent résister et s'enfuient en franchissant les murailles. La porte est ouverte et tous les soldats avec leurs chevaux pénètrent dans la ville. Le capitaine bourguignon se sauve également, abandonnant sa femme, ses enfants et une grande partie de ses biens.

Ainsi la nuit ne met pas un terme à la guerre, elle la favorise même parfois. Une escalade nocturne, généralement liée à une trahison, accomplie par peu d'hommes, permet de faire tomber une place mal gardée. Mais l'assaut peut consister en une attaque en règle, menée alors jour et nuit. Les combattants, au lieu d'escalader les murs, pénètrent dans la ville par une brèche ouverte grâce à l'artillerie ou à la sape. Dans ce cas, évidemment, l'effet de surprise nocturne ne joue plus. Deux comtes anglais, pour renforcer les troupes du duc de Bourgogne devant Compiègne, lui amènent deux mille combattants. Le duc s'acharne, car il tient à s'emparer de la place. Il utilise jour et nuit les engins de guerre et ne laisse nul repos à ceux du dedans. Au bout de deux mois d'un tel siège, une nuit –

alors que durant la journée les assiégés ont été mis à rude épreuve –, les assiégeants livrent un nouvel assaut, là où la résistance s'avère le plus faible, et certains défenseurs en voulant se retirer rapidement dans la ville tombent dans l'Oise et se noient. Les autres sont tués, quelques-uns emmenés prisonniers.

Lorsque l'on fait la guerre, écrit l'auteur du *Jouvencel,* il importe d'utiliser le temps au mieux de ses intérêts, d'agir tantôt le jour, tantôt la nuit. Les troupes du Jouvencel attendent le matin pour pénétrer dans une ville. Ils n'ont pas agi la nuit, « car la guerre est telle qu'il faut besogner selon le loisir qu'on a, et le faut prendre tantôt froid, tantôt chaud. Et parce que l'un des grands points de la guerre est de connaître la situation de ses ennemis, et ils le savaient bien; et c'est pourquoi ils attendirent le jour et s'emparèrent de la ville sans coup férir. Autrement ils auraient joué à quitte ou double ».

La nuit toutefois pour les hommes du Moyen Age ne constitue pas le meilleur moment pour se battre. Il n'est guère possible d'accomplir alors des faits d'armes et les armées se déplacent avec difficulté. Aussi préfère-t-on attendre le jour. Le duc de Bourgogne, Philippe le Bon, désireux de venger son père, souhaite ardemment que « le jour s'avance pour être plus près de la vengeance qu'il désire prendre » et dès le matin son armée se met en route.

En 1430, alors que les Français, après avoir livré une grande escarmouche, sont rentrés pour la nuit à Compiègne et que la soirée s'avance, le comte de Hontiton, Anglais, et messire Jean de Luxembourg, se rendant compte que pour ce jour la bataille est terminée, rassemblent leurs capitaines pour délibérer. Il résulte de leur discussion que pour cette nuit ils regagneront leur logis et coucheront tout armés, et que le lendemain ils se rendront devant la ville prêts à la bataille pour voir si leurs adversaires souhaitent combattre.

En 1404, les Bretons décidant de se venger des

Anglais embarquent sur des vaisseaux, se dirigent vers l'endroit où leurs adversaires ont été signalés et les découvrent vers le coucher du soleil. Les jeunes veulent attaquer sur-le-champ, mais les chefs le leur déconseillent, en leur disant : « Vous voyez que le soleil est près de se coucher; la nuit augmentera pour nous les dangers. Ne songez donc pas à livrer bataille aux approches de la nuit. Vous avez besoin pour le combat qui se prépare de plus de jour qu'il n'en reste. Demain, au lever du soleil, vous commencerez l'attaque et vous verrez de près l'ennemi, soyez-en sûrs. Mais maintenant qu'il fait à peine jour, il ne serait ni sage, ni prudent de combattre. »

Ainsi jour et nuit correspondent à deux types de guerre bien différents. Le jour, dans une bataille rangée, on peut manifester son courage. La nuit, on peut espérer l'emporter à l'aide de stratagèmes. Vaillance est plus grande vertu que ruse, mais pour certains la fin justifie les moyens.

SEXUALITÉ

La nuit constitue un moment favorable pour les rapports sexuels qui peuvent se dérouler loin des regards indiscrets. La littérature, comme la réalité, le manifeste clairement. Nous considérerons ici la sexualité uniquement comme transgression des normes prônées par l'Église sur le plan moral.

Adultère et prostitution

Des femmes luxurieuses profitent de l'absence de leurs maris pour les tromper. Il est tentant lorsqu'un époux a quitté nuitamment le logis conjugal afin de remplir ses obligations militaires – geler dans une guérite pour signaler aux habitants de la cité l'approche éventuelle de l'ennemi – de faire venir un jeune amant. Ainsi, le 20 octobre 1415, le maire de Chauny, en raison de ses fonctions, va dans la nuit rendre visite aux guetteurs et leur recommande de bien garder la ville et de surveiller attentivement les environs, car les Anglais ne se trouvent qu'à six ou sept lieues. Vers quatre ou cinq heures du matin, comme il se met à pleuvoir, il revient en son hôtel et trouve la porte de sa chambre fermée. Il la fait ouvrir par son épouse qui est couchée dans le lit. Et il aperçoit dans la ruelle un jeune homme, sans pantalon, revêtu seulement d'une chemise. Furieux, il lui donne un coup mortel de badelaire [1].

Une lettre de rémission de mars 1392 mentionne les relations coupables de Jean de Bègues avec la mère de Lancelot Rouault. Malgré les interdictions de ce dernier, Jean de Bègue va de nuit, de propos délibéré, en l'hôtel de Lancelot.

Le consentement de la femme dans les deux cas ne fait pas de doute. Il semble parfois moins évident. Colette la Buquete rapporte, en 1391, que le sire de Nouvion, un soir, se rend en l'hôtel de l'Épée où elle se distrait habituellement en compagnie des chambrières, car elle habite une maison voisine. Étant allée dans la chambre de ce seigneur, elle est prise par lui. Selon ses dires, elle était alors vierge. Elle reste ensuite toute la nuit en compagnie de Jean de Boisance avec qui elle couche également.

Après une pucelle (?), une « femme commune ». Vers l'heure de couvre-feu, le lundi après la Saint-Martin d'hiver 1380, trois jeunes gens vont se distraire en l'hôtel d'une prostituée. Celle-ci leur rapporte, au cours de leurs ébats, que dans le même hôtel une voisine s'offre elle aussi volontiers malgré son union avec un valet charretier. Sur ce, l'un des compagnons nommé Jean du Poiz entre dans la chambre de la voisine et lui demande de faire l'amour. Après avoir

1. Épée courte à lame recourbée.

d'abord refusé, elle finit par accepter et, « sans grand refus et violence » – dit le suppliant –, le connaît charnellement. Là-dessus surviennent les deux autres qui, eux, la connaissent contre son gré, car l'un d'eux fait semblant de vouloir la frapper. Ne leur gardant cependant pas rancune, elle les invite à manger et à boire. Les deux femmes et les trois hommes s'entendent alors : ledit suppliant et Jean du Poiz coucheront cette nuit avec la voisine. Et les autres dormiront avec Mahaut. Mais la voisine, trois ou quatre jours plus tard, parce que Mahaut lui reproche son inconduite, dépose une plainte.

Il va de soi que le plus vieux métier du monde se pratique souvent de nuit. Une lettre de 1382 signale que deux compagnons se rendent chez Guillette la Demoiselle qui tient en son hôtel à Rouen des fillettes amoureuses. Ils lui demandent pour la nuit deux de ses pensionnaires et lui donnent cinq sous. Une ordonnance de 1420 indique que les prostituées parisiennes ont envahi plusieurs bonnes rues de la Cité, où certaines ont acheté des maisons pour y faire taverne ; d'autres tiennent des boutiques et, sous le prétexte d'une profession, reçoivent de jour et de nuit des clients qui sont fréquemment des étrangers.

Viols

Amour tarifé, amour imposé. Selon une lettre de février 1389, le premier dimanche du carême précédent, le seigneur de Pauléon et ses gens, vers minuit, entrent de force dans un hôtel où ils trouvent Simone, femme de Pierre Millot ; le seigneur la prend sous la contrainte.

Combien de violences nocturnes se produisent ainsi, que nous ignorons, où le maître n'hésite pas à abuser de sa jeune servante. Quelques-unes nous sont connues par hasard. Marguerite Guillaume doit subir, en 1449, des sévices de la part de son maître Humbert de Ravet.

« Et quand la nuit fut venue, elle se retira en une *couchote* dans la chambre de Ravet où elle a l'habitude de coucher. Ravet qui était déjà étendu se leva et vint à elle, la prit toute nue et la porta en son lit, et dès qu'elle y fut se coucha avec elle... Elle déclare également que, après que Ravet eut fait cela, elle voulut se lever, mais il la tenait par les bras derrière le dos et la tint ainsi jusqu'à ce qu'il fût près du jour où il remonta de nouveau et refit ce qu'il avait déjà fait auparavant. Il se leva ensuite et s'en alla en ville, la laissant dans le lit, et il lui défendit d'en dire mot, sinon il la battrait. »

Toutefois c'est à midi environ, quelques semaines après, que Ravet « fait comme les deux autres fois ».

Les viols collectifs, commis par la jeunesse, eux, sont avant tout nocturnes. Une vingtaine de viols publics au moins sont commis chaque année à Dijon au xve siècle. Quatre-vingts pour cent d'entre eux constituent des attaques perpétrées par des groupes de deux à quinze individus dont les cibles privilégiées sont les femmes disponibles. Bien souvent ces garnements pénètrent dans les demeures où résident des femmes seules, n'hésitant pas, soit à employer la ruse, soit, plus souvent, à utiliser la force. Ainsi, vers 1447, à Dijon, un certain Sancenot Bauchet a l'habitude avec d'autres voyous de son genre de rompre nuitamment les huis des maisons et de faire subir des outrages aux femmes ou filles qui s'y trouvent. Si, le 19 juillet 1445, il s'introduit vers minuit au domicile de Gillot du Balay, tisserand de drap, et se borne à effrayer la Jaquotte, son épouse, en menaçant de lui « couper le nez » et de lui « vider les tripes », les choses n'en restent pas là le mercredi 30 août 1447. A l'entrée de la nuit, Sancenot Bauchet et son frère ainsi que deux autres compagnons s'introduisent, en brisant la porte, dans la demeure d'un charpentier alors absent. Malgré les protestations de Catherine, son épouse, l'un des compagnons lui donne plusieurs coups de poing sur la tête et le visage, de sorte qu' « elle a la tête tout enflée et bosselée »; l'autre compagnon « y met aussi la main » et, tirant leur dague, ils jurent de la tuer si elle dit mot.

Comme Catherine appelle au secours, celui qui la frappe lui dit : « Tais-toi, tais-toi », sans cesser de lui donner des coups. Finalement les deux voyous violent la jeune femme, en lui « bouchant la bouche » pour l'empêcher de crier. Pendant ce temps Sancenot Bauchet et son frère font le guet et jettent des pierres dans la rue au point, déclare une voisine, que tous les diables semblaient y être. Puis nos chenapans quittent la maison sans que personne ose intervenir. Pourtant les hurlements poussés par Catherine, les menaces de ses agresseurs ont été entendus dans tout le voisinage. Plusieurs femmes filaient non loin de là, mais sachant que Sancenot est « mauvais garnement, outrageux et a fait plusieurs fois beaucoup de choses de nuit par la ville », elles n'ont pas osé quitter le cellier où elles travaillaient. Lorsque Sancenot et ses compagnons repartent, ils se demandent s'ils leur jetteront des pierres, mais ils ne le font pas parce que l'un d'eux déclare qu'elles les ont laissés tranquilles.

La satisfaction des désirs sexuels aboutit parfois même à l'assassinat. Quinze jours avant la Toussaint 1390, « sur heure de soleil couchant », un nommé Thévenin demande à Belon, femme de Drion Anceau, de devenir sa maîtresse, lui disant que son mari ne lui fait aucun bien et qu'il ne vivra pas jusqu'à la Toussaint. Il la prie de ne pas fermer sa porte ; elle verra ce qu'il fera. Une fois son mari mort, il l'épousera. Elle accepte. Et cette nuit-là, comme Belon est couchée en compagnie de son époux et qu'elle a laissé la porte de sa chambre ouverte, alors qu'elle a fait son premier somme, elle sent qu'on lui touche le genou. Elle s'éveille et reconnaît Thévenin qui lui dit : « Tais-toi, c'est moi ; j'ai fait. » Lorsqu'elle se retourne vers son mari, auquel elle tourne le dos, elle le trouve mort. Thévenin l'a étranglé selon sa promesse. Elle l'aide à porter le corps vers la rivière, l'Essonne, proche de son domicile, après l'avoir vêtu et chaussé. Puis ils reviennent se coucher.

Pollutions nocturnes

Médecins et théologiens se rejoignent dans la mesure où ils considèrent que le sujet est responsable lorsque l'émission est due à son imagination. Albert le Grand signale qu'une purgation naturelle n'implique pas corruption corporelle, mais que la virginité est perdue lorsque la pollution découle de pensées sur le coït ou les organes génitaux.

Déjà Caelius Aurélien, médecin latin du ve siècle et auteur d'un traité *Sur les maladies des femmes*, écrit : « Durant leur sommeil, sous l'effet d'images sans réalité, des patients souffrent d'émission de sperme. Or le nom vient du symptôme, puisque aussi bien le rêve est à l'origine de l'effet vénérien et le provoque. Mais, en général, ce n'est ni une maladie ni même l'accident d'une maladie – que les Grecs appellent symptôme – mais c'est la conséquence d'images, auxquelles les Grecs donnent le nom de *phantasia*, affectant les patients pendant leur sommeil à cause de l'envie du plaisir sexuel, c'est-à-dire d'un désir constant et ininterrompu, soit, au contraire, en raison d'une longue interruption de la pratique sexuelle et d'une continence » (traduction J. Pigeaud). Ainsi, même lors du sommeil, le sujet reste responsable puisque « les perceptions que l'on reçoit dans l'état de veille passent à l'état d'images dans le rêve ».

Le problème réside dans le fait qu'il est parfois difficile d'établir une distinction entre pensée volontaire et vision fortuite d'une attirante fille d'Eve. Dans quelle mesure la spermatorrhée relève-t-elle de la sensation ou de la volonté ? De sorte que la responsabilité du sujet peut prêter quelquefois à caution.

Étant donné l'importance accordée à la semence masculine dans le mécanisme de la génération, alors que la semence féminine ne joue qu'un rôle secondaire, on comprend pourquoi la perte de semence chez l'homme peut constituer un péché grave non seulement sur le plan individuel, mais aussi sur le plan de l'espèce.

Le témoignage littéraire

Dans les œuvres de fiction, la nuit fournit aussi à l'amour les moyens de s'accomplir, notamment en dehors des liens conjugaux. Dans *Cligès,* roman de Chrétien de Troyes (vers 1135-vers 1183), le héros et Fenice s'avouent leur passion. Fenice étant mariée, elle suggère de simuler la mort afin d'être enlevée dans l'obscurité et de pouvoir vivre avec Cligès. Pendant le sommeil de ceux qui la veillent, le rapt s'accomplit.

Lorsque des amants ne peuvent satisfaire leur passion, la nuit devient le moment où la douleur est ressentie plus vivement. L'insomnie ne constitue que le prélude de tourments plus raffinés, visions nocturnes où l'amoureux croit tenir dans ses bras le corps nu de l'aimée. « Il est pénible d'être couché quand on ne dort pas et qu'on ne se repose pas [...] et que la nuit ne passe pas vite, car s'il faisait jour, je me lèverais. Ah, soleil, au nom de Dieu, dépêche-toi donc, ne reste pas arrêté ! Fais partir la nuit obscure et ses tourments qui durent trop à mon gré ! » écrit Guillaume de Lorris dans *Le Roman de la Rose,* au XIIIe siècle. L'amoureux, dans ce cas, n'atteint pas sa récompense. Chez Jean de Meung, continuateur de l'œuvre, les rêves ne constituent plus un tourment, mais une ruse utilisée pour gagner les faveurs de la dame.

Et l'amour physique finit par trouver sa place. Lancelot et Guenièvre ont toute la nuit « beaucoup de joie et de plaisir », écrit pudiquement Chrétien de Troyes, et il ajoute que tout ne peut être dit dans un conte.

Cet amour est donc le plus souvent transgression, l'obscurité constituant avant tout le domaine de l'infraction. Iseut, dans le *Tristan* français en vers, amoureuse la nuit, redevient le jour la reine qui appartient au monde de la clarté, du respect de la loi. Plus grave encore que l'infraction, la tromperie. A l'épouse, au mari attendus se substituent une étrangère, un étranger. Dans *Ami et Amile*, la fille de Charlemagne, Belissant, remplace sa suivante dans le lit d'Amile, sans que ce dernier se doute le moins du monde de la substitution. A l'inverse, dans *Athis et Prophilias*, Athis propose à son ami Prophilias, amoureux fou de sa future épouse, de le remplacer le soir des noces dans le lit nuptial, cela bien sûr à l'insu de la jeune fille. La nuit apparaît ainsi à l'origine du mensonge et du plaisir. L'objet aimé, de rêve, devient réalité; les barrières qu'impose la clarté peuvent être alors transgressées.

Dans une comédie latine intitulée *Les Trois Pucelles*, la belle, après les préludes amoureux, déclare à son galant : « Fais vite de moi à ta volonté, car la nuit fuit et voici revenir le jour. » De l'érotisme à la paillardise, le pas peut être rapidement franchi, et ce dans toutes les contrées tant méridionales que septentrionales.

• En Italie, avec *Le Décameron* de Boccace, au milieu du XIVe siècle. Dans la plaine du Mugnone vit un brave homme qui a l'habitude de recevoir chez lui contre paiement des personnes de connaissance. Son épouse, une femme encore jeune et plaisante, lui a donné une fille de quinze ou seize ans et un bébé de quelques mois. Un amoureux de la fille, en compagnie d'un ami, demande l'hospitalité à notre homme pour rencontrer sa belle.

La maison ne comporte qu'une chambre meublée de trois lits assez étroits qui y tiennent difficilement, deux contre un mur, le troisième en face. L'aubergiste assigne le moins mauvais à nos deux compères qui font semblant de s'endormir. Sa fille entre dans le second, alors que lui-même et son épouse occupent le troisième; près d'eux le berceau de l'enfant. Pinuccio, l'amoureux, lorsque tout le monde est endormi, rejoint sa bien-aimée et goûte dans ses bras des plaisirs qu'ils désiraient depuis longtemps. Pendant cette agréable occupation, la chatte fait tomber un objet dans une pièce voisine et réveille la femme qui se lève. Réveillé à son tour, Adriano, l'ami de Pinuccio, veut sortir pour satisfaire un besoin naturel; gêné par le berceau, il le déplace et le met près de son lit. A son retour il oublie de l'enlever et se recouche. Cependant l'hôtesse revient à tâtons dans l'obscurité, se dirige vers le lit conjugal et ne trouvant pas le berceau croit s'être trompée. L'ayant enfin trouvé, elle se glisse dans le lit voisin occupé par Adriano et non par son mari. Sans dire un mot, « il lui fit faire un voyage qu'elle n'espérait pas à cette heure de la nuit et auquel elle prit beaucoup de satisfaction ».

De son côté Pinuccio de crainte d'être surpris tente de regagner son lit, mais trouvant le berceau se croit devant la couche des aubergistes et entre dans le lit voisin où se trouve le maître de maison qu'il prend pour Adriano et à qui il chuchote : « Cette Nicolette est une bouchée de roi! Jamais aucune femme ne m'a donné autant de plaisir que celui que je viens de goûter avec elle! Et je n'en ai pas repris moins de cinq fois! »

L'autre, à ces mots, très choqué s'emporte. Ses cris réveillent son épouse qui se rend compte de la présence d'Adriano à ses côtés. Comme elle est intelligente, sans répondre, elle se lève, prend le berceau, le porte près du lit de sa fille et se couche près d'elle. Puis feignant de se réveiller, elle demande à son mari ce qui se passe.

– N'as-tu pas entendu, lui répond celui-ci, ce qu'il dit avoir fait à Nicolette?

– Il n'a pas touché à notre fille. J'ai été près d'elle toute la nuit, et tu es un imbécile de croire ce qu'il raconte. Vous buvez tellement le soir, vous les hommes, que vous prenez ensuite vos rêves pour des réalités. Et parfois vous vous promenez tout endormis. Mais que fait Pinuccio près de toi?

A ce moment intervient Adriano qui abonde dans le sens de son hôtesse : « Pinuccio! je t'ai dit plus de cent fois de ne pas faire le somnambule! Reviens dans ton lit. »

Les deux amis, après le lever du soleil, rient des bons tours de la nuit précédente et retournent tout ravis à Florence.

• En Angleterre avec *Les Contes de Canterbury* de Chaucer, vers 1390. Au début de l'ouvrage le conte du meunier et celui du bailli mettent en scène les ébats nocturnes d'hommes et de femmes paillards. Ces désordres comportent un certain ordre dans la mesure où la fille ne peut coucher avec un étranger sans que la mère ne fasse de même avec un autre. Dans le conte du bailli, lequel narre l'histoire d'un meunier cocufié par deux étudiants de Cambridge, se déroule dans une même pièce un ballet au cours duquel ces derniers quittent leur couche pour celle de la fille, en fonction d'un berceau-repère passé de la meunière vers leur lit. Scénario en quelque sorte similaire à celui du *Décameron*.

• A la cour de Bourgogne, avec les *Cent nouvelles nouvelles*, vers le milieu du XVe siècle. Un charretier qui amène du charbon de bois de saule à un orfèvre parisien voit les portes de la ville se fermer avant d'avoir achevé sa livraison. L'orfèvre l'accueille à bras ouverts et ils font ensemble un repas très arrosé. Minuit survient à leur grande surprise, car le temps a fort vite passé. En raison de l'heure l'orfèvre retient à coucher le charretier, voulant lui éviter de sortir et de rencontrer les soldats du guet. Mais, comme il n'a pas de lit disponible, il est obligé de faire partager au charretier le lit conjugal. Sans le moindre soupçon il fait coucher son épouse entre son invité et lui-même. La femme sentant que le charretier, en raison du froid et de l'étroitesse du lit, se rapproche d'elle, se tourne vers son mari sur la poitrine duquel elle pose sa tête, de sorte que son gros derrière se trouve à la hauteur du giron du charretier. Les deux époux s'endorment. Mais le charretier, malgré sa fatigue, ne peut les imiter, « son étalon relevant bien haut la tête, à se sentir si près de la femme de l'orfèvre. Dès lors il ne fut plus en son pouvoir de l'empêcher de la rejoindre et de la serrer de très près ». Les choses restent ainsi longtemps en l'état sans qu'apparemment la femme ne se réveille. Le mari, quant à lui, aurait continué de sommeiller « s'il n'avait pas eu, posée sur sa poitrine, la tête de sa femme qui, sous les coups de boutoir répétés de l'étalon, se mit à le secouer si fort qu'il ne tarda guère à se réveiller ». Se mettant en colère, il fait en hâte « déguerpir l'étalon ». Quand le jour est levé, le charretier, après avoir salué ses hôtes, retourne à sa charrette.

Toutes ces histoires montrent les dangers de la promiscuité nocturne associée à l'infidélité féminine. Femme et nuit ont partie liée.

*

Faut-il opposer nuit et jour, péché et vie honnête, à l'instar du duc Louis d'Orléans, frère de Charles VI ? « Et nonobstant que le duc d'Orléans se montrât aussi dévôt, le jour, néanmoins il menait une vie très dissolue la nuit. Car presque toutes les nuits il s'enivrait, jouait aux dés et couchait avec des femmes dissolues. » Il est vrai que, « finalement, la vie déréglée qu'il avait menée par nuit secrètement un certain temps, il l'augmenta tellement et tant la continua de jour et de nuit, qu'elle fut toute notoire et publique ».

Dans quelle mesure d'ailleurs les actes de violence se produisent-ils la nuit ? Il est logique que les scènes de ménage aient lieu de préférence le soir, lorsque l'époux rentre à la maison, parfois pris de boisson, et avant que le couple ne se couche. Mais la rixe qui aboutit au meurtre dans une ruelle, la querelle qui se solde par un coup de couteau sur un chemin de campagne, se produisent-elles plus de nuit que de jour ? Il importe ici de procéder à une étude quantitative. En effet, nous avons choisi des documents qui attestent la violence nocturne, mais à côté de ces textes, il en existe bien d'autres révélateurs d'une violence diurne. Il convient donc de prendre en compte toutes les sources disponibles. Claude Gauvard, à partir des lettres de rémission, s'y est efforcée pour la fin du Moyen Age français. Elle constate que les crimes ont lieu dans 44 % des cas le jour, dans 25 % des cas la nuit et dans 31 % des cas entre chien et loup. Plus que la tombée de la nuit, interviennent alors la fatigue de la journée – les jeunes ouvriers après dix à seize heures de labeur dans une échoppe étroite ou sur un chantier sont quelque peu énervés –, une absorption trop abondante de vin – les tavernes sont nombreuses et les occasions de distraction rares, et dans ces établissements on peut boire, voire jouer ou trouver une fille qui fera oublier les fatigues du labeur. On se dispute au moment de quitter la taverne lorsqu'il faut payer l'écot, ou sur le chemin du retour.

Les craintes inspirées par la nuit expliquent également le nombre relativement faible des crimes commis alors. On hésite à sortir le soir. L'obscurité est redoutée, mais cela ne signifie pas qu'elle favorise le crime. Parfois même, elle produit l'effet inverse, car l'on a peur d'une erreur dans l'obscurité. L'ombre épaisse qui empêche de reconnaître ses interlocuteurs peut entraîner des effets divers. En revenant de la foire de Bernezay, près de Loudun, le jour de la Saint-Laurent 1398, « alors qu'il est plus nuit que jour », Jean de la Rajace croit frapper un de ceux qui viennent d'assaillir ses compagnons et il tue d'un coup d'épée son ami Gillet Bargnet. En 1476, Marsault Guyot, qui participe au rapt d'une femme mariée, est chargé de monter la garde devant la porte de la maison où elle réside. « Le visage tourné vers la rue et ne pouvant rien voir en raison de la nuit fort obscure », il entend une personne qui s'approche par-derrière et lui dit : « Qu'est-ce là ? Qu'est-ce là ? » Effrayé il se retourne ; ce faisant, il heurte sans le vouloir du fer de sa javeline celui qui l'a interpellé et lui fait une blessure mortelle à la gorge. C'est que dans l'obscurité le ton de la voix peut entraîner soulagement ou au contraire inquiétude. A Dohem, en 1527, deux individus aperçoivent quelqu'un à « heure du soir, faisant brun et non le connaissant ». Ils s'enquièrent : « Qui vive ? » L'autre répond : « Ami », et ils discutent tranquillement un moment.

L'homicide en France ne connaît pas un paroxysme au cours de la nuit, puisqu'il constitue 57 % des délits commis alors, contre 63 % de jour et 73 % entre chien et loup. Les voleurs également ne recherchent pas la nuit – telle n'est pas l'opinion toutefois de certains auteurs pour qui les délits, surtout les vols, se déroulent souvent dans l'obscurité. Ils préfèrent apparemment accomplir leur forfait de jour, lorsque les victimes sont absentes, en particulier lorsqu'elles assistent à la messe. Les pillards seuls manifestent une prédilection pour l'obscurité car, à la différence des cambrioleurs qui ont affaire à des gens de connaissance, ils s'attaquent à des étrangers qu'il convient de surprendre couchés en état de moindre défense.

L'adultère, le viol se produisent aussi fréquemment de jour que de nuit, à l'exception des viols collectifs dus aux bandes de jeunes qui, désœuvrés, errent le soir et pourchassent les femmes qu'ils rencontrent, voire forcent les maisons, semblables en cela aux pillards. Certes l'obscurité peut permettre de cacher un crime, de se débarrasser du corps lors d'un infanticide. Ainsi Jeannette, épouse de Nicolas Rollant, a été séduite et engrossée par un prêtre nommé Jean Jouaye vers l'âge de dix-huit ans. Comme elle vient d'accoucher, le prêtre se désole, se prétend déshonoré. Elle lui dit alors d'agir selon son gré. Il prend l'enfant, l'enveloppe dans un drap et le met dans le giron de la robe de Jeannette en lui recommandant de bien serrer afin qu'on ne l'entende pas crier. De nuit, ils quittent la maison, Jouaye ayant une pelle à la main, et ils portent l'enfant près du cimetière de Bouin en terre profane. L'homme creuse une fosse et demande à la jeune femme d'y jeter l'enfant. Puis ils s'en retournent.

Hors de France, on observe le même phénomène : si la violence apparaît omniprésente à Venise, elle ne semble pas connaître une augmentation nocturne.

Bien plus, l'influence de l'imaginaire sur les criminels paraît réduite. Un certain nombre de suppliants invoquent comme excuse la tentation que le diable a exercée sur eux pour les inciter à commettre leur forfait. Or 24 % disent avoir été poussés par le démon de jour contre 17 % de nuit et 6 % au moment où tombe l'obscurité. Pourtant l'imaginaire tient une place considérable au Moyen Age.

2

FANTASMES

C'est par une sombre nuit de l'an 1300 que Dante, égaré dans une forêt obscure, entreprend son voyage dans l'autre monde, d'abord sous la conduite du poète latin Virgile. Il passe ainsi de l'Enfer que remplissent soupirs, sanglots et cris perçants résonnant dans la nuit veuve d'étoiles au Purgatoire où la lune, rouge comme un chaudron brillant de cuivre, paraît avoir dispersé ces dernières pour aboutir au resplendissant Paradis que lui montre Béatrice.

A travers cette vaste fresque, c'est tout l'imaginaire des hommes du Moyen Age qui apparaît, assimilant Satan, l'enfer, à la nuit lugubre, dépourvue de toute lumière étoilée ou lunaire, propice aux manifestations démoniaques que leurs esprits ne peuvent s'empêcher de créer.

LE DIABLE ET SES SUPPÔTS

Le Malin apparaît fréquemment dans les œuvres littéraires ou narratives du Moyen Age. Il est le tentateur par excellence, et dans une société où l'imagination tient un rôle prépondérant, il n'est pas étonnant qu'il revête des formes diverses, effrayantes pour ceux qui le redoutent et qui, en raison justement de cette crainte, pensent tellement à lui qu'ils le voient surgir même en d'anodines occasions.

Le démon se manifeste de diverses manières.

• Par la violence. Dans la *Vie de saint Antoine*, nous lisons qu'une nuit le diable, entrant avec ses affidés dans le tombeau où le saint s'est réfugié, l'accable de coups, au point que la douleur étend le pauvre homme sur le sol, sans voix. Cette violence se retrouve dans la plupart des récits hagiographiques ; elle y devient un lieu commun.

• Par la peur. Le même texte comporte des scènes d'agression nocturne faisant appel à d'horribles bêtes. Les animaux, après avoir fait un bruit épouvantable, ébranlé les murs de la cellule de l'ermite, viennent l'entourer de façon menaçante. Grégoire, évêque de Tours à la fin du VIe siècle, auteur d'une célèbre *Histoire des Francs*, mais aussi de huit livres de miracles, rapporte que saint Venant, s'étant levé « une certaine nuit » pour aller dire l'office, voit devant sa porte deux grands béliers qui s'élancent sur lui avec fureur. Une autre nuit, revenant de l'oratoire, il trouve sa cellule pleine de démons. Le saint d'ailleurs parvient facilement à bout des suppôts de Satan en invoquant le Christ.

• Par la possession. Mais les auteurs ne fournissent guère de détails sur le moment où elle s'opère. Ils se bornent à mettre en scène des possédés.

• Par la tentation. Le diable n'hésite pas à prendre un aspect engageant, à faire appel à des sentiments apparemment honorables pour inciter à pécher. « Le tentateur apparut pendant la nuit, sous la forme du Seigneur, au diacre Secondellus [compagnon de saint Friard] lui disant : " Je suis le Christ que tu pries chaque jour. Déjà tu es saint et ton nom est inscrit dans le livre de vie avec celui des autres saints ; sors donc de cette île et va faire des guérisons parmi les peuples. " »

Le diacre, abusé par ce mensonge, quitte l'île sans rien dire à son compagnon.

Ces textes montrent que les apparitions du démon se produisent particulièrement la nuit. Et le témoignage du moine Raoul Glaber, auteur d'*Histoires* qui relatent les événements de la première moitié du XIe siècle, corrobore cette assertion. Quant à Guibert de Nogent qui écrit son autobiographie au début du XIIe siècle, il remarque que le démon agit dans les ténèbres trois fois sur quatre. Il ne s'ensuit pas qu'il intervient au grand jour dans les autres circonstances, car une telle précision n'est pas fournie.

« Entre chien et loup », le diable se manifeste avant tout dans les champs et les forêts. L'inquiétude qui recouvre les zones inhabitées s'étend peu à peu aux lieux où résident les humains. Ceux qui ne peuvent dormir, les malades, les agonisants se retrouvent seuls, sans secours, dans le noir.

Le lien ténèbres – démon est bien mis en valeur par une aventure survenue à Guibert enfant. « Donc une nuit (en hiver, me semble-t-il) où, éveillé par une hantise si lamentable, j'étais au lit, une lampe toute proche répandait une intense clarté qui me rassurait. Et voici que tout à coup un bruit de voix proches et nombreuses, qui semblaient venir d'en haut, éclata à travers la nuit profonde. Ce n'étaient que cris sans paroles. Sur-le-champ, la violence de cette horreur suffit, en me frappant les tempes, à me faire perdre connaissance, comme si je tombais dans le sommeil. Alors je crus voir apparaître un individu défunt, dont d'aucuns disaient qu'il était mort dans son bain. Ce fantôme m'ayant terrifié, je me jetai à bas du lit en poussant à mon tour des cris puis, me retournant en ces premiers mouvements que je faisais, je m'aperçus que la lampe était éteinte. Alors je contemplai, tout proche, au milieu des ténèbres de cette ombre énorme, le démon en sa propre apparence [1]. » Plus loin Guibert

1. Les textes de Guibert de Nogent sont cités d'après la traduction d'E.-R. Labande (éd. Les Belles-Lettres).

décrit des essaims de démons qui viennent torturer un clerc rémois, le jettent sur le pavé, le traînent et s'efforcent avec violence de lui arracher son habit. « C'était surtout pendant la nuit qu'il était ainsi torturé par ces horribles afflictions, non sans d'affreux hurlements. »

Si Raoul Glaber, tout comme Guibert, ne décrit pas précisément Satan, il nous fournit par contre une représentation précise de son diable familier. Il l'a vu de taille réduite, le cou fluet, le visage amaigri, les yeux sombres, le front plissé, les narines collées, le menton pointu, la barbe semblable à celle d'une chèvre, les oreilles remplies de poils, les cheveux hirsutes, le dos voûté, habillé d'oripeaux. S'agrippant à l'extrémité du lit du moine, il le secoue violemment. La scène se passe alors que Glaber se réveille. Le moine est puni pour sa paresse ; il n'a pas rejoint ses compagnons aux matines – péché fréquent, selon ses dires. Glaber quitte le monastère de Saint-Léger de Champeaux pour se rendre à Saint-Bénigne de Dijon. Mais son diable ne l'abandonne pas. Il lui apparaît de nouveau dans le dortoir du monastère. Alors que l'aurore se met à poindre, il sort des latrines en réclamant « son bachelier ». Le lendemain, à la même heure, un frère enfreint ses vœux et rejoint le siècle – pour un temps, avant de se repentir. Une troisième visite se déroule à l'abbaye de Moutiers dans l'Yonne. Là aussi les moines ne sont guère ardents pour se rendre à l'office des matines, et Glaber fait partie de ceux qui préfèrent rester au lit. Alors le démon se manifeste, proclamant qu'il se tient avec ceux qui restent. Réveillé par cette voix, Raoul le reconnaît.

On discerne dans ces récits une propension à transformer l'imaginaire en réalité. Toutefois le diabolique ne laisse pas de traces matérielles. Une nuit, alors que Guibert de Nogent se trouve en rêve dans l'église de Saint-Germer, il lui semble que deux démons l'emportent jusqu'au faîte de l'édifice, puis le laissent tomber dans le chœur où il se retrouve indemne.

Malgré les affirmations des narrateurs qui prétendent être éveillés, on voit donc que les interventions démoniaques se produisent au moment où ils s'endorment ou bien se réveillent. Semblables à ceux qui affirment n'avoir pas dormi de la nuit, alors qu'ils ont sommeillé une partie du temps, sans en avoir conscience. Guibert, d'ailleurs, la nuit où il voit le diable, note qu'il est arraché à ses sens « comme si l'heure de tomber dans le sommeil était sonnée ». La nuit trouble les esprits au point qu'un veilleur installé dans une pièce au-dessus de la porte d'entrée d'un château chante pour se donner du courage.

Parmi les suppôts de Satan figurent notamment les incubes, démons lubriques censés violer les femmes durant leur sommeil. Les diablesses qui viennent s'unir la nuit aux hommes portent le nom de succubes.

Guibert de Nogent narre comment sa mère subit les assauts d'un incube. « Une nuit, particulièrement sombre, où, pénétrée de cette atroce anxiété [son mari avait été fait prisonnier] elle se blottissait au fond de son lit, le diable qui a coutume d'attaquer de préférence les âmes minées de tristesse, l'Ennemi donc en personne survint tout à coup, il vint se coucher sur elle qui était éveillée, et de son énorme poids il l'écrasait au point qu'elle était à peu près morte. Tandis que son souffle se trouvait coupé par cette compression, et qu'elle était totalement privée du libre usage de ses membres, cependant que sa voix était littéralement incapable d'émettre le moindre son, elle, aussi libre quant à sa raison qu'elle était muette, ne put qu'implorer le secours divin. Et voici qu'au chevet de sa couchette un esprit [esprit bienfaisant, à n'en pas douter] se mit à proférer, d'un ton aussi affectueux que clair, cette invocation : “ Sainte Marie, au secours ! ” Quand il se fut exprimé de la sorte quelques instants – et elle comprenait parfaitement le sens de ses paroles –, elle, si violemment torturée, se rendit compte qu'il se jetait sur le mauvais avec une grande hostilité. »

Guibert de Nogent ajoute bien plus loin que « de tous

côtés enfin on parle de démons qui recherchent avidement l'amour des femmes, et cherchent même à les posséder ».

La notion d'incube est donc liée au domaine de la sexualité contre laquelle les clercs mettent tellement en garde leurs contemporains et qui tout à la fois effraie et attire. Ainsi le perçoit à la fin du XVᵉ siècle le célèbre ouvrage de démonologie intitulé *Le Marteau des Sorcières*. Les auteurs, deux inquisiteurs, qui voient en la femme la source du mal, distinguent celles qui se soumettent de leur plein gré aux incubes, comme les sorcières, celles à qui ces dernières font rencontrer des incubes contre leur gré, enfin celles qui, innocentes, subissent les assauts de ces démons. Ainsi peut-on expliquer – et la chose n'est pas propre au Moyen Age – les rêves érotiques. La mère de Guibert de Nogent est jeune, belle, séparée de son époux captif – et son mariage consommé plusieurs années après la cérémonie s'est révélé un échec sur le plan sexuel.

LES REVENANTS

Au cours de la nuit n'apparaissent pas seulement des démons. Les âmes de personnes mortes se manifestent également sous une forme physique.

Les revenants sont rares au cours du haut Moyen Age et appartiennent à l'élite, à savoir les saints. Parfois, inversement, ils apparaissent à ces derniers pour qu'ils manifestent leurs dons surnaturels. Ainsi dans la *Vie de saint Germain d'Auxerre*, par Constance de Lyon. « A une certaine époque, comme il voyageait en hiver et qu'il avait passé la journée dans le jeûne et la fatigue, ses compagnons lui demandent instamment, le soir tombant, de chercher un abri pour la nuit. Or il y avait à proximité une demeure à demi ruinée et inhabitée depuis longtemps. Par négligence, on avait même laissé les broussailles l'envahir, de sorte qu'il valait presque mieux passer la nuit au froid, en plein air, qu'en ce lieu dangereux et horrible ; d'autant plus que deux vieillards du voisinage avaient prévenu Germain que cette maison était inhabitable parce qu'elle était infestée par les esprits. Lorsqu'il apprit cela, le saint homme se dirigea vers les épouvantables ruines comme vers un lieu enchanteur et idyllique et là, parmi ce qui avait été jadis de nombreuses pièces, il s'en trouva à peine une qui pût avoir l'apparence d'un logement. Il s'y installa avec ses modestes bagages et ses quelques compagnons. Sauf lui, tous prirent un peu de nourriture. Enfin, alors que la nuit était déjà profonde, accablé par le jeûne et la fatigue, Germain s'endormit tandis qu'un de ses clercs lisait.

« Soudain apparut un épouvantable spectre qui se dressa devant le visage du lecteur tandis qu'une grêle de pierres s'abattait sur les murs de la maison. Le lecteur terrifié implora le secours de l'évêque. Germain se leva en sursaut et aperçut la silhouette de ce fantôme épouvantable. Après avoir invoqué le nom du Christ, il lui ordonna de se nommer et de dire ce qui l'amenait en ces lieux.

« Abandonnant immédiatement son horrible apparence, le fantôme s'exprime d'une voix humble et suppliante ; lui et son compagnon ont commis de nombreux crimes, ils gisent sans sépulture et, s'ils tourmentent les vivants, c'est qu'ils ne peuvent être eux-mêmes en repos. Ils le supplient de prier le Seigneur pour eux afin qu'Il leur donne la paix éternelle. Ému par ces paroles, le saint homme s'afflige, lui commande de désigner l'endroit où ils gisent. Alors, les précédant avec une bougie et les guidant avec de grandes difficultés au milieu des ruines, en pleine nuit l'ombre indique l'endroit où leurs corps ont été jetés. » Dès le lever du jour, Germain fait donner aux morts une sépulture décente.

Un brusque changement se révèle aux XIe-XIIe siècles.

Tantôt seuls, tantôt en troupes innombrables, les revenant apparaissent notamment au cours des rêves. Mais une évolution se dessine. Raoul Glaber rapporte que le moine Vulferius de Moutiers-Saint-Jean, dans le diocèse de Langres, voit la nuit du dimanche de la Trinité dans l'église de son monastère des hommes habillés de blanc et de pourpre, menés par un évêque. Ils viennent, disent-ils, participer à l'office. Il s'agit de chrétiens tués au cours de combats contre les Sarrasins. En route vers le Paradis, ils se sont arrêtés un instant pour s'associer quelques compagnons.

Quelques décennies plus tard, la mère de Guibert de Nogent voit en songe son époux défunt : « Il arriva ainsi, une nuit de dimanche après matines, en plein été, que, comme elle s'était allongée sur un banc bien étroit pour se reposer, elle ne tarda pas à sombrer dans le sommeil ; il lui parut alors que son âme sortait de son corps de manière sensible. Puis, après avoir été conduite comme au long d'une galerie, elle en débouche pour s'approcher de l'orifice d'un puits. Quand elle parvint tout près de celui-ci, des fantômes humains surgirent du gouffre de cette fosse, fantômes dont les cheveux lui semblaient rongés de teigne, et qui cherchaient à la saisir de leurs mains pour l'entraîner au-dedans... Ainsi donc, délivrée des habitants du puits, elle était venue s'appuyer à la margelle lorsque, subitement, elle aperçut à côté de cet endroit mon père, sous l'aspect qu'il avait en sa jeunesse... »

Le caractère diabolique des revenants transparaît de plus en plus ainsi que permet de le constater l'apparition à un prêtre normand de l'armée des morts, rapportée par Orderic Vital dans son *Histoire ecclésiastique*, écrite vers 1140. La nuit du premier de l'an 1091, le prêtre voit défiler une armée terrifiante menée par un géant menaçant que suivent des confrères, parmi lesquels il reconnaît des personnes décédées depuis peu. Sur une poutre, un démon fait subir des sévices à un criminel. Viennent ensuite des femmes cruellement torturées. Enfin des clercs, des moines noirs et des chevaliers portant de noirs étendards. Le prêtre comprend alors qu'il a affaire à l'armée des morts, la « maisnie Hellequin ». Il tente d'arrêter l'un des cavaliers. Ce dernier veut le frapper, mais un autre cavalier se porte à son secours ; il s'agit de son frère qui lui demande de prier pour abréger ses épreuves.

Les clercs essaient de récupérer la culture populaire – issue de traditions transmises par voie orale – qui se développe particulièrement au XIIe siècle et de la faire entrer dans le cadre d'une littérature édifiante. Ainsi, vers 1250, Vincent de Beauvais affirme que les participants à la maisnie Hellequin expient leurs péchés au cours des chevauchées nocturnes. Toutefois Guillaume d'Auvergne voient dans ces histoires des racontars de vieilles femmes.

Les lieux, les dates d'apparition de la maisnie Hellequin se précisent. La chasse sauvage se manifeste en particulier le 1er mai, la nuit de Walpurgis, et ressortit donc de la sorcellerie. C'est le moment du grand sabbat et Martin Lefranc (1410-1461), secrétaire de l'antipape Félix V, dédie au duc de Bourgogne Philippe le Bon un poème où il parle d'une :

Vieille qui certaines nuits de la Walpurgis
Sur un bâtonnet s'en allait
Voir la synagogue pute...

Déjà avec Étienne de Bourbon – mort en 1261 – si l'armée des morts, devenue essentiellement diabolique, se déplace, elle se rattache à un lieu précis où se pratiquent débauches sexuelles et sataniques. Ainsi prend forme, entre le milieu du XIIIe siècle et le XVe, le concept du sabbat des sorcières.

LES SORCIÈRES ET LE SABBAT

La sorcière nocturne ne constitue pas une invention médiévale. Aux deux premiers siècles de notre ère, les écrits des Romains font souvent mention d'une créature qui vole la nuit, pousse des hurlements et se révèle friande de la chair et du sang des malheureux humains. Dénommée stryge, elle ressemble à un hibou mais, en réalité, il s'agit d'un être provenant de la transformation de certaines femmes. Dans *L'Ane d'or*, Apulée rapporte que Pamphile, dame de Thessalie, a l'habitude certaines nuits de prendre la forme d'un oiseau. Pour ce faire, elle boit un mélange de laurier et de fenouil dissous dans l'eau et se frotte tout le corps de ce mélange ; sa peau se revêt alors de plumes, son nez et ses ongles deviennent bec et griffes, elle ulule à la manière d'un hibou et part quérir un amant, car elle se révèle fort sensuelle et punit sévèrement tous ceux qui la repoussent.

Cette sorcière, femme de jour, volatile luxurieux et cannibale de nuit, les intellectuels savent fort bien qu'elle n'existe que dans leur imagination. Cependant il paraît en aller différemment pour les peuples germaniques et la loi des Francs Saliens fait état de la stryge comme si elle existait réellement. Des lois barbares plus récentes – lois des Alamans, des Lombards –, sous l'influence du christianisme, n'admettent plus la réalité de ce vampire, mais attestent la croyance en son existence.

Au début du XIe siècle dans le livre XIX de son *Décret* intitulé *Guérisseur ou médecin*, et qui constitue un pénitentiel [1], Burchard, évêque de Worms, écrit : « As-tu partagé la croyance de nombreuses femmes de la suite de Satan ? Que pendant le silence de la nuit, après t'être étendue dans ton lit et pendant que ton mari repose sur ton sein, tu as le pouvoir, toute corporelle que tu es, de sortir par la porte fermée, de parcourir l'espace avec d'autres femme qui te ressemblent ? Que tu as le pouvoir de tuer, avec des armes invisibles, des chrétiens baptisés et rachetés par le Sang du Christ, de manger leur chair après l'avoir fait

1. Ouvrage destiné aux prêtres et indiquant les pénitences dues pour chaque péché.

cuire, et de mettre à la place de leur cœur de la paille ou un tout autre objet? Que tu as le pouvoir, après les avoir mangés, de les ressusciter et de leur accorder un délai pour vivre? Si oui : quarante jours de jeûne et une pénitence durant sept ans » (traduction C. Vogel).

Et voici ce que rapporte Étienne de Bourbon : « J'ai entendu dire à ce sujet qu'il arriva en petite Bretagne, c'est-à-dire en Armorique, qu'une femme perdît deux enfants avant qu'ils eussent, l'un et l'autre, accompli leur première année. Des femmes dirent à la mère que c'étaient des stryges qui en étaient la cause et qu'elles avaient sucé le sang des enfants. La mère les crut et leur dit que, lorsque son troisième enfant accomplirait sa première année, elle veillerait toute la nuit qui clôturerait l'année, mettant sur l'enfant le couvercle de fer avec lequel elle couvrait sa marmite quand elle était sur le feu. Elle dit aussi qu'elle plaquerait un fer chaud sur le visage de la stryge quand celle-ci viendrait, afin qu'on la reconnaisse le lendemain matin. Elle fit cela et, vers le milieu de la nuit, elle vit entrer, passant par la porte fermée, une petite vieille, une de ses voisines montée sur un loup, qui s'approcha de l'enfant. Faisant semblant de dormir, la mère prit le fer et l'appliqua sur la face de la vieille qui se retira en poussant un hurlement de douleur » (traduction Cl. Lecouteux et Ph. Marcq).

Jusqu'au XIIIe siècle, les lettrés refusent la croyance à la sorcière nocturne alors que le peuple persiste dans sa crédulité. L'Anglais Gervais de Tilbury qui écrit vers 1211 un ouvrage destiné à recréer l'empereur Othon IV considère comme répandue l'idée que des hommes et des femmes parcourent en volant de grandes distances la nuit, idée que les médecins, selon lui, attribuent à des cauchemars.

Le vol nocturne de certaines femmes apparaît dans une autre croyance populaire, ainsi que le montre Norman Cohn. Au début du Xe siècle, Réginon, ancien abbé de Prüm, rédige un guide de discipline ecclésiastique où il fournit le texte d'un canon promis à un grand succès et intitulé *Episcopi*. Ce canon se retrouve chez de nombreux auteurs ultérieurs dont Burchard de Worms : « As-tu cru ou as-tu participé à une superstition à laquelle des femmes scélérates, suppôts de Satan et trompées par des fantasmes diaboliques prétendent se livrer ? La nuit, avec Diane, la déesse païenne, en compagnie d'une foule d'autres femmes, elles chevauchent sur des animaux, parcourent de grandes distances pendant le silence de la nuit profonde, obéissent aux ordres de Diane comme à leur maîtresse et se mettent à son service lors de nuits bien déterminées. Si seulement ces sorcières pouvaient périr dans leur impiété sans entraîner dans leur perte beaucoup d'autres ! En effet, de nombreuses personnes induites en erreur croient que ces chevauchées de Diane existent vraiment et se séparent de la vraie foi, tombent dans l'erreur des païens en croyant qu'il puisse exister une divinité ou une déesse en dehors du seul Dieu » (traduction C. Vogel).

Et Burchard d'ajouter : « Qui jamais – si ce n'est en rêve et dans les cauchemars de la nuit – est conduit hors de soi et voit pendant son sommeil ce que jamais il n'avait vu éveillé ? Qui peut être si sot et si stupide pour imaginer que ces fantasmes, fruits de l'imagination, se produisent corporellement ? » Remarquons qu'il s'agit en ce cas d'une croyance non pas en des sorcières nocturnes cannibales, mais en des femmes sujettes d'une reine surnaturelle qui les dirige pendant leurs vols de nuit. Cette reine, Burchard l'appelle tantôt Diane ou Hérodias, tantôt Holda.

Au début du Moyen Age subsiste, en effet, un certain culte de Diane, déesse de la lune, amante de la nuit, semblable par certains traits à Hécate, déesse de la magie, qui la nuit a l'habitude, suivie d'âmes sans repos, de chevaucher dans les airs. A Diane est identifiée Hérodias, femme d'Hérode et inspiratrice de la mort de Jean Baptiste.

Holda, elle, jouera un rôle important dans le folklore

allemand jusqu'au XIXe siècle. Elle vit normalement dans les airs, mais séjourne également sur terre où elle s'intéresse aux travaux agricoles. Au cours de ses voyages nocturnes, les âmes des disparus l'accompagnent. Des femmes croient donc rejoindre ce cortège qui, loin d'être meurtrier, se révèle bénéfique.

Mêmes superstitions en France et en Italie. Guillaume d'Auvergne, évêque de Paris dans la première moitié du XIIIe siècle, rapporte que, selon certains fidèles, des esprits sous l'apparence de femmes et de filles parcourent les bois et pénètrent dans les maisons sous la direction de dame Abonde. Lorsque les habitants leur ont préparé nourriture et boisson, elles leur accordent en abondance des biens matériels. De sorte que de sottes personnes laissent ouvertes leurs armoires la nuit. Selon Jean de Meung – vers 1280, dans *Le Roman de la Rose* –, beaucoup de gens s'imaginent stupidement que certaines nuits en compagnie de dame Abonde leurs âmes errent et pénètrent dans les habitations par les trous qu'elles recèlent. Au début du XIVe siècle, les registres de l'inquisiteur Jacques Fournier fournissent le témoignage d'un lien entre les « bonnes dames » et les âmes des ancêtres morts. Selon un témoin, l'hérétique Arnaud Gélis aurait déclaré : « Il me dit que la nuit il allait avec les " bonnes dames ", c'est-à-dire les âmes des morts, par les chemins et les endroits déserts, et ils entraient parfois dans les maisons, surtout les belles maisons propres, et buvaient de bons vins qu'ils y trouvaient. »

Cette croyance à de tels voyages nocturnes fournit matière à anecdotes. Un *exemplum* d'Étienne de Bourbon met en scène un paysan fortuné et naïf. Des bandits, une nuit, habillés en femmes, pénètrent dans sa demeure et la parcourent en dansant. Aux cris de « Prends-en un, rends-en cent », ils s'emparent de tous les biens de valeur. Comme la femme du paysan proteste, celui-ci l'interrompt et lui ordonne de se taire : « Ce sont là de bonnes personnes, s'exclame-t-il, et elles nous rendront au centuple ce qui nous appartient. »

Ainsi coexistent deux anciennes croyances populaires en des voyageuses nocturnes.

Bien entendu, on l'a vu, l'élite lettrée nie leur existence. Les démons peuvent certes pousser au péché les humains lorsqu'ils rêvent, mais imaginer que les rêves constituent la réalité, que l'on puisse participer à des vols nocturnes est contraire à la foi. Jusqu'au XIIIe siècle cependant, l'Église ne condamne pas sévèrement de telles croyances.

Il n'en va pas de même ultérieurement. Peu à peu aux belles dames se substituent des personnages connus. Et l'on s'imagine qu'il s'agit de démons qui ont pris la forme humaine. Ces démons, on peut les voir tout en étant éveillés, de sorte que les fantasmes qui hantaient l'esprit de vieilles femmes stupides deviennent réalité. Il en résulte que participer aux rassemblements ne relève plus de l'imagination, mais implique une association véritable avec les démons.

Et les clercs qui ne font plus de distinction entre sorcières nocturnes et « dames de la nuit » en viennent à les confondre dans la même réprobation. Jean de Salisbury, Anglais qui vécut longtemps en France, écrivait déjà entre 1156 et 1159 dans son *Polycraticus* : « On affirme qu'une certaine femme qui brille la nuit, ou Hérodias, ou la maîtresse de la nuit, convoque des réunions ou assemblées, lesquelles assistent à divers banquets [...] On dit en outre que de petits enfants sont offerts aux lamies [stryges]; certains d'entre eux étaient démembrés et gloutonnement dévorés, alors que la maîtresse prend pitié des autres et les fait remettre dans leurs berceaux. » Banquet nocturne et orgie sanguinaire sont ingénieusement et intimement liés. Seuls des sots et des ignorants peuvent ajouter foi à de telles fables, estime cependant Jean de Salisbury.

Aux XIVe et XVe siècles certains clercs, qui reprennent eux aussi les deux fantasmes pour n'en faire qu'un, imaginent que des groupes de sorcières se rendent de nuit au sabbat, rendent hommage à Satan et ont avec lui des rapports sexuels. Le sabbat n'est plus un rêve trompeur, il est désormais considéré comme une réalité.

Le 20 août 1493, des conseillers de Fribourg en Suisse entendent les déclarations d'une sorcière : « Fort mécontente du fait que son mari la battait, elle s'en alla de nuit en un bois sur une roche et se mit à demander en criant que Dieu ou le diable voulût l'aider. Alors vint près d'elle un être de couleur noire qui se nommait Satan ; il lui demanda ce qu'elle voulait, quelle était la cause de sa tristesse. Elle lui répondit qu'elle était toute désolée, car son mari ne cessait de la battre. Satan lui dit alors que si elle voulait croire en lui, le prendre pour maître et renier Dieu, il la réconforterait et son époux ne la battrait plus ; alors elle renia Dieu, prit Satan pour maître et lui fit hommage, lui embrassant le cul et lui donnant trois cheveux.

« Elle avoua ensuite avoir fréquenté avec d'autres une assemblée qui se tenait dans un vieux château, pendant deux ans. A cette assemblée leur maître Satan les convoquait deux fois par semaine le mercredi et le vendredi, et leur donnait des bâtons qu'elles chevauchaient. Et si par aventure elles ne voulaient point s'y rendre, il les battait durement, et quand venait l'heure du départ, elles chevauchaient lesdits bâtons pour retourner en leur logis.

« Alors que ses complices et elle-même participaient les jours susdits à l'assemblée vers minuit, quand ils étaient tous réunis, ils commençaient par danser et faire bonne chère, et ensuite leur maître Satan leur apportait à manger, et l'un d'entre eux servait de cuisinier.

« Une fois l'un de ses complices embrassa une jeune femme enceinte et la serra tellement qu'elle mit au monde un fils qui ne fut pas baptisé. Peu après l'enterrement de l'enfant, ils allèrent secrètement le déterrer, l'amenèrent en leur assemblée, le firent rôtir et le mangèrent. Et ils mangèrent plusieurs autres enfants dont ils ignoraient la provenance, mais qui n'avaient pas reçu le baptême, car sur les enfants baptisés ils n'ont pas de pouvoir.

« Quand ils étaient réunis, ils avaient des rapports charnels, mais non pas contre nature. »

Partant de l'apparition dans les Alpes occidentales, durant la seconde moitié du XIVe siècle, de l'image du sabbat, Carlo Ginzburg dans un ouvrage récent distingue deux traditions tout à la fois différentes et fortement liées : d'une part, construite par les inquisiteurs et les juges laïcs, l'idée d'un complot fomenté par une secte, d'autre part des croyances d'origine chamanique – le chamanisme est la religion de certaines peuplades de la Sibérie et de la Mongolie – ancrées dans la culture populaire, comme le vol nocturne ou les transformations en animaux.

LES LOUPS-GAROUS

Déjà sous Néron, le thème de la lycanthropie, c'est-à-dire de la transformation d'un homme en loup, apparaît avec le récit de Niceros dans *Le Satiricon* de Pétrone. Présentant son histoire comme vraie, Niceros rapporte qu'il se met en route de nuit accompagné d'un soldat. Dans un cimetière sous la lune, celui-ci se change en loup et s'enfuit en poussant des hurlements. Une blessure au cou lui permet de retrouver la forme humaine.

Depuis les positions énoncées dans le canon *Episcopi* jusqu'aux ouvrages de saint Thomas d'Aquin (XIIIe siècle), l'Église officiellement considère comme erronée toute opinion donnant à une métamorphose une origine autre que divine. Burchard de Worms condamne ceux qui croient que les fées « auraient le pouvoir de destiner un homme dès sa naissance à ce qu'elles veulent et que, toutes les fois que cet homme le désire, il peut se transformer en loup de cette sorte que le vulgaire nomme loup-garou, ou prendre quelque autre forme ».

Pourtant le Moyen Age admet de façon générale l'existence des loups-garous. Gervais de Tilbury, au début du XIIIe siècle, atteste la diffusion de cette croyance. « Je sais seulement que, chez nous, il arrive journellement, les destinées humaines étant ce qu'elles sont, que certaines personnes, aux changements de lune, sont transformées en loups. » La lycanthropie constitue un phénomène très répandu, notamment en Angleterre. « Nous avons vu en effet fréquemment en Angleterre pendant que brillait la lune des hommes se transformer en loups. » Et, pour faire vrai, Gervais narre plusieurs histoires dont celle d'un soldat Rimbaud de Pinet. « Devenu errant et fugitif dans le pays, il parcourait seul, comme une bête sauvage, les endroits écartés et boisés. Une nuit, agité par une très forte frayeur, changé en loup sous l'effet de l'aliénation mentale, il fit subir à la contrée de tels dommages qu'il força de nombreux paysans à abandonner leurs demeures. Sous la forme du loup, il dévorait les enfants; mais il déchirait aussi les adultes de ses morsures de carnassier. Finalement, gravement blessé par un bûcheron, il perdit un pied, sectionné par un coup de hache. C'est ainsi qu'il retrouva sa forme humaine. » La métamorphose apparaît ici vraiment réelle et se borne à faire référence à une sorte de folie, sans mentionner Dieu ou le diable. La conscience de ce clerc du XIIIe siècle qu'est Gervais est partagée entre la conception populaire et la conception cléricale – cette dernière tente d'expliquer la métamorphose de manière rationnelle et chrétienne, en utilisant la théorie de saint Augustin sur la « métamorphose illusoire ». Gervais d'ailleurs ne prend pas véritablement position, s'abritant derrière le discours d'autrui.

Dans son *De Universo* composé vers 1240, Guillaume d'Auvergne reprend la thèse augustinienne. Soumis au démon et profondément endormi, le sujet se trouve neutralisé. Le démon alors prend l'apparence d'un loup. A son réveil l'homme croit s'être livré à des massacres. Le texte manifeste ainsi les deux niveaux de croyance : la croyance populaire qui accepte l'idée ancienne de la transformation d'un homme en animal ; l'interprétation cléricale qui considère le phénomène comme une métamorphose illusoire.

A la fin du XVe siècle, la « version réaliste » semble l'emporter avec *Le Marteau des Sorcières.*

Quoi qu'il en soit, la nuit, la lune constituent des éléments essentiels de la lycanthropie.

DE L'IMAGINAIRE À LA RÉALITÉ

L'éclairage lunaire permet de créer une atmosphère d'étrangeté, de passer à l'irréalité. Le crépuscule constitue un excellent moment pour entraîner le lecteur dans un monde fantastique ; le soleil, en se couchant, transforme le paysage. Par deux fois dans *Le Roman de Laurin*, ce moment est mis en rapport avec un enchantement. Ainsi à la fin d'une rude journée, des chevaliers aperçoivent un château à l'horizon. Ils tentent de le rejoindre pour y passer la nuit, mais le château recule au fur et à mesure qu'ils avancent. « Ils ont chevauché jusqu'à la nuit et plus ils allaient, moins ils s'en approchaient. » Incapables d'atteindre l'inaccessible château, ils s'arrêtent dans une prairie près d'un bois. « La lune était levée assez tôt après, par quoi on voit plus clair en l'air. » Alors, au clair de lune, vont se battre chevaliers blancs et chevaliers vermeils, fantômes sortis du bois. Nos voyageurs veulent prendre part au combat, mais les coups qu'ils portent tout comme ceux qu'ils reçoivent sont irréels. Au clair de lune répond le feu qui provient des fers des chevaux en sorte que toute la lande semble allumée. Il convient de mettre en parallèle la clarté de la lune et la lumière courant sur le sol qui manifestent la lutte entre rouges et blancs, mauvais et bons, enfer et ciel. A minuit, la vision s'efface brusquement.

En liaison avec les étoiles, la lune peut surexciter le climat amoureux. Dans la loge que lui a construite Nicolette, Aucassin [1], étendu sur le dos, « regarde par un trou et voit les étoiles dans le ciel, et il en voit une plus claire que les autres et il commence à dire... ». Ainsi cette vision inspire à Aucassin une romance à l'étoile :

Petite étoile, je te vois,
Toi que la lune attire à elle,
Nicolette est avec toi,
Ma jeune amie aux blonds cheveux.
Je pense que Dieu veut la prendre
Pour que la lumière du soir
Soit embellie par elle.

Le clair de lune peut aussi avoir une dimension spirituelle. Dans *Berte aus grans piés* [2], l'héroïne se réveille vers minuit et croit qu'il fait jour parce que la clarté de la lune est intense. Et dans un tel cadre naturel Berthe prononce un vœu de pauvreté et d'anonymat. Toutefois, du XIVe au XVIIe siècle, en raison de l'accent mis sur la sorcellerie, le satanisme, la culture dirigeante manifeste une certaine méfiance à l'égard de la lune qui, liée à la nuit, lui paraît de ce fait inquiétante, voire maléfique.

Les nobles voyageurs n'aiment d'ailleurs pas coucher à la belle étoile.

Un soir, Lancelot [3], chevalier de la Table ronde, arrive avec un compagnon chez un ermite : « Entrez dans ma demeure, leur propose celui-ci, car la nuit approche ; avant que vous n'ayez franchi deux lieues dans cette forêt qui est grande et épaisse, il fera sombre ; vous devrez vous allonger sous un arbre ou

1. *Aucassin et Nicolette* : composition anonyme du dernier quart du XIIe siècle ou de la première moitié du XIIIe.
2. Œuvre d'Adenet le Roi, écrite vers 1280.
3. *Lancelot* : roman en prose du XIIIe siècle.

sur la terre nue, et ni vous ni vos chevaux n'aurez à manger. »

L'imaginaire de la forêt est lié à son étendue, mais aussi à son opacité et cette dernière s'accroît avec l'obscurité de la nuit, en sorte que la peur s'installe chez ceux qui doivent traverser d'immenses espaces, sans pouvoir distinguer les dangers réels ou non.

Dans *Berte aus grans piés* l'héroïne, victime de calomnies, erre nuitamment dans la forêt du Mans. Elle se croit d'abord menacée par des bêtes sauvages. Il ne s'agit que de fantasmes, mais l'affolement entraîne une confusion entre périls réels et imaginaires. Berte, lorsque s'approche la nuit, se réfugie précisément dans la tanière vide des fauves. Arrivent alors deux voleurs qui tentent de la violer, mais elle parvient à leur échapper.

Une sorte de complicité semble s'établir entre les bêtes, les plantes, la nature tout entière. Le vent, la pluie, le froid s'ajoutent aux bêtes sauvages, aux branches coupantes pour rendre encore plus difficile l'errance nocturne de Berte. Errance qui s'accomplit selon un double schème : spatial, marqué par la fuite dans la forêt-labyrinthe; temporel, indiqué par les terreurs de la nuit précédant le soulagement de l'aube :

Ha! nuit, comme vous serez longue, je dois beaucoup
[vous redouter
Et quand il fera jour, que Dieu veuille bien m'aider.

Ainsi Berte revit en quelque sorte l'aventure du duc de Bourgogne, Philippe le Bon. Réalité et imaginaire se rejoignent.

*

Voici l'heure où le lion rugit,
Où le loup hurle à la lune,
Tandis que le lourd laboureur ronfle,

Accablé de sa pénible tâche.
Voici l'heure où les torches pétillent et s'éteignent,
Tandis que la chouette, par sa huée éclatante,
Rappelle au misérable sur son lit de douleur
Le souvenir du linceul.
Voici l'heure de la nuit
Où les tombes, toutes larges béantes,
Laissent chacune échapper leur spectre
Pour qu'il erre par les chemins de l'église

déclare le lutin Puck à la fin du cinquième acte du *Songe d'une nuit d'été* de Shakespeare.

La nuit effraie, par son obscurité, par les dangers qu'elle recèle; et elle génère la violence. La Bible conforte un tel sentiment. L'Ancien Testament du Dieu justicier permet de le constater. Lorsque le soleil cesse de briller, dans la nuit « toutes les bêtes des forêts s'y remuent » (Ps, 104). « La peste marche en la ténèbre » (Ps, 91). Ce sont les malfaisants qui haïssent la lumière : « Il fait noir quand l'assassin se lève, / pour tuer le pauvre et l'indigent. / Durant la nuit rôde le voleur, / dans les ténèbres il perfore les maisons. / L'œil de l'adultère épie le crépuscule » (Job, 24). Aussi faut-il prier le Seigneur quand vient le soir, lui demander sa protection contre les terreurs nocturnes (Ps, 91).

Le Nouveau Testament du Christ Sauveur exprime la même idée. Jésus qui a déclaré : « Quand on marche la nuit, on trébuche » (Jean, 11), affronte « le règne des Ténèbres » (Luc, 22); lors de sa mort, « l'obscurité se fit sur tout le pays » (Matthieu, 27). Et les hommes du Moyen Age qui craignent de mourir brusquement et d'aller en enfer pour n'avoir pas eu le temps de se repentir – la « naissance du purgatoire » date du XIIe siècle – savent que « le Jour du Seigneur arrive comme un voleur en pleine nuit » (I Thessaloniciens).

La conscience populaire – mais les proverbes qui la reflètent sont issus de la culture savante – ne dénigre pas vraiment la nuit, car elle porte conseil. Ce qui est loué, toutefois, ce n'est pas l'obscurité, mais le délai qu'elle accorde à la réflexion. Et, de fait, les proverbes récriminent contre la nuit « noire comme je ne sais quoi ». Ils craignent ses embûches. « La nuit, l'amour, le vin ont leur poison et venin. » Reprenant l'image biblique, ils la dépeignent comme le domaine des êtres malfaisants. « Gens de bien aiment le jour et les méchants la nuit. »

Pourtant, la période nocturne ne comporte pas seulement des aspects négatifs.

DEUXIÈME PARTIE

L'HOMME
ou
LA NUIT APPRIVOISÉE

1

TECHNIQUES

FAVORISER LA LUMIÈRE

« [...] les symboles nocturnes n'arrivent pas constitutionnellement à se débarrasser des expressions diurnes : la valorisation de la nuit se fait souvent en termes d'éclairement », écrit Gilbert Durand dans *Les Structures anthropologiques de l'imaginaire*. Et, de fait, la clarté est ressentie comme une valeur positive. Aussi avant de montrer comment l'homme médiéval par divers moyens, diverses techniques essaie non pas de domestiquer – le terme est trop fort pour cette période – mais d'adoucir la nuit, il importe d'appréhender combien il apprécie la lumière.

Par une sorte de compensation, le Moyen Age manifeste un goût prononcé pour les couleurs éclatantes. Il aime, au moins dans les hautes classes qui peuvent accéder à de telles satisfactions, les pierres précieuses, l'orfèvrerie gemmée, les étoffes de soie où resplendissent or, argent, couleurs chatoyantes. Alors que le bleu constitue actuellement la couleur préférée de plus de la moitié de la population occidentale, le rouge qui n'est indiqué que par moins de dix pour cent de nos contemporains apparaît au Moyen Age comme la couleur noble par excellence [1]. Couleur du luxe – cer-

1. Le bleu l'emporte sur le rouge à partir du XIIIe siècle. Quant au noir, sa promotion date de la fin du XIVe siècle et du XVe siècle.

taines lois somptuaires le réservent à l'aristocratie –, de la fête – jusqu'au XIXe siècle les femmes se marient en rouge dans la société rurale –, il rappelle le feu, et de façon plus mystique le feu du Saint-Esprit, la Pentecôte – dans certaines langues, en russe par exemple, il y a synonymie entre « rouge » et « beau ». Le peuple dans les églises goûte profondément la magnificence des vêtements et objets liturgiques, l'éclat polychrome des vitraux.

« Ce qui constitue la perfection et la beauté des choses corporelles, affirme Robert Grosseteste, chancelier à Oxford, évêque de Lincoln en 1235, c'est la lumière [...] La lumière est la chose dont la présence engendre le plus de joie. » La lumière unit en outre le beau au bien. « Métaphysiquement Dieu est la lumière à l'état pur et, dans la mesure où les choses sont lumineuses, elles ne sont pas seulement nobles, elles sont divines. »

La littérature manifeste cet amour de la lumière.

Ainsi dans la description des matières précieuses dont l'éclat s'ajoute à celui de l'or qui les sertit. Dans la clarté que projette Durandal, l'épée de Roland :

Eh! Durandal comme tu es claire et brillante!
Comme tu flamboies et resplendis au soleil!

Dans le soleil ruisselant sur l'armée de Charlemagne :

Le soir est clair, le jour reste radieux,
Et au soleil les armes resplendissent,
Hauberts et heaumes étincellent et flamboient,
Et les écus bien peints à fleuron,
Et les épieux, les gonfanons dorés.

Le lieu agréable, *topos* de la littérature médiévale, comporte, pour n'indiquer que des éléments essentiels, une prairie – ou un jardin ou un verger –, un ruisseau, des fleurs, des oiseaux et à la fois du soleil et de la fraîcheur. Ce paysage ne se conçoit pas sans une matinée de printemps.

Ne pouvant atteindre cet idéal lumineux, les hommes du Moyen Age s'efforcent de réduire les ténèbres qui en constituent l'antithèse. Pour y parvenir, ils essaient de faire en sorte que le jour donne de la lumière à leurs édifices, à leurs demeures, que l'éclairage diminue l'opacité des ténèbres, sinon dans les rues, du moins dans les maisons, que le feu, tout en fournissant sa chaleur, réduise l'obscurité.

La construction. Obscurité et luminosité

Les techniques et les matériaux ne permettent pas d'édifier des bâtiments semblables aux nôtres. Et alors que l'on apprécie la clarté, il faut laisser la nuit envahir quotidiennement églises et maisons. Il existe une certaine ambivalence entre la clarté recherchée et l'obscurité imposée.

A l'époque mérovingienne on essaie de construire des églises claires. Grégoire de Tours en témoigne. Des fenêtres, autant que faire se peut, sont percées dans les murs de la nef et permettent au jour de pénétrer de l'aube au crépuscule – la différence est manifeste entre cette conception antique qui survit et celle des siècles suivants où les fidèles préfèrent une pénombre mystérieuse à une trop grande clarté. Dans les églises pauvres, un voile ou une toile fixée sur un châssis de bois est placé devant la fenêtre pour éviter que l'air n'entre. Dans les édifices importants, on utilise des plaques de marbre ajourées. Ou des vitraux, probablement de dimensions assez réduites. Illuminés par le soleil, ils suscitent l'admiration des chrétiens rassemblés pour prier. Les auteurs de l'époque insistent sur cette clarté qui permet de contempler la décoration intérieure de l'édifice.

Bien plus tard, le gothique ne se caractérise pas seulement par le verticalisme, mais aussi par le luminisme. A la chaleur fournie par des édifices plus bas et plus sombres, le Moyen Age préfère alors la lumière dispensée grâce aux hautes baies des cathédrales. Et les vitraux que les Français savent si bien fabriquer, selon le moine Théophile (XIe siècle?), auteur d'un *Répertoire des divers arts,* un des meilleurs manuels techniques du Moyen Age, viennent orner ces baies et chatoient sous la lumière solaire.

Mais quelle différence entre les imposantes cathédrales aux vitraux polychromes qui reflètent la gloire de Dieu et les maisons, souvent obscures, qui se pressent autour d'elles! Examinons celles-ci à la fin du Moyen Age.

Et d'abord en ville. On y rencontre la maison de type chaumière – habituelle dans les campagnes – avec une pièce unique aux multiples fonctions. Elle se construit facilement, puisque faite de torchis, de bois et de chaume. Mais elle se révèle inconfortable car, en dehors d'une promiscuité impossible à éviter, les ouvertures et par conséquent la lumière font défaut. Le feu prend difficilement dans la cheminée dont le tirage est mauvais à certaines époques de l'année en raison des conditions climatiques.

La maison de l'artisan, du petit commerçant comporte un minimum de confort. Mais son pignon sur rue, l'encorbellement du ou des étages en saillie les uns au-dessus des autres ont pour inconvénient de limiter les ouvertures à une porte et à une ou deux fenêtres et de réduire la clarté d'une chaussée déjà étroite.

Dans les maisons à piliers, plus rares, l'étage n'est plus en encorbellement, mais repose sur des piles de bois ou de pierre. La rue voit sa largeur et son éclairage encore amoindris.

De la ville, passons à la campagne et rendons-nous à Dracy, petit village bourguignon déserté au XIVe siècle. A l'ouest, Dracy est adossé à une falaise, mur de fond pour les maisons de la rangée haute. Comme le site descend en terrasse, le mur ouest des maisons des rangées moyenne et basse est aussi occulté par les parois des terrasses. En outre, les demeures sont mitoyennes ou peu espacées, de sorte que les murs nord et sud ne comportent pas d'ouvertures. Seule la porte située sur la façade permet donc au jour d'entrer. Et cette porte, à en juger par l'aménagement des seuils et l'existence de clefs, est probablement pleine. Il s'agit donc de maisons fort obscures; et comme elles possèdent deux pièces en enfilade, la pièce du fond est encore plus sombre que celle de devant. Les seules demeures un peu mieux éclairées sont situées aux extrémités du village : des fenêtres, d'ailleurs très ébrasées, y ont été aménagées.

Ainsi le jour ne pénètre dans les maisons que le matin et uniquement dans la pièce située devant; l'après-midi règne une sorte de pénombre. Des considérations techniques – les ouvertures constituent des zones de faiblesse dans les murs –, le désir de se protéger du froid peuvent aussi expliquer cette situation.

Des ouvertures réduites. Il importe donc de faire en sorte qu'elles laissent pénétrer le jour autant que possible. Le meilleur moyen est d'utiliser le verre.

Mais le verre revient cher. En 1324, à Paris, le pied carré de verre blanc coûte deux sous, le pied carré de verre de couleur trois sous. En 1410, le pied carré coûte six sous à Gand. Le verre utilisé, épais, est constitué par de petits losanges qu'un verrier assemble sur place au plomb. Comme les réparations sont fréquentes, seuls de riches personnages peuvent s'offrir un tel luxe. En 1381 un verrier d'Arras met quarante-sept jours pour refaire dans un château appartenant au duc de Bourgogne Philippe le Hardi une grande verrière et quatre petites dans la chapelle, ainsi que cinq fenêtres dans la grande salle.

Les seigneurs apprécient ce matériau capable de faire reculer la nuit. Ainsi Mahaut, comtesse d'Artois à qui pour son château d'Hesdin, en 1299, un verrier d'Arras, maître Othon, fournit du verre blanc et du verre « peint d'imagerie ». Une importante commande est passée au même verrier en 1307 pour le château de Lens; il s'agit de fabriquer et de monter les verrières de vingt-six fenêtres. Les ouvertures relativement étroites du XIIIe siècle sont de plus en plus remplacées par de larges baies, et l'on augmente les dimensions de certaines d'entre elles.

Maître Jean le Sauvage garnit de vitres de couleur les ouvertures d'établissements construits par la comtesse : l'hôpital d'Hesdin, le monastère de Sainte-Claire, le couvent de la Thieulloye à Arras, les chartreuses et l'hôpital de Gosnay. Une lettre d'un agent de Mahaut signale qu'à Gosnay ont été utilisés 259 pieds et demi de verre blanc et 247 pieds et quart de verre de couleur. Au reçu de cette missive, le receveur paie à Jean le Sauvage 63 livres, 9 deniers, ce qui correspond à deux sous par pied carré de verre blanc et à trois sous par pied carré de couleur.

Les réparations sont, nous l'avons vu, fréquemment nécessaires. Ainsi, en 1343, un ouvrier de Béthune travaille-t-il longuement au château d'Aire où il lui faut remettre en état toutes les verreries, comme elles l'étaient à l'époque de Mahaut. « Pour refaire toutes les verreries de la grande salle, de la chapelle, de la chambre de monseigneur le duc et celles de la chambre de monseigneur de Boulogne et toutes celles du château tant de la chapelle que d'ailleurs qui étaient en très mauvais état, verre et couleur étant semblables à ceux d'origine, avec armoiries et images, marché a été passé avec un ouvrier de Béthune, nommé Jehan As Coquelès selon le commandement de monseigneur le duc. »

Mais comment se présentent les fenêtres garnies de verrières? L'iconographie seule permet d'en avoir quelque idée. Généralement l'ouverture comporte un panneau fixe de vitrage avec des croisillons de plomb. Panneau d'un seul tenant ou renforcé à l'aide de montants et de barres transversales. Un volet intérieur de bois peut garnir ces fenêtres. Second type, la fenêtre à meneaux, c'est-à-dire avec des montants fixes. Importe avant tout le montant qui sépare l'ouverture en deux parties, l'une supérieure, l'autre inférieure. Les deux peuvent être garnies de vitraux plombés avec ou sans volet intérieur, ou rester vides avec un volet intérieur. Il arrive que la partie inférieure comporte des panneaux vitrés mobiles.

Le verre, en raison de son épaisseur variable et de son montage en petits losanges, n'offre guère de transparence. Il permet toutefois de laisser pénétrer de la clarté jusqu'au crépuscule.

Face à la nuit, les constructions, par leurs ouvertures, par l'emploi du verre, résistent en quelque sorte de façon passive. L'éclairage, lui, constitue un élément actif.

L'éclairage

• Les rues. Nous sommes habitués, dans les rues des villes, à circuler de nuit comme de jour, sans aucun problème. Les voies éclairées par des lampadaires ne laissent que peu de zones d'ombre.

Au Moyen Age la situation se révèle bien différente. Les rues ne sont pas éclairées, ce qui n'empêche pas forcément les habitants de sortir. Mais, si on veut le faire avec quelque sécurité, il est bon d'être accompagné de serviteurs munis de torches. Existe tout au plus parfois une vague lueur provenant de chandelles placées derrière leurs fenêtres par les habitants – à Venise cependant, en 1397, les Seigneurs de la Nuit disposent des fanaux au Rialto, et les Dix prescrivent en 1450 d'entretenir, dès la tombée de la nuit et jusqu'à la quatrième heure du matin, quatre lampes sous le portique des Drapiers du Rialto ainsi que deux dans la rue menant au Rialto Nuovo.

Pour que la rue ne ressemble pas à un coupe-gorge, il faut des événements importants comme la visite de grands personnages. Alors les édiles municipaux prennent des mesures. Le 25 décembre 1519, lors de l'arrivée de la reine mère à Poitiers, on ordonne aux habitants de pendre une lanterne à leur fenêtre, et d'avoir dans cette lanterne « une chandelle ardente ». La consigne vaut jusqu'au départ de la cour.

Ce sont aussi des motifs de sécurité qui obligent à éclairer les rues. Le 11 septembre 1542, le maire de Poitiers déclare que, « pour mettre fin aux vols et exactions qui se font habituellement dans cette ville, il est besoin d'y mettre ordre, d'assembler centeniers et cinquanteniers et d'avoir dorénavant feu aux fenêtres pour empêcher plus aisément les voleurs et pilleurs de courir, de faire abattre les auvents pour que les voleurs ne se cachent pas sous eux ». Il interdit aussi d'aller la nuit par la ville sans lumière et de porter épée, poignard et armes de même genre.

Mais nous sommes déjà au milieu du XVIe siècle.

Après le couvre-feu, tout habitant de bon sens reste donc chez lui où il dispose de quelques faibles moyens pour affronter l'obscurité.

• Les maisons. Les procédés n'ont guère changé tout au long du Moyen Age. A l'époque mérovingienne, outre les chandelles, sont utilisées des lampes qui servent aussi bien pour les demeures familiales que pour les églises. Certaines supportées par des chaînes sont suspendues au plafond de la chambre ou de la salle à l'aide d'une corde. Ces lampes comportent un récipient avec de l'huile et une mèche, faite fréquemment de papyrus. Elles peuvent être fabriquées en argile par des artisans locaux, et dans ce cas se retrouvent avant tout dans les milieux populaires. Les demeures aristocratiques utilisent aussi des candélabres où sont suspendus des lampes, des cierges et dont on se sert dans les grandes circonstances. Les autres jours, des esclaves se tiennent près de la table du maître portant à la main des cierges qui génèrent une fumée sans doute désagréable, mais inévitable. Grégoire de Tours mentionnant la cruauté du duc Rauching fournit incidemment quelques indications. « Si un serviteur tenait devant lui un cierge pendant qu'il prenait son repas, comme c'est la coutume, il lui faisait mettre les jambes à nu, et appliquer sur elles le cierge jusqu'à ce que celui-ci fût éteint. » Grégoire signale par ailleurs qu'il est dangereux de n'avoir plus d'éclairage au cours des repas, car l'obscurité favorise les assassinats. « Or tandis qu'il [Theudégésile, roi des Goths d'Espagne] était à table pour souper avec ses amis, et qu'il était très gai, les cierges s'éteignirent subitement et, frappé alors qu'il était couché, d'une épée par des ennemis, il succomba. »

Pour ôter la partie de la mêche brûlée des cierges, on utilise une pince ou tout simplement ses doigts.

A l'époque carolingienne, dans certaines abbayes des tenanciers sont chargés de fournir cire et suif. La graisse de poisson et de cétacé est recueillie. Il existe même des domaines spécialisés, telle cette *villa* de Saint-Wandrille qui doit procurer 200 livres de cire, 180 d'huile et 8 muids de suif, ou celle de Bitry, dépendant de l'abbaye de Saint-Germain-des-Prés, dont les colons ont pour unique redevance la fourniture de 22 livres de cire ou 8 setiers d'huile.

La cire est alors utilisée surtout dans les sanctuaires. Elle sert à fabriquer les cierges que l'on fait brûler devant les autels ou les tombeaux des saints. On se contente pour les maisons plutôt de torches en écorce de bouleau ou en résineux. Le luminaire abondant des églises – celle d'Aniane est éclairée par sept candélabres d'or, sept lampes d'argent fixées sur une couronne et sept lampes placées devant l'autel – explique aisément l'émerveillement des fidèles.

Tous ces moyens d'éclairage n'apparaissent pas seulement dans les textes. Ils ont laissé des traces, et les chantiers archéologiques permettent d'avoir une idée plus précise de la manière dont on s'éclaire autrefois, en particulier dans les villages. Ainsi les fouilles minutieuses de Mlle Demians d'Archimbaud à Rougiers mettent en valeur les techniques utilisées dans un village de Provence vers le XIIIe siècle.

Le luminaire comporte des lampes et des chandeliers. Les lampes à huile ou à suif possèdent un réservoir ouvert avec un bec. On les fixe à un piton enfoncé dans le mur, voire à un support que l'on peut déplacer, à l'aide d'une tige à suspension.

Quant aux chandeliers, les uns comportent des tiges et des bobèches, les autres des godets en cuvette. Les chandeliers à tige et bobèche, placés sur un support, probablement de bois, ou insérés entre des pierres, sont formés d'une tige verticale effilée, de longueur variable, qui se prolonge de l'autre côté pour former la bobèche dans laquelle on fixe la chandelle. Différents modèles en ont été retrouvés. Les uns plus élémentaires, les autres de fabrication plus soignée. Ainsi dans l'un d'eux une bague au milieu de la tige paraît destinée à empêcher un enfoncement trop important de la chandelle, et à deux centimètres de la bobèche deux bras courts servent peut-être à supporter un objet quelconque ou à faciliter l'installation dans un support.

Les chandeliers à cuvette offrent également plusieurs modèles, différents par la taille de la cuvette, par le matériau – fer ou tôle de cuivre revêtue de fer. Ne comportant pas de pied, ils sont sans doute posés tels quels sur un support en bois ou en pierre. La chandelle est fixée grâce à une bobèche mince et haute ou bien à l'aide d'une pointe de section carrée.

Il s'agit donc de chandeliers simples, utilisés par des paysans. Il est intéressant de constater la pauvreté du luminaire. Les bobèches sont réduites, ne mesurent pas plus de 1 ou 1,1 centimètre pour la moitié d'entre elles; la plus haute atteint 1,7 centimètre. Ce caractère peut être mis en relation avec les difficultés rencontrées pour fabriquer des bougies de cire et des chandelles.

Les bougies, plus dures, sont sans doute destinées aux supports à pointe. Quant aux chandelles, elles comportent une mèche en moelle de jonc, en filasse ou étoupe de chanvre, plongée et replongée dans de la graisse, jusqu'à ce que l'épaisseur désirée soit obtenue. La matière c'est la résine, mais surtout la graisse de bovin ou d'ovin, cette dernière se trouvant en grande quantité dans la région méditerranéenne. Au total, une lumière assez réduite, ce qui explique peut-être la concentration du luminaire dans certaines pièces.

Les fouilles de Rougiers ont fourni en outre les restes d'une lanterne retrouvés dans une grotte-poulailler. Un fond formé d'une plaque de cuivre circulaire d'environ 12 centimètres de diamètre et dont le bord redressé atteint tout au plus 2 centimètres de hauteur. Sur ce bord neuf rivets qui servaient à fixer des lames de fer verticales destinées à tenir de minces feuilles de corne indispensables pour abriter la lumière du vent. La bougie ou la chandelle doit être fixée à l'intérieur grâce à une bobèche. Des lanternes sont mentionnées dans quelques textes dès le début du XIIIe siècle, mais constituent des objets de luxe.

Luminaire relativement rare donc, mais nous sommes en pays méditerranéen et les gens vivent hors de chez eux la plupart du temps.

Que représente ce luminaire sur le plan financier? Guillaume de Murol, seigneur auvergnat, qui éclaire son château grâce à des chandelles de suif consacre 10 livres à l'éclairage, sur un total général de dépenses de 682 livres. Il est difficile d'estimer l'importance du budget destiné à lutter contre l'obscurité. Bornons-nous à signaler que le coût moyen annuel des dépenses médicales n'est que de 3 livres – mais Guillaume qui meurt à quatre-vingt-dix ans possède une constitution robuste et pour les cas bénins concernant les membres de sa famille on recourt à des prières ou à des incantations peu onéreuses. Les frais engagés pour le mariage de sa fille aînée Dauphine en 1412 sont d'une centaine de livres. A Tours, au milieu du XVe siècle, un manœuvre doit travailler une demi-journée pour se procurer une livre de suif. Et la cire est hors de prix.

En ce qui concerne la vie monastique, la règle du Maître (premier tiers du VIe siècle) enjoint d'allumer au coucher une petite lampe à huile, bientôt éteinte, lorsque manque le combustible. Par conséquent le dortoir se trouve dans une obscurité complète toute la nuit, de sorte qu'il est nécessaire, si le besoin s'en fait sentir, de parler au lieu de faire des signes. Le réveil lui-même a lieu dans l'obscurité. On ne rallumera en hiver la lampe à huile ou une lampe plus importante qu'après les nocturnes afin de permettre la lecture au dortoir. Si celui-ci reste plongé dans les ténèbres, la porte d'entrée du monastère semble éclairée en permanence.

La règle de saint Benoît (530-560) présente d'importantes modifications par rapport à ces dispositions. Le dortoir doit être éclairé toute la nuit jusqu'au matin. Ainsi « tout se fera dans la lumière ». En sorte qu'il est impossible de ne pas déroger au silence nocturne. Benoît interdit absolument de parler, sous peine de sanction. Le réveil n'a plus lieu dans l'obscurité.

Le feu

Il est un autre moyen de lutter contre l'obscurité.

Le feu, nous l'avons vu, peut être une calamité lorsque des incendies éclatent, comme ceux narrés par les chroniqueurs : une nuit de 1395 des pièces de bois jetées tout enflammées dans le Rhône heurtent les bateaux arrêtés près des piliers du pont d'Avignon et y communiquent le feu; une autre nuit, en 1406, des misérables brûlent l'école de Saint-Germain-l'Auxerrois et l'hôtel de l'Écu de France, et l'incendie se propage avec une rapidité extrême.

Mais le feu, c'est aussi celui qui brûle dans les cheminées.

Chaque maison paysanne possède un foyer unique qui sert tout à la fois à cuire les aliments, à éclairer, à chauffer et à rassurer les êtres vivants, le feu repoussant par son éclat des craintes souvent liées à l'imaginaire.

L'éclairage apparaît comme une fonction accessoire, bien que la lumière dispensée permette de distinguer des ombres, de se diriger sans heurter les objets. Et cette fonction est loin d'être inutile dans les maisons munies d'ouvertures rares et étroites – le constructeur voulant éviter de laisser entrer l'air froid ou, dans les pays méditerranéens, se souciant peut-être d'assurer la fraîcheur de l'habitation, et le verre à vitre étant trop coûteux pour le paysan – et pourvues d'un luminaire réduit : à Bucato, en Italie, bien que le mobilier laissé en place en raison de la destruction brutale des demeures soit abondant, les fouilles n'ont permis de retrouver qu'une petite lampe à huile, faite de terre cuite, par habitation, tout au plus deux.

A ce feu domestique, il faut associer les feux de joie, témoignage fréquent de liesse à cette époque. Nous en reparlerons lors des loisirs nocturnes, mais eux aussi, dans un registre ludique cette fois, contribuent à lutter contre la nuit.

On est frappé par la modestie des techniques qui permettent d'échapper aux ténèbres, ou plutôt de les réduire. Le verre, peu répandu, plus translucide que transparent, laisse mal pénétrer la lumière. L'éclairage, sans doute coûteux et rudimentaire, apparaît réduit chez les paysans qui constituent l'immense majorité de la population. Le feu, destiné avant tout à chauffer – les aliments, l'atmosphère –, assure seulement une pâle clarté.

La lumière rassure, mais en ces périodes où l'imagination fait craindre les pires dangers, bien souvent irréels, il faut lutter aussi contre la violence, fréquemment associée à la nuit. Les pouvoirs publics tentent de résoudre ce problème par le guet et l'arrière-guet.

PARER À LA VIOLENCE

La nuit, la ville – mais aussi la campagne – recèle bien des dangers, intérieurs car les mauvais garçons rôdent dans les rues étroites et n'hésitent pas à forcer les portes des maisons pour piller ou agresser les femmes seules, extérieurs en particulier au moment des guerres et notamment lors du conflit franco-anglais qui dure si longtemps à la fin du Moyen Age.

Prévention

La répression l'emporte sur la prévention. Toutefois, des mesures sont prises – et répétées, car elles ne sont guère observées – pour empêcher les violences.

Il est recommandé de ne pas se déplacer la nuit, c'est-à-dire après le couvre-feu, sans raison valable. Et ceux qui doivent à leurs risques et périls s'aventurer hors de leur demeure, sont priés de se munir de torches et de chandelles. Les ordonnances de police réclament de telles précautions, car elles facilitent l'identification des promeneurs nocturnes et permettent de les apercevoir de loin. L'archevêque de Lyon indique en 1431 : « Que aucun ne soit si osé ni si hardi d'aller de nuit après gros *seral* de Saint-Nizier sans porter lumières sous peine d'être mis en prison et de payer soixante sous tournois pour chaque fois qu'il sera trouvé faisant le contraire. » Les patrouilles sont donc tenues d'arrêter ceux qui n'obéissent pas à ces règles. C'est ainsi que le prévôt Arthaud de Varey fait emprisonner Humbert Chappuis en novembre 1462, car ce dernier est trouvé vers la onzième heure de la nuit sans lumière et pourvu d'une dague. Avant même de connaître les raisons de son comportement, les sergents voient en lui un suspect parce qu'il se trouve dehors de nuit.

En 1413, peu après l'entrée du duc de Berry à Paris, les bourgeois apprenant que quelques-uns de ses serviteurs ont voulu assassiner l'un des leurs, obtiennent de Charles VI la permission de faire des rondes armées la nuit dans les rues de la capitale pour veiller à leur sûreté. La semaine suivante une ordonnance du roi défend à toute personne, quel que soit son rang, de marcher armée nuitamment dans la ville. Les bourgeois seuls font exception à la règle et sont même autorisés à arrêter les contrevenants et à les mettre en prison. Une telle concession, ajoute le religieux de Saint-Denis, mécontenta fort les gens de la cour.

Obligation donc de se trouver sans arme, car autrement la moindre querelle verbale peut dégénérer en homicide. Un règlement de Troyes, au XVe siècle – mais les mêmes défenses se retrouvent pour d'autres villes – déclare : « Quiconque, de quelque état qu'il soit, ne portera en ville couteaux, épées, dagues ou bâtons défendus, à peine de les perdre et de payer dix sous d'amende, sinon les officiers royaux qui en ont seuls le droit. » Une ordonnance de 1478 concernant la ville de Rennes indique qu'il est défendu à tous les habitants d'aller dans les rues de cette ville et dans les faubourgs après neuf heures du soir, sans clarté ni lumière. Il est également interdit à tous « gens mécaniques et manouvriers », et autres habitants de porter de jour ou de nuit « dagues, épées, braquemarts, autres bâtons ou ferrements, autrement que pour tailler leur viande », à l'exception des gens de justice, des gentilshommes et de leurs serviteurs. De même les habitants n'ont pas le droit de se rassembler ni de se battre les uns contre les autres.

De semblables dispositions sont prises à Dijon, Strasbourg, Poitiers où la situation s'aggrave du fait de l'afflux d'étudiants bagarreurs qui « sont jour et nuit par les rues publiques, en danger des passants de nuit et autrement ». Aussi, dès 1427, la commune de Poitiers prie-t-elle le roi d'installer des chaînes destinées à barrer certaines rues. Au début du XVIe siècle, de telles chaînes existent à Saint-Porchaire, au Pilori, à Saint-Étienne, aux Jacobins. Leurs clés sont confiées aux bourgeois voisins les plus importants, car on les a retirées à ceux qui les détenaient et en profitaient pour commettre de mauvaises actions. Cette garde n'est pas du goût de tous, puisque l'un des bourgeois demande de confier à des sergents le soin de fermer les chaînes le vendredi soir et de les ouvrir le lendemain après-midi.

Malgré la vigilance des rondes de nuit, au cours de l'année 1406, une troupe de gens sans aveu essaie de s'introduire dans l'hôtel de Nesle appartenant au duc de Berry. Repoussés à coups de flèches, ils se sauvent par la Seine, vers l'hôtel royal de Saint-Pol. D'où une émeute parmi le peuple qui croit que l'on veut emmener de force le roi hors de Paris. Le duc de Bourgogne, après avoir mis en fuite les malfaiteurs et apaisé le peuple, ordonne le lendemain aux Parisiens de la part du roi de faire forger une grosse chaîne de fer qui sera tendue pendant la nuit dans toute la largeur de la rivière pour que personne ne puisse s'introduire secrètement en bateau dans la cité.

Quant à la ville d'Amiens, elle prend au début du XIVe siècle une série de mesures destinées à la protection de ses remparts. Ainsi il est interdit « sous peine d'amende et de prison de traverser de jour ou de nuit les fossés de la place, d'escalader les palissades, de briser les portes, les fenêtres ou les serrures des tours et des guérites ». « Tout batelier qui passera de nuit sur la Somme quelque personne que ce soit, pour amener dans la ville ou pour en faire sortir, sera puni comme ennemi de la ville. » « Il est ordonné à toutes personnes qui possèdent des barques sur la Somme de les rentrer chaque nuit avant le coucher du soleil dans l'intérieur des fortifications, sous peine d'être punies comme ennemies de la ville et de perdre leurs barques. »

La législation contrôle les étrangers, demande aux aubergistes de noter leurs noms, de livrer à la justice les fauteurs de troubles; elle surveille particulièrement ceux qui ne travaillent pas et qui lui inspirent une profonde méfiance.

La prévention ne résolvant pas le problème de la violence, il faut prendre les moyens de la réprimer.

Le guet

De tout temps les pouvoirs publics ont eu le souci d'assurer la sécurité des habitants, en particulier dans les villes où ils sont rassemblés en grand nombre.

Des équipes sont chargées à l'époque mérovingienne d'effectuer des guets de nuit et des rondes, car le soir dans la cité déserte les rues ne voient passer que de rares personnages accompagnés d'une escorte porteuse de torches ou de lanternes. Ou bien des malandrins.

Les incendies, fréquents, embrasent des quartiers entiers. La panique s'empare des habitants, les citoyens s'entraident volontiers, mais les moyens, la discipline font défaut. Grégoire de Tours rapporte, à l'année 585, qu'une nuit, au début du crépuscule, un habitant de Paris, après avoir allumé une lumière, entre dans son magasin, prend de l'huile et d'autres choses dont il a besoin et part en laissant sa lumière près d'un petit tonneau d'huile. Cette demeure est située à proximité de la porte débouchant au midi. La lumière provoque un incendie, la maison est consumée et d'autres qui la jouxtent s'embrasent. Comme le vent souffle, les flammes se répandent à travers toute la cité et l'incendie commence à atteindre une autre porte où se trouve un oratoire dédié à saint Martin. L'homme qui l'a bâti en hauteur avec des poutrelles entrelacées, se confiant au Seigneur et au saint, se réfugie avec sa famille et ses biens à l'intérieur de l'édifice. Tandis que l'incendie se rapproche, des tourbillons de flammes s'envolent, mais lorsqu'ils lèchent les parois de l'oratoire ils se refroidissent aussitôt. Cependant la foule rassemblée aux alentours crie à l'homme et à son épouse : « Fuyez, malheureux, puisque vous avez la possibilité de vous échapper. Déjà la masse enflammée s'abat sur vous, des étincelles incendiaires avec des charbons tombent comme de la pluie ! Quittez cet oratoire pour ne pas périr dans cet incendie. » Mais eux ne montrent aucune émotion. Et, conclut Grégoire de Tours, si grande fut la vertu miraculeuse du bienheureux évêque qu'il sauva non seulement l'oratoire et la demeure de son disciple, mais encore qu'il ne permit pas aux flammes d'endommager les maisons situées aux alentours, et l'incendie qui avait commencé à sévir se calma d'un côté du pont. Sur l'autre côté – peut-être selon certains commentateurs, la rive septentrionale de la Seine et par conséquent l'île de la Cité, mais le texte est trop imprécis pour l'affirmer vraiment – le feu consume tout avec une telle violence que seul le fleuve met fin à sa progression. Toutefois les églises ainsi que leurs maisons ne brûlent pas.

Au-delà du miracle on voit comment, en peu de temps, le feu peut ravager une ville. Aussi les gens qui parcourent les rues la nuit doivent-ils être très attentifs non seulement aux exactions qui risquent de se produire, mais aussi aux incendies, si fréquents alors, et cela pendant tout le Moyen Age.

Les risques peuvent provenir des guetteurs eux-mêmes. Clotaire II, en 595, prend une ordonnance contre les gens établis pour le guet de nuit, qui entretiennent intelligence avec les voleurs et les laissent échapper. Lorsqu'un vol aura été commis de nuit, édicte-t-il, ceux qui seront de garde dans le quartier en répondront en leur nom s'ils n'arrêtent pas le voleur; si ce dernier, en tentant de leur échapper, est vu dans un autre quartier dont les gardes, bien qu'avertis, négligent également de l'arrêter, la perte due au vol retombera sur eux; ils seront en outre condamnés à cinq sous d'amende; et ainsi de quartier en quartier jusqu'au troisième inclusivement.

De telles règles ne sont sans doute guère respectées, puisque Charlemagne, peu avant sa mort, en 813, ordonne que si l'une des personnes chargées de faire le guet manque à son devoir, elle sera condamnée par le comte ou le premier magistrat à quatre sous d'amende.

La nuit, en effet, la tentation est forte de laisser les voleurs tranquilles, par crainte peut-être d'un mauvais coup ou, pire, de devenir complice pour partager le butin. Toutefois, pour le haut Moyen Age, nous connaissons mal l'organisation de la police urbaine. Il faut attendre le règne de Saint Louis pour que des ordonnances plus précises soient prises. Entre-temps se produit un essor urbain considérable ; subséquemment le problème de la sécurité dans les villes se pose de façon plus aiguë. La monarchie y répond, en organisant, mais de façon quelque peu incomplète le guet, l'arrière-guet et la garde.

• L'organisation. Pour se défendre, outre la garde composée de notables équipés installés aux portes durant la journée, la ville a recours au guet qui se fait la nuit sans armes, sur les remparts, sur une tour du château, dans une échauguette. A Tours, ainsi que dans bien d'autres villes, un guetteur muni d'une trompette et d'une bannière donne l'alarme en cas d'incendie ou lorsqu'une troupe apparaît à l'horizon et de sa bannière indique l'endroit d'où provient le danger. La *Chronique de Bertrand du Guesclin* retrace de façon très vivante l'existence de ces guetteurs. Ainsi lorsque la ville de Châtellerault, en 1370, est assiégée par les troupes du connétable :

Il y avait une tour qui était haute et grande
Où se trouvait un guetteur qui était là guettant.
Pour réveiller le guet il criait souvent :
« Guettez au pied du mur! allez partout guettant!
Bientôt il sera jour, je le vois qui paraît,
Nous irons manger des tripes
Car certes je n'ai jamais eu aussi faim. »

Ainsi parlait le guetteur.
Mais les autres dorment.
Ils ne répondent pas; ils ronflent plutôt.
Il y avait déjà au pied du mur dont je vous parle
Plus de trente Français
Qui parlaient à voix haute et dirent en l'entendant :

« Nous monterons partout la garde, nous ne dormons pas ;
Nous désirons fort manger de ces tripes. »

Quand le guetteur ouït les Français,
Il regarda les fossés, entendit remuer le bois
Et choir les grands troncs
Que nos gens ont sciés sans bruit.
Ils tombent dans les fossés, là vingt, là trente-trois.
Alors le guet se rend compte
Que dans les fossés se trouvent les Français
Et donne l'alarme :
« Trahison ! Trahison ! seigneurs, armez-vous tout de [suite ! »
Alors les Anglais courent aux armes.

Les guetteurs prennent leurs fonctions le soir, au moment où cesse la garde, avec un certain cérémonial. En effet, les portiers, nobles hommes qui ont veillé sur leur ville et subséquemment sur leurs biens au cours de la journée, ferment les portes à l'aide des clés que le maire leur a remises le matin et à qui ils les rendent le soir.

Les gens de « petit estat » interviennent alors. Arrivés à leur poste au moment de la fermeture des portes, ils montent sur le chemin de ronde à l'aide d'échelles dont le pied dans nombre de villes est par précaution protégé par une barrière fermant à clef. De la sorte les guetteurs, qui n'ont rien de volontaires, n'auront pas la tentation – ou plus exactement la possibilité – d'abandonner leur poste à la faveur des ténèbres. Installés dans des guérites de bois, souffrant l'hiver du froid et du mauvais temps, ils attendent plus ou moins patiemment que la nuit s'écoule et que la garde vienne les libérer à l'aube.

Pour surveiller le guet, existe un arrière-guet appelé aussi rereguet, qui ne se contente pas de cette tâche et parcourt les rues à la lueur des torches pour empêcher les voyous de tenter quelque mauvais coup. A chaque carrefour, l'arrière-guet marque une pause, attentif au moindre bruit suspect, tentant de discerner si quelque querelle n'a pas éclaté. Arrivé aux portes, il vérifie leur fermeture, monte sur les remparts pour s'assurer que les guetteurs ne se sont pas endormis ou qu'ils n'ont pas délaissé leur poste.

En 1438, Jehan de la Roche, sénéchal de Poitou, mande que le seigneur de Bressuire est « fondé, tant par raison que par l'usage du pays, à contraindre et forcer tous les habitants de commune condition étant levant et couchant en sa dite terre et châtellenie de Bressuire pour faire le guet et garde à ses dites forteresses tant de jour que de nuit ». Cela ne veut pas dire toutefois que les habitants doivent personnellement le service de guet. Celui-ci repose sur les foyers et non sur les individus. Un clivage s'opère entre les plus pauvres installés sur les remparts et le peuple moyen qui les surveille. Au total chaque feu roturier doit normalement fournir un homme de dix-huit à soixante ans pour le guet, l'arrière-guet ou la garde. Les veuves sont tenues à cette obligation. Les paysans des alentours qui viennent chercher protection dans un château ont les mêmes devoirs que les habitants de la châtellenie. Il n'est pas rare, en effet, de trouver des réfugiés dans les forteresses. Un soir de 1385, le laboureur Pierre Pascaut, après souper, à l'heure de soleil couchant, se dirige vers le fort de Beauvoir « où il avait l'habitude d'aller de nuit pour être plus en sûreté ».

A la Pentecôte 1265, en présence du roi, le Parlement de Paris déclare que les habitants de la seigneurie de l'évêque de Paris seront tenus de faire le guet, ainsi que les autres bourgeois, lorsque demande leur sera notifiée par le prévôt de Paris ou par le chevalier du guet – nommé dans le texte « gardien de la ville » –, et ce malgré les prétentions contraires du prélat. Le Parlement arrête également à la Chandeleur 1270 que tous les bourgeois demeurant tant dans l'évêché que dans l'étendue de la juridiction du Temple, dans la ville ou hors les murs, devront faire le guet comme les autres bourgeois de Paris.

Ce guet est avant tout l'affaire du roi. Et un arrêt du Parlement de Paris du 19 mai 1363 déboute l'évêque qui prétend faire faire le guet par son bailli et par ses officiers et sergents armés à la veille de l'Assomption de la Sainte Vierge dans l'église Notre-Dame et aux environs. Le prévôt de Paris est maintenu et gardé dans le droit et en la possession d'en connaître, et de punir par amende ou autrement ceux qui contreviendront sur ce point aux ordonnances. Si l'évêque juge à propos d'avoir des officiers pour veiller cette nuit à la conservation des biens qui se trouvent dans son église, il pourra le faire, à condition que ces officiers portent leurs armes sous leurs habits, et qu'ils ne les montrent pas en se rendant au guet, lorsqu'ils y seront ou qu'ils reviendront chez eux.

Tous ne participent cependant pas au guet. Les notables qui gardent de jour les portes en sont dispensés. Il en est de même pour les officiers royaux, ainsi que pour les gens des comptes et les clercs de la chambre. Mais Jean de Berry, revenu à Poitiers, apprenant que les officiers de son hôtel, sous prétexte de franchise, refusent guet et garde, ordonne au maire, en 1373, d'obliger tous les habitants, y compris ses officiers, ses serviteurs, et les gens d'Église, à l'exception des nobles et des franciscains et dominicains, à remplir ce devoir.

Les ecclésiastiques sont astreints au guet et à la garde, mais moyennant finance peuvent s'offrir un remplaçant. Quant aux habitants des terres d'Église, ils essaient d'esquiver le service hors de la seigneurie dont ils dépendent. Ainsi les hommes du prieuré de Saint-Denis-en-Vaux qui reconnaissent appartenir à la châtellenie de Poitiers sont obligés par le lieutenant général du sénéchal de Poitou, en 1367, de faire le guet, la garde et de participer aux réparations des murailles de Poitiers. Ils doivent, tout comme les autres habitants de la châtellenie, faire « le guet par nuit sur les murs de ladite ville ». Mais, un beau jour, ils refusent. Leur prieur déclare qu'ils ne sont pas astreints à ce service, car ils sont hommes et sujets de son prieuré, membre de Saint-Denis en France, de fondation royale. A la requête du maire de Poitiers, le roi ordonne, en 1391, de les contraindre « à aller faire ou faire faire ledit guet par nuit en la ville de Poitiers, chacun à son tour, par l'ordonnance du maire d'icelle ville ». Après appel au Parlement, le maire cesse d'intervenir, mais, en 1418, il s'adresse au dauphin Charles, lieutenant du roi, qui reprend les lettres de 1391.

Les membres de certains métiers tentent également d'être déchargés du guet. Et il faut que le Parlement encore une fois intervienne pour mettre fin à des doléances pas toujours justifiées. A la Toussaint 1264, il ordonne que les drapiers de Paris feront le guet comme les autres, que le prévôt de Paris le commande en personne ou soit absent. De même, à la Pentecôte 1271, il édicte que les changeurs, les orfèvres, de nouveau les drapiers, et quelques autres bourgeois qui prétendent être exempts de guet ne le sont pas en réalité et doivent remplir cette fonction, que le prévôt de Paris, soit ou non présent, attendu qu'elle a pour but la sûreté commune de tous les habitants de la ville.

Il est des cas particuliers. Ainsi les coutres du chapitre cathédral de Poitiers qui ont pour fonction de sonner les cloches toutes les heures et de veiller jour et nuit sur la cathédrale sont dispensés par le roi, en 1431, notamment du service de guet.

Les exemptions et dispenses toutefois peuvent varier en fonction de la conjoncture politique. Faciles à obtenir lorsque le pays est calme, elles deviennent beaucoup plus rares en temps de guerre. Lorsque la situation l'exige, il importe d'avoir le personnel nécessaire pour prévenir de l'arrivée des ennemis.

Il arrive néanmoins, mais la chose est rare, que le guet donne lieu à une véritable émulation. Le duc de Bourgogne Philippe le Bon séjournant à Utrecht, le conseil décide d'organiser un guet efficace et de belle apparence devant le logis du prince, un grand et spacieux monastère. Le seigneur de Croy, chargé du guet le premier jour, a sous ses ordres deux cents lances, sans compter les archers qui se tiennent devant la maison ducale ; un merveilleux grand feu dure toute la nuit et éclaire à l'entour. Les hommes d'armes se tiennent dans un grand réfectoire devant la chambre de Philippe afin d'empêcher toute attaque. Quel plaisir d'entendre les trompettes et les clairons et les ménétriers qui ne cessent de jouer toute la nuit ! rapporte le chroniqueur Chastellain. Les jours suivants, ceux qui ont la charge du guet le font également en grande pompe.

Le cinquième et dernier guet, le lundi, nuit de la Saint-Laurent, est confié au seigneur de Sempy qui surpasse tous les autres. Lorsque arrive le moment de se rendre au lieu assigné, ce seigneur fait rassembler devant son logis tous les gens dont il a la charge, hommes d'armes et archers tant de Picardie que de Hainaut. Le cortège se met en marche précédé par un écuyer à cheval qui porte l'étendard de son maître ; viennent ensuite deux par deux les archers avec grande quantité de torches. Ils se rendent ainsi jusqu'au logis de Philippe qui les regarde approcher avec grand plaisir ; il y a bien huit à neuf cents archers, salade sur la tête, l'arc bandé et la flèche tirée comme pour dire : « Qui en veut ? » Après vient le seigneur de Sempy, seul devant ses hommes d'armes à cheval, monté sur un beau et gros coursier recouvert de velours, armé de toutes pièces, le bâton de capitaine en main, avec quatre torches autour de lui. Chaque homme d'armes est accompagné d'un page portant une torche et d'un valet muni d'une hache, de sorte qu'il y a autant de torches que d'hommes d'armes, soit deux cents ou deux cent vingt, sans compter celles des archers. Après avoir traversé la ville au son des trompettes et des clairons, ils arrivent devant la maison ducale. Ils font le guet toute la nuit, les hommes d'armes dans la salle et les archers dehors sur la grand-place devant les fenêtres.

• Paris. La capitale, la ville la plus importante du royaume, celle où résident les hommes les plus riches de l'époque, mais celle où habitent le plus de malandrins, a fort à faire pour sa sécurité. Si les remparts mettent apparemment la cité à l'abri des ennemis, ceux qui vivent à l'intérieur ne savent pas s'ils doivent se méfier des habitants d'autres quartiers. Ils ne les connaissent pas, et pourtant ne peuvent décemment leur manifester dès l'abord de l'hostilité. Lorsque le duc d'Orléans est assassiné en 1407, une enquête est ouverte et l'on apprend que les meurtriers, une quinzaine, ont pu se loger dans la rue Barbette sans éveiller les soupçons. Même après la fermeture des portes, il est possible de franchir les remparts pour conclure une aventure galante dans les fossés avec une fille de petite vertu ou pour échapper à la justice après un mauvais coup.

Dans ces conditions, la sécurité est l'objet des soins attentifs de la municipalité parisienne. Confiée le jour aux sergents du Châtelet, elle réclame des mesures spécifiques pour la nuit. Plusieurs ordonnances prises par les rois montrent que la garde nocturne ressortit d'abord aux métiers, mais assistés par une garde royale composée de sergents à cheval et de fantassins armés. En décembre 1254, Saint Louis signale que les habitants de Paris pour assurer la sécurité de leurs personnes et de leurs biens, pour remédier aux maux et accidents qui surviennent toutes les nuits, tels qu'incendies, vols, violences et rapts de femmes, enlèvement de meubles par les locataires pour frustrer leurs hôtes, lui ont demandé de leur permettre de faire le guet la nuit. Les membres d'un certain nombre de métiers promettent de le faire à leurs dépens les uns après les autres, de trois semaines en trois semaines, à tour de rôle, ce qui leur est accordé. La même ordonnance indique qu'outre le guet des métiers et pour rendre la ville plus sûre, existe depuis très longtemps un autre guet, entretenu et payé par le roi, composé de vingt sergents à cheval et de quarante sergents à pied, commandé par le chevalier du guet. Ce dernier dirige et conduit ses hommes toute la nuit à travers les rues de la ville afin de visiter et de fortifier le guet des gens de métier.

En 1364, alors que la situation générale apparaît bien plus difficile qu'un siècle auparavant, Jean II le Bon précise de façon fort explicite l'organisation et la mission du guet. Le souverain rappelle d'abord que depuis un temps immémorial le guet est assuré toutes les nuits à Paris par les métiers, les uns après les autres, afin de veiller à la sécurité de la ville, des reliques de la Sainte Chapelle, des corps des rois ses prédécesseurs, des prisonniers du Châtelet, des bourgeois, des biens et marchandises contre tous accidents dus aux feu, meurtres, vols, ravissements de femmes et de filles et autres méchantes actions. Chaque métier doit faire le guet toutes les trois semaines. Si un artisan manque à son devoir, les clercs du guet le remplaceront par un autre homme à ses dépens. En outre, pour rendre la ville encore plus sûre, les rois entretiennent à leurs frais un autre guet composé de vingt sergents à cheval et de vingt-six fantassins, sous la conduite du chevalier du guet.

Celui-ci, après avoir guidé toute la nuit ses troupes dans les rues de Paris, rédige le procès-verbal des captures. Puis il regagne son hôtel rue Perrin-Gasselin.

Vers la Noël 1456, François Villon parle ainsi du chevalier dans ses lais :

Item, au chevalier du guet
Le Heaume lui accorde.
Et aux sergents à pied qui marchent avec précaution
Tâtonnant parmi les étaux des marchands,
Je leur laisse un tel objet volé :
La Lanterne à la Pierre au Let;
Voire! mais j'aurai les Trois Lis
S'ils me mènent au Châtelet.

Villon lègue au chevalier un heaume – équivoquant sur ce terme, car, porte Baudoyer, une taverne porte ce nom –, c'est-à-dire un casque considéré comme une marque de noblesse. La fonction de chevalier du guet requiert en effet la chevalerie.

Après le rappel de l'ordonnance prise sous Saint Louis, avec une différence toutefois – vingt-six fantassins au lieu de quarante –, le roi indique très précisément les conditions financières de ces fonctions. Le chevalier du guet reçoit dix sous parisis de gages par jour, et vingt livres par an pour ses manteaux, les sergents à cheval chacun deux sous; et ceux à pied douze deniers parisis. En outre, deux commis appelés clercs du guet sont chargés d'enregistrer les noms. Ils ont pour gages quotidiens chacun douze deniers parisis, et ils indiquent chaque jour aux gens des métiers qui doivent faire le guet de se trouver en personne – ou d'envoyer quelqu'un à leur place – avant l'heure du couvre-feu, c'est-à-dire 7 heures du soir, à un endroit du Châtelet destiné à cet effet. Le chevalier, les sergents à pied et à cheval doivent également se rendre au même endroit pour être enregistrés par les clercs du guet. Si quelque artisan est défaillant, on le remplace par un autre guetteur à ses frais; il est néanmoins excusé si sa femme est en couches, s'il a été saigné ce jour-là, s'il a quitté la ville pour son commerce ou s'il a plus de soixante ans; mais il doit le faire savoir auparavant aux clercs. En ce qui concerne le chevalier du guet, les sergents à cheval et à pied, les absents sont privés de gages dus pour leur service nocturne. Une fois enregistrés les noms des présents, les clercs du guet disposent ainsi les gens de métier : six sur les carreaux au-delà du guichet du Châtelet pour éviter que les prisonniers ne sortent par les portes; six autour du Châtelet pour les empêcher de descendre avec des cordes ou de toute autre manière, et de recevoir un secours extérieur; six dans la cour du Palais, allant et venant toute la nuit, afin de garder ce lieu et les saintes reliques; six dans la Cité près de la Madeleine; six devant la fontaine des Saints-Innocents; six sous les piliers de la Grève; six à la porte Baudoyer; et les autres aux carrefours et aux endroits estimés convenables par les clercs. Tous sont de garde la nuit entière, avec les armes dont ils disposent.

Quant à ceux qui composent le guet royal, ils sont tenus de quitter le Châtelet dès que la cloche du couvre-feu a retenti et de marcher toute la nuit par les rues de la ville et les faubourgs, de visiter les guetteurs issus des métiers, de leur demander s'ils ont besoin de secours et si quelque incident est survenu. Ainsi la garde bourgeoise répartie en différents quartiers, surtout près des prisons, ne doit pas abandonner ses postes, ce qui lui vaut le nom de « guet assis », alors que la garde royale est tenue de faire sans cesse des rondes pour surveiller les rues de la ville et arrêter les voyous, ceux qui se promènent avec une arme après l'extinction des feux, bref, de faire en sorte que la capitale soit calme et sûre.

• Autres villes. L'organisation du guet ressemble à bien des égards à celle décrite pour Paris. Le commandement des châteaux royaux est assuré par des capitaines châtelains. Ces capitaines, lorsqu'il s'agit de grandes châtellenies, sont assistés d'un lieutenant, de sergents – l'un d'entre eux est parfois appelé sergent général –, de gardes permanents, de clercs et de serviteurs. Les clercs remplissent des fonctions administratives assez semblables à celles des clercs parisiens.

Le service du guet, de l'arrière-guet et de la garde est réglé par une ordonnance du capitaine. Muni de l'ordonnance et du règlement, le sergent organise le travail. Généralement il convoque verbalement chez eux ou à la fin de la messe dominicale ceux qui doivent participer au guet. Parfois le curé en informe ses paroissiens.

Chaque feu, nous l'avons vu, doit un homme pour le guet, l'arrière-guet et la garde. De façon générale, les éléments issus du petit peuple font le guet, ceux provenant du commun sont affectés à l'arrière-guet, les plus riches montent la garde.

Combien d'hommes sont nécessaires? L'évaluation est difficile, dépend de la population mais aussi de la conjoncture politique [1].

En 1452, Berthomé Hubert, ancien commissaire chargé de lever les tailles dans la ville et châtellenie de Bressuire, rapporte qu'une déclaration des feux établie vers 1447 indique neuf cents ou mille « sujets à taille, lesquels sont hommes et sujets de ladite châtellenie, mais il dit qu'il ne sait si tous sont sujets au guet, parce que certains, hommes des hospitaliers, disent avoir le privilège de ne point faire le guet ». Selon Jehan de Boysmoreau, curé de la Forêt-sur-Sèvre, vers 1421, les habitants de la châtellenie doivent fournir au château de Bressuire huit hommes pour le guet la nuit, quatre hommes pour le reguet et deux pour la garde le jour. Quatorze hommes sont donc nécessaires quotidiennement. Il est vrai qu'une main anonyme a écrit dans la marge : « mais il faut considérer que c'était du temps de la guerre ».

Si l'on admet que le service par homme est d'une fois par mois, quatre cent vingt hommes sont nécessaires mensuellement, sur lesquels deux cent quarante sont affectés la nuit à la surveillance du château. Malgré les exemptés, les sujets de la châtellenie peuvent pourvoir sans problème aux services du guet, arrière-guet et garde.

Le 12 octobre 1464, le duc de Bretagne organise la garde du château et de la ville de Clisson. Dix-huit hommes font le guet chaque nuit. Sept appartiennent à la châtellenie de Clisson, les onze autres n'en relèvent pas, mais en raison de la situation sont temporairement contraints à remplir cette fonction. A raison d'une faction par mois, il faut cinq cent quarante hommes pour surveiller de nuit la ville. L'arrière-guet réclame quatre hommes et quatre soldats. Le jour, chacune des deux portes est gardée par quatre hommes et deux soldats.

1. Voir l'excellent article de Gérard Jarousseau sur *Le Guet, l'Arrière-Guet et la Garde en Poitou pendant la guerre de Cent Ans.*

A Annecy, en 1476, à chaque porte, un gardien le jour, deux gardiens la nuit, assurent la surveillance. La nuit exige donc un personnel plus considérable que le jour.

La fréquence du service ne paraît pas fixée avec grande exactitude au début de la guerre de Cent Ans. Lorsque les hostilités font rage, les habitants réfugiés dans les forteresses ne renâclent pas devant de longs et fréquents services nocturnes, car leur existence est en jeu. Mais durant les trêves, ils montrent beaucoup moins d'enthousiasme ; ils n'ont guère envie de « veiller toute la nuit, dont perdent leur labour du lendemain », car obligés de se reposer ils ne peuvent vaquer à leurs travaux habituels ; et, lorsqu'ils n'accomplissent pas leur service de guet, ils répugnent à verser l'amende de défaut. Les rois de France tentent de pallier cette difficulté en intervenant fréquemment pour fixer la durée du service. Finalement, le 1er décembre 1451, à Poitiers, Charles VII décide que chaque sujet ne devra que douze guets par an, soit un guet par mois, mais ceux qui sont astreints à moins de guets ne pourront voir le nombre de ceux-ci augmenter, décide une ordonnance d'avril 1479.

• Une corvée. Chaque feu est donc tenu de fournir un guetteur, mais des difficultés se présentent parfois. Des foyers – par exemple des veuves – peuvent être dépourvus d'hommes, d'autres comportent des hommes incapables d'accomplir le service ou désireux de ne point le faire. Il existe des procédés légaux pour éviter le guet, à savoir le remplacement, la permutation et l'abonnement.

– Le remplacement. Il s'agit de trouver un guetteur capable d'assurer le service à la place de l'absent. L'ordonnance cabochienne essaie même d'institutionnaliser cette pratique, puisqu'elle permet au fils de remplacer le père, au valet de prendre la place du maître et plus généralement à tout homme possédant les capacités nécessaires de remplir les fonctions d'un autre. L'ordonnance, dont on connaît la brève destinée, entérine des usages déjà bien implantés. Vers 1392, Colin Ayraud « comme valet et serviteur de Regnaut Alizea de la Chavonnière, fait plusieurs nuitées le guet au château de Bressuire ». Il suffit bien souvent d'offrir une somme d'argent pour trouver un remplaçant. Encore faut-il verser la somme, sinon des procès sont parfois engagés par des guetteurs qui, après avoir accompli leur tâche, ne reçoivent pas la rétribution promise.

– La permutation. Moins fréquente, elle consiste en un échange entre des personnes appartenant à la même châtellenie ou à des châtellenies voisines. Ainsi Hugues Moricet, laboureur de bœufs à Lezay, doit normalement faire le guet au château de Lezay, alors que Jehan Brun doit accomplir le même service au Marais. Ils permutent, car Moricet demeure près du Marais et Jehan Brun près de Lezay.

Bien entendu l'autorisation des capitaines se révèle indispensable, mais ceux-ci habituellement acceptent lorsque les remplaçants leur paraissent aptes à remplir les fonctions. Toutefois remplacement et permutation ont l'inconvénient de faire intervenir des inconnus. De sorte que les capitaines préfèrent parfois choisir eux-mêmes les remplaçants, aux frais bien évidemment des défaillants.

– L'abonnement. Nous avons constaté précédemment que la châtellenie de Bressuire peut fournir vers le milieu du XVe siècle plus de guetteurs que la garde du château n'en réclame. Le seigneur dans un pareil cas a tendance à exiger une somme d'argent, à la place du guet, de ceux dont il n'a pas besoin. Ainsi une partie de la population est-elle contrainte à s'abonner, à payer une redevance au châtelain. En 1421, les abonnés de la châtellenie de Bressuire versent annuellement par homme vingt sous, un boisseau d'avoine et un couple de poulets. Pour limiter les abus, Charles VII, par l'ordonnance du 1er décembre 1451, décide que l'absence sera compensée par une somme de dix deniers tournois. Comme le même texte prescrit le service mensuel, l'abonnement annuel s'élève à dix sous, voire, après l'ordonnance de 1479, à cinq sous.

Nos guetteurs jusqu'ici sont restés dans la légalité. Ils ont payé un remplaçant, permuté avec un voisin ou été contraints à s'abonner. Certains toutefois essaient frauduleusement d'éviter le service du guet. La découverte de leurs manœuvres entraîne évidemment des sanctions.

L'ordonnance de 1364 de Jean le Bon consacre un long développement aux fraudes, preuve qu'elles doivent être sinon monnaie courante, du moins relativement fréquentes. Lorsque les sergents à cheval, est-il notifié, se rendent compte que certains guetteurs sont allés se coucher ou vaquent à leurs affaires, il leur est permis d'emprisonner les autres membres du corps de garde pour qu'il soit ensuite rendu compte au prévôt. Cet ordre n'a pas été exécuté pendant un certain temps en raison de la mauvaise conduite de deux clercs du guet Pierre Grosparmi et Guillaume Pommero qui prenaient de l'argent à ceux qui devaient le guet pour les exempter. Depuis lors on a « discontinué » de faire le guet, tant à l'aide des gens des métiers que par l'intermédiaire des sergents à pied et à cheval, ce qui a entraîné quantité de désordres qu'il faut faire évidemment cesser. Le roi désirant donc rétablir la tranquillité dans sa bonne ville de Paris, ordonne d'appliquer les règlements précédents. Grosparmi et Pommero seront destitués et remplacés par d'autres clercs, aux gages de douze deniers par jour chacun, à charge pour eux de prêter serment au prévôt de Paris et au chevalier du guet. Les clercs avertiront ceux qui devront le guet de se trouver au Châtelet avant l'heure du couvre-feu, sans pouvoir être déchargés de cette obligation, sinon pour les raisons déjà mentionnées, et à condition de faire savoir la cause de leur absence. Ils auront chacun un grand papier, enregistreront sur l'un les noms et surnoms des gens des métiers, sur l'autre le chevalier du guet ou son lieutenant, et les sergents à pied et à cheval. Cela fait, ils distribueront les gens du guet issus des métiers de la manière déjà indiquée et les sergents à cheval et à pied selon les ordres du chevalier ou de son lieutenant. En cas d'absence d'un sergent à cheval ou à pied sans motif légitime, ils mettront quelqu'un à sa place, et le remplaçant recevra douze deniers du remplacé. Et parce que plusieurs ont été trouvés en train de faire un faux guet, il est prescrit au guet à cheval et à pied de se présenter en été à l'heure du couvre-feu sonné à Notre-Dame, et en hiver à la nuit; à ce moment-là le guet sera tenu de partir du Châtelet. Et si le guet à cheval et à pied, visitant les rues et les places destinées à être gardées pendant la nuit, trouve quelqu'un du guet des métiers retiré sans cause légitime, ses compagnons seront obligés de déclarer les noms des défaillants pour qu'ils soient punis le lendemain par le prévôt de Paris. Le chevalier, ou une personne compétente à sa place, fera le service chaque nuit; et les sergents à cheval ou à pied qui manqueront le guet perdront les gages dus pour la nuit où ils auront été défaillants. Les clercs donneront tous les mois au chevalier les noms des défaillants, et celui-ci les indiquera sous son cachet au receveur de Paris. Il est défendu aux clercs de recevoir de l'argent pour dispenser un guetteur, sous peine de malversation.

Les défaillances se manifestent dans toutes les régions. Elles entraînent une amende, à l'exception des cas énumérés dans l'ordonnance de 1364, et sous réserve d'avoir prévenu en temps utile.

Ces amendes de défaut peuvent être plus ou moins élevées. En 1369, à Chauvigny, existe un barème progressif : deux sous six deniers pour défaut de guet, cinq sous pour défaut de reguet et sept sous pour défaut de garde. Mais toutes les villes n'appliquent pas un tel barème. Les ordonnances royales offrent d'ailleurs la même variété : ainsi la taxe de défaut fixée en 1424 à deux sous six deniers n'est que de cinq deniers en 1479.

Les amendes sont destinées à payer les remplaçants. Mais bien des capitaines s'en emparent; et parfois ces profits servent à les payer, en tout ou en partie. Certains d'entre eux rançonnent même les guetteurs défaillants : en 1463, le capitaine du Marais prend à Pierre Girart une tasse d'argent pour n'avoir pas rempli sa fonction; Girart rembourse sa dette et retrouve sa tasse. Le roi est obligé d'édicter de sévères mesures « pour ce que les capitaines de plusieurs villes, châteaux et forteresses ont causé de grands préjudices au peuple, qu'ils ont pris et levé des compositions sous forme de rançon, en raison du guet ». Charles V ordonne, en décembre 1373, aux capitaines de ses forteresses de jurer qu'ils ne toléreront plus de tels profits et restitueront toutes leurs prises; et « ils ne prendront pour amende de défaut que quatorze deniers de quatre deniers parisis la pièce, lesquels serviront à payer d'autres guetteurs, sans que les capitaines en retirent aucun profit ».

Parfois ceux qui doivent assurer la tranquillité de leurs concitoyens troublent l'ordre public. Le Parlement de Paris, par un arrêt de l'octave des Brandons de 1311, condamne Pierre le Hatecourt, sergent du guet à cheval, à la destitution, à une amende de vingt livres et à un emprisonnement d'un an au Châtelet pour avoir fait subir des violences à un bourgeois.

Le 9 juillet 1413, entre onze heures et minuit, alors que la garde fait le guet selon la coutume autour de l'hôtel du duc de Guyenne, le capitaine de Paris monte dans les appartements et, ayant trouvé le duc au milieu d'un bal, stigmatise sa conduite qu'il déclare scandaleuse. Puis il reproche au sire de la Trémoille d'être responsable d'une telle existence. Injures, bagarre. Le capitaine, nommé Léon de Jacqueville, est frappé de trois coups de couteau dans la poitrine. Alors les gens du guet, instruits des événements et ayant appris que Georges de la Trémoille a traité les Parisiens de vilains, de rebelles et de traîtres, accourent comme des furieux, pénètrent, l'épée à la main, dans l'hôtel, en forçant les portes, et ils auraient massacré plusieurs seigneurs si le duc de Bourgogne ne les avait apaisés.

Dans de telles conditions le guet devient une pratique de plus en plus difficilement tolérée par les habitants qui finissent, dans certains cas, par se révolter. Les hommes d'Archigny refusent de guetter dans le château que l'évêque de Poitiers possède à Chauvigny et de verser les amendes de défaut. Le capitaine, avec quelques soldats, se rend dans leur paroisse et aperçoit une cinquantaine d'habitants dans un pré. Comme il les interpelle, ceux-ci l'injurient, puis des coups sont échangés. Au cours de la bagarre l'un des insurgés trouve la mort.

Dans un registre moins violent, des guetteurs essaient d'échapper à leurs obligations ou tout au moins tentent de les rendre moins pénibles. Certains passent la nuit, ou une partie de la nuit, à jouer aux cartes ou aux boules. Les reguets de Bressuire par une pénible nuit de l'hiver 1418-1419 préfèrent, au lieu de déambuler dans les rues glaciales de la ville, aller jouer aux cartes dans la demeure de Nicolas Aureyau. Quant à Jehan Verdier, sellier, habitant de la même ville, il s'en va tout bonnement se coucher, une nuit de 1417, au lieu de veiller à la tour de Juilleau.

Il va sans dire que les hommes du contre-guet, lorsqu'ils surprennent de tels comportements, interviennent parfois de façon énergique. A Rouen, ils confisquent les armes du guetteur qui sommeille, s'il s'agit de la première fois; en cas de récidive, celui-ci est jeté en bas de la muraille – à moins que le texte ne puisse être interprété d'une autre façon et que l'on ne jette en bas des remparts non le guetteur, mais ses armes; la troisième fois il est déféré devant les autorités de la ville. Mais de telles pratiques n'ont pas cours dans toutes les régions.

• Une efficacité réduite. A Paris, les résultats ne semblent guère probants. Le service du guet est très mal supporté et les défaillances ne manquent pas – on se plaint d'ailleurs lorsqu'il faut prévenir le chevalier du guet d'une absence motivée d'exposer l'épouse au danger d'une course nocturne – tout comme les fraudes. Pourtant la capitale est répartie en secteurs, avec à leur tête des quarteniers, cinquanteniers et dizainiers chargés de veiller à l'exécution des mesures prises par la municipalité que les membres du guet représentent en quelque sorte. La sécurité des Parisiens n'est donc pas assurée de façon rigoureuse. Et *Le Bourgeois de Paris* note même plaisamment qu'un chevalier du guet nommé Gautier Rollart, pour effectuer sa ronde se fait précéder de trois ou quatre ménétriers jouant de leurs instruments et semblant dire aux malfaiteurs : « Fuyez, car je viens. »

Faible rendement à Paris, et pourtant la capitale est bien lotie, comparée aux autres villes, mais l'insuffisance des effectifs ne permet pas un contrôle vraiment rigoureux. La sécurité n'apparaît pas confiée véritablement à une structure professionnelle ; elle repose avant tout sur des structures de voisinage ou familiales.

Ajoutons qu'en période de guerre, lorsque la ville est assiégée, les guetteurs – tout comme les portiers de jour – sont inaptes à la défendre. Ils ne peuvent la nuit que réparer les brèches faites de jour par l'ennemi et ne valent que par leur nombre. Ils se révèlent incapables d'utiliser des arcs ou de servir des pièces d'artillerie. Ils se bornent à alerter les habitants lorsqu'ils aperçoivent des éléments suspects aux environs. Quand ce signal correspond à un danger sérieux, les autorités font sonner le tocsin et les hommes mobilisables se rendent à l'endroit qui leur a été assigné. Lorsque l'insécurité est permanente, le guet et l'arrière-guet fatiguent les hommes et les poussent à donner l'alarme inconsidérément. La foule jaillit alors dans la rue, en armes, sans trop bien savoir pour quelle raison, et il est difficile de faire rentrer les gens dans leur demeure. Lorsque au contraire le calme dure, les nerfs se détendent, on refuse d'accomplir un lourd service, et l'on n'est plus capable de faire face à un danger éventuel.

Les villes sont donc assez mal gardées, de sorte que certains assauts se produisent par surprise – certes souvent avec l'aide de traîtres résidant à l'intérieur de la cité – et que les malandrins n'hésitent pas à voler ou occire les braves bourgeois qui ont eu l'imprudence d'abandonner leur demeure pour une rue obscure, étroite et souvent bien peu sûre.

Ajoutons que les incendies ne le cèdent en rien alors à ceux du haut Moyen Age quant à leur fréquence et à leur intensité. Le guet peut donner l'alerte notamment lors d'incendies accidentels, voire criminels s'il s'agit d'actes individuels. Bien entendu il ne peut guère agir lorsque les ennemis pénètrent dans la ville par surprise et mettent le feu aux maisons pour semer l'effroi et la panique chez les habitants, tout en détruisant leurs biens.

Sanctions

La nuit, nous l'avons vu, joue un grand rôle dans l'imaginaire. Que la violence soit réelle ou seulement crainte, la peur causée par l'obscurité conduit à sanctionner gravement les exactions nocturnes. La nuit constitue donc une circonstance aggravante. Les malfaiteurs ne se bornent pas à enfreindre les règles de police. Agissant sous couvert de l'obscurité, ils manifestent leurs mauvaises intentions, leur profonde perversité, voire la préméditation. *Le Bourgeois de Paris*, à propos de la vie privée de Louis d'Orléans, frère de Charles VI, déclare qu'elle était honteuse de jour comme de nuit, mais de nuit, ajoute-t-il, c'était pire péché.

Les seigneurs justiciers condamnent donc plus sévèrement les auteurs de délits commis de nuit, prévoyant un traitement particulier. Déjà la loi des Visigots traite spécialement de ceux qui tuent ou volent un cheval, un bœuf ou un autre animal, de nuit ou en cachette. Le traité qui établit un partage de juridiction entre le châtelain d'Yzeron et l'archevêque de Lyon comporte une clause particulière relative aux crimes commis la nuit et dont l'amende sera partagée entre les seigneurs justiciers.

Autre preuve. Les inculpés tentent de montrer que l'exaction dont on les accuse n'a pas été commise de nuit, et par là on comprend qu'il s'agit d'une circonstance aggravante. Le Parlement de Paris à Pâques 1308 prend un arrêt relatif à une contestation entre Conrad Bouvel, marchand de Florence, d'une part, le prévôt de Paris et le chevalier du guet d'autre part. Il s'agit d'une saisie faite par le guet sur Bouvel de trois balles remplies d'armes. Bouvel soutient que cette saisie a été faite de jour. Le prévôt et le chevalier affirment au contraire que les balles ont été prises pendant la nuit, au moment où Bouvel les faisait transporter hors du royaume. Comme l'enquête démontre que la saisie a été faite en plein jour, la cour en fait mainlevée.

Jean Gérond, macelier à Lozanne, convaincu d'avoir pris une hache, avoue son vol, d'autant plus que l'on a retrouvé la hache chez lui ; mais il affirme l'avoir prise de jour. Jean Combes est accusé d'avoir acheté à un complice des fagots d'échalas volés. Il reconnaît les faits, mais précise que la transaction n'a pas eu lieu de nuit, mais de jour. En effet, s'il admet avoir effectué l'achat dans l'obscurité, il avoue par là même connaître l'origine illicite des fagots.

« La nuit n'a point de honte », dit le capitaine au Jouvencel. Et, de fait, on peut dissimuler plus facilement son identité, spéculer sur la terreur des gens. Le religieux de Saint-Denis rapporte qu'une nuit, à la faveur de l'obscurité – la chose se passe en 1382 –, on marque de différents signes les portes des habitations des plus riches bourgeois parisiens, ce qui accroît, et avec raison, leur terreur, surtout parce qu'ils ignorent si les auteurs sont des séditieux du dedans ou des ennemis du dehors qui ont tracé ces marques pour reconnaître facilement ceux dont la dépouille leur sera le plus bénéfique. Chez le même auteur, on lit que les lois civiles permettent de tuer ceux qui détruisent la chevalerie, les voleurs de grands chemins et ceux qu'on trouve la nuit dans sa maison.

Le fait que la nuit constitue une circonstance aggravante a subsisté. La cour royale de Nîmes, à propos d'un vol commis en 1829, statue en ces termes : « Considérant les raisons qu'a eues le législateur de qualifier crime le vol commis la nuit, tandis qu'il resterait délit sans cette circonstance [...] Le voleur nocturne a plus de facilité à voler ; l'obscurité de la nuit, le silence de la nuit, le favorisent de concert avec le repos auquel se livrent, pendant ce temps, les autres citoyens, avec les dangers que courent, pour leur vie, les propriétaires des choses volées, s'ils surprennent le voleur en flagrant délit et qu'ils veuillent l'arrêter ou seulement le reconnaître ou l'empêcher de consommer son vol. »

OBSERVER

Les techniques jusqu'alors mentionnées pour apprivoiser la nuit ressortissent au domaine matériel. Elles sont complétées sur le plan intellectuel par l'attention que portent les hommes du Moyen Age aux phénomènes nocturnes.

Étudier

En ces temps où le miracle apparaît naturel, où la raison laisse la place à l'imagination, les gens sont frappés par les prodiges qui peuvent se produire d'ailleurs aussi bien de jour que de nuit. Ces phénomènes recèlent à leurs yeux un message symbolique.

La *Chronique du règne de Charles VI*, due à un religieux de l'abbaye de Saint-Denis, signale que huit jours avant le soulèvement des Maillotins en 1382, on voit jour et nuit un globe de feu brillant voltiger de porte en porte au-dessus de la ville de Paris. Le 10 juillet 1396, vers la quatrième heure de la nuit, dans l'évêché de Maguelone, dans le ciel brille une comète d'une grosseur considérable et d'un éclat extraordinaire, tandis que s'agitent autour d'elle cinq petits astres qui viennent la heurter à plusieurs reprises. Après cette espèce de combat, apparaît un homme de feu, monté sur un cheval de bronze et armé d'une lance d'où jaillissent des flammes; il frappe la comète et disparaît brusquement.

Au milieu d'une nuit, des gens d'armes en garnison en Guyenne sont à diverses reprises réveillés par un bruit. En regardant le ciel, ils aperçoivent des cavaliers armés en train de se battre. Inquiets, ils délèguent auprès du roi de France le fils du maître des arbalétriers pour lui rapporter le phénomène et obtenir une explication. Alors des experts d'un mérite évident et d'une science éminente affirment que le prodige survenu dans la région de Maguelone annonce la déposition du pape par le roi et le clergé – nous sommes à l'époque du Grand Schisme qui voit l'Église dirigée par deux papes, l'un résidant à Avignon, l'autre à Rome –, alors que le second présage des guerres et des massacres. Le religieux de Saint-Denis déclare lui que seul Dieu connaît l'explication de ces phénomènes surnaturels; cependant, ajoute-t-il, lorsque l'on consulte l'histoire, de semblables prodiges ont toujours annoncé de grands événements.

Le 17 juin 1406, entre 6 et 7 heures du matin, alors que le soleil vient de se lever, une nuée épaisse provenant du nord se répand rapidement sur toute la surface du sol et obscurcit le soleil à tel point que pendant une demi-heure environ la clarté du jour se transforme en une nuit profonde. Les astrologues avaient indiqué d'avance le jour et l'heure auxquels aurait lieu cette éclipse, et assuraient que ce phénomène annonçait quelque chose d'extraordinaire. Le mauvais temps qui survient ensuite et les désordres de toutes sortes qui éclatent dans le ciel justifient leurs prévisions, car huit jours après les vents se déchaînent avec fureur et un affreux orage éclate, accompagné de grêlons de la grosseur d'un œuf d'oie.

Ces prodiges auxquels durant tout le Moyen Age les hommes sont sensibles – on pourrait citer bien des exemples tirés de l'*Histoire des Francs* de Grégoire de Tours – peuvent donner lieu à quelques remarques. On est attentif à tout ce qui se passe dans le ciel et certains phénomènes paraissent d'autant plus effrayants qu'ils interviennent nuitamment. A en juger par le dernier exemple, il semble que non seulement l'imagination intervienne, mais aussi que la science ne soit pas absente. Les astrologues – on dirait plutôt ici les astronomes – ont prévu le jour et l'heure de l'éclipse. Il s'agirait de véritables savants au sens actuel du terme. Évidemment les conséquences qu'ils tirent du phénomène manifestent qu'ils n'ont pas encore la rigueur scientifique exigée des savants actuels.

En tout cas le ciel est observé de nuit comme de jour. Quel discours tiennent les hommes de science à propos de la nuit?

Le ciel peut constituer un sujet d'étude sérieux – les *Images du monde* connaissent un succès croissant à partir du XIIe siècle. Les auteurs lui accordent une place plus importante qu'à la terre, tel Gossouin qui dans les trois livres de son *Image du monde* [1] consacre trente-six chapitres au ciel contre dix-neuf à la terre, soit approximativement les deux tiers. Si le monde est cloisonné, il est ouvert par le haut de sorte que les habitants des cités, les moines enfermés dans leur établissement peuvent considérer quotidiennement la moitié de la voûte céleste. La spatialité de la nuit apparaît bien plus grande que celle du jour. Et Gossouin de montrer les sages regardant « le firmament qui tournait tout autour du monde et se mouvait » et veillant

1. La première rédaction, en trois parties, fut composée en 1246.

« maintes nuits et maints jours » pour voir « les étoiles qui se levaient vers l'orient et se mettaient en mouvement dessus leurs têtes [...] ainsi veillaient-ils de nombreuses nuits et ils ne s'ennuyaient pas, ainsi trouvaient-ils beaucoup de joie à voir le firmament tourner si magnifiquement ».

Si des savants, des clercs, scrutent les étoiles et leurs mouvements, les voyageurs les observent également, car elles leur indiquent la route. Et tous les hommes d'ailleurs de regarder le ciel car, en l'absence d'horloge, il est possible de connaître ainsi l'heure, de même que le temps prochain.

Voici comment les auteurs du XIIIe siècle expliquent l'alternance du jour et de la nuit. Le soleil qui tourne autour d'une terre ronde n'en éclaire qu'un hémisphère. Cette terre, bien plus petite que le soleil, engendre dans l'espace une ombre conique. Si l'on n'aperçoit les étoiles que la nuit, c'est parce que le jour leur faible clarté est annihilée par la brillance solaire. Ces étoiles ressemblent à des chandelles placées derrière un grand feu.

Ciel et étoiles influent sur les choses d'ici-bas.

Le ciel et les étoiles sont
Instrument de nature en haut
Par quoi elle œuvre sans cesse
Comme Dieu veut...

L'influence des astres est avérée, telle celle de la lune sur le régime des humeurs ou sur celui de la mer.

Le dialogue de *Placides et Timeo* [1] est instructif. Le soleil constitue le seul foyer de clarté; lorsqu'il ne se trouve pas au-dessus de nous, c'est la nuit; la façon dont il éclaire la lune qui varie en fonction de sa position par rapport à cet astre explique les différentes phases.

« Placides. – Quoi? le soleil constitue, dans le

1. Encyclopédie en prose datant de la fin du XIIIe siècle.

monde, le seul foyer de clarté. Et pourtant le feu est clair.

« Timeo. – Nullement. Toute clarté provient du soleil. La terre, en soi, est obscure, et les animaux qui vivent à l'intérieur n'ont pas d'yeux. Il en est de même pour l'eau qui n'illumine pas l'air la nuit. L'air n'éclaire pas : enfermez-vous dans une pièce voûtée, sans verrière, ni fenêtre. Le feu, non plus, n'est pas clair par lui-même; en effet, hors de la présence de l'air, il est incapable d'éclairer, et rien n'est plus noir que la fumée; la vérité est que le feu possède la propriété de mettre en réserve la clarté solaire mieux que les autres éléments. »

Deux passages dans la chanson d'*Aye d'Avignon* [1] manifestent un intérêt pour le cours des astres. C'est un navigateur qui se fonde sur les étoiles :

Ils sont tous Sarrasins...
Ils sont venus par la mer, naviguant grâce aux étoiles.

C'est un jeune Franc, capturé et élevé par un roi sarrasin qui lui a fait inculquer des notions d'astronomie; de la pratique on passe ainsi à la connaissance théorique.

> *Ganor l'Arabe fait bien nourrir l'enfant*
> *[...]*
> *Le roi lui fait apprendre*
> *Les échecs et les tables*
> *Et le cours des étoiles.*

Dans les deux cas les Sarrasins, que *La Chanson de Roland* présente comme d'habiles navigateurs nocturnes, sont à l'origine de cet examen du ciel.

Mais les astres, le soleil, la lune ont d'abord une fonction utilitaire, puisqu'ils permettent de mesurer le temps. Dans *Berte aus grans pies*, l'héroïne se perd

1. Chanson de geste anonyme composée vers 1200.

dans la forêt du Mans. Grâce à la lune, elle se rend compte du déroulement des jours.

Le chef habile qui prévoit un clair de lune peut l'utiliser pour lutter contre l'ennemi. Dans *Le Roman de Laurin,* le marquis de Narbonne défend la ville de Marques et pense que le lever de la lune lui permettra d'attaquer le roi de Syrie : « La lune est pleine et elle se lèvera. Sortons car nous pourrons leur causer des dommages. »

L'œil qui permet de voir peut être comparé au soleil, car il émet, comme lui, des rayons, pense-t-on. Au Moyen Age, la grande période de l'oculistique se place entre le IXe et le XIe siècle, avec comme centres Bagdad, Le Caire, puis Salerne et Tolède. Hunain ibn Ishaq qui exerce à Bagdad au IXe siècle est le savant le plus réputé. A partir du XIe siècle, on commence à traduire en hébreu et en latin les traités écrits en arabe. Ensuite compilations, commentaires se multiplient.

Si l'anatomie de l'œil est bien connue, sa physiologie l'est beaucoup moins. Et de nombreuses erreurs qui dureront jusqu'au XVIIIe siècle se retrouvent dans les traités. Le cristallin est considéré comme l'organe essentiel de la vision; là se forme l'image. Les autres éléments de l'œil ont pour unique but de le servir et de le protéger, de même que le soleil et les planètes tournent autour de la terre pour procurer aux hommes clarté et notion du temps. La seconde erreur consiste en la croyance qu'un esprit visuel formé dans le cerveau est amené par des nerfs creux au cristallin. Là il se mêle à la lumière provenant des objets extérieurs et ainsi se forme la vision.

Ibn al Haytham, appelé par les Occidentaux Alhazen 965-1039), tente de démontrer que la lumière ne provient pas de l'œil; des expériences prouvent que des rayons se dirigent de l'objet vers l'œil, engendrant la vision et non l'inverse. Sans grand résultat, note Marie-Thérèse Lorcin.

Pour les savants occidentaux, l'œil envoie quelque

chose et ainsi se forme la vision. Il n'a donc pas un rôle passif, mais actif.

Le ciel est considéré avec plus d'émerveillement que de crainte. Guillaume de Conches compare les étoiles à des pierres précieuses serties dans de l'or. Gossouin de Metz parle de la « douce mélodie » et « certains disaient jadis que les petits enfants entendaient cette mélodie lorsqu'ils riaient pendant leur sommeil ».

Représenter

Quels procédés les artistes utilisent-ils pour évoquer la nuit? La création du jour et de la nuit décrite au début du livre de la Genèse, la biographie du Christ qui naît, est trahi et meurt de nuit font que auteurs de mystères et peintres ne peuvent éluder la question du nocturne.

• Le théâtre. Le drame liturgique qui correspond aux Xᵉ et XIᵉ siècles est issu de l'office lui-même. Dans l'église les fidèles devenus des spectateurs contemplent une série de scènes qui se déroulent dans des lieux matérialisés; la crypte se transforme en tombeau ou l'autel en crèche.

Dans la crypte ou le chœur de l'église la luminosité naturelle est fort réduite. Le feu fournit une clarté d'autant plus grande. Or ce feu qui brille ou s'éteint, le voile qui cache ou, lorsqu'il est relevé, découvre la croix, constituent les jeux de scène essentiels. Éteindre une à une les lumières lors de l'office du Vendredi Saint permet de créer les ténèbres, symbole de la mort de Jésus. La croix exposée aux regards, puis masquée par un voile, a la même signification.

Dans le drame semi-liturgique qui correspond à la seconde moitié du XIIᵉ et au XIIIᵉ siècle, la mise en scène devient si compliquée qu'elle doit quitter le chœur ou la nef.

Le lieu dramatique pour le théâtre sacré, pour le théâtre profane qui naît alors, ne s'inscrit plus à l'intérieur d'un édifice, de sorte que la représentation de la nuit se révèle beaucoup plus difficile.

En plein air, de jour, le réalisme est banni. Il faut alors utiliser des lumières ajoutées symboliquement. Dans *La Passion du Palatinus* [1], un des quatre chevaliers placés par Caïphe autour du saint sépulcre pour s'opposer à la résurrection du Christ est paralysé par la clarté que dégage l'ange envoyé par Dieu le Père pour délivrer son Fils de la mort.

Une scène peut être alors considérée comme nocturne dans la mesure où elle comporte une référence aux ténèbres ou à un moyen d'éclairage de caractère nocturne tel que lune, étoiles. Le compte des dépenses pour *Le Mystère de la Passion* joué à Mons en 1501 signale qu'après la représentation une pièce de toile ayant représenté le soleil et la lune est revendue vingt-deux sous et deux deniers. Toiles et voilages servent également à symboliser lumière et ténèbres ; ainsi une toile mi-blanche, mi-noire permet de représenter la séparation de la lumière et des ténèbres par Dieu lors de la création du monde. Mais c'est le discours qui s'adapte le mieux aux nuances du nocturne. Les personnages signalent l'obscurité qui les entoure, réclament de la lumière ou manifestent leur intention d'aller en chercher. Il suffit d'un élément, teinture noire, lune, pour conforter le texte. Sur le plan psychologique se manifeste un désir croissant de réalisme dans la représentation du nocturne au théâtre et dans la peinture.

• La peinture [2]. La représentation picturale de la nuit évolue au cours du Moyen Age. Dans un premier temps la nuit revêt l'apparence d'un personnage allégorique qui se tient près du personnage principal. Ainsi dans la

1. Mystère du XIVe siècle.
2. Nous remercions vivement Madame Danièle Alexandre-Bidon qui a eu l'obligeance de nous envoyer de nombreuses diapositives qu'il n'est malheureusement pas possible de reproduire dans cet ouvrage.

« Prière d'Isaïe » du *Psaultier de Paris* (xe siècle), Nyx apparaît sous les traits d'une femme revêtue d'une robe violette et portant un flambeau renversé. Au-dessus de sa tête auréolée de bleu nuit flotte un voile qui symbolise la voûte du ciel nocturne. Les couleurs manifestent la présence de la nuit qui au Moyen Age n'est pas représentée en noir, mais en bleu. Un bleu foncé, mais un bleu qui se distingue nettement du noir. D'ailleurs n'utilise-t-on pas le terme « bleu nuit »!

Longtemps les tableaux pour représenter la nuit vont contenir des éléments symboliques. Dans une enluminure due au Maître des Heures de Boucicaut et à un collaborateur, saint Christophe est représenté penché à la porte d'une maison, une lanterne à la main. Seuls la lanterne et le ciel étoilé suggèrent l'obscurité.

Depuis l'époque carolingienne, tous les miniaturistes placent la croix de la Crucifixion entre le soleil et la lune. La mise au tombeau des *Très Riches Heures du duc de Berry* comporte un éclairage crépusculaire avec la lune. Le même manuscrit possède un splendide nocturne dans l'arrestation de Jésus avec un semis d'étoiles piquetant un ciel bleu pétrole et peut-être au-dessus de l'auréole du Christ une étoile filante qui remplace la lune.

Les nuées de la nuit constituent un premier essai pour matérialiser l'obscur. Elles apparaissent, cachant le soleil et la lune de part et d'autre de la croix lors de la Crucifixion dans plusieurs tableaux dus au Maître des Heures de Boucicaut.

Ainsi le peintre et le dramaturge paraissent évoluer de concert. Leur imagination libre en grande partie des contraintes du réalisme accepte une nuit où les objets sont perçus comme en plein jour. Des peintres comme Jean Yvonnet, Jean Fouquet ne sont-ils pas d'ailleurs chargés de réaliser les décors de certaines pièces?

Mais alors que le dramaturge ne sait comment résoudre le conflit entre une action nocturne et l'éclairage diurne du lieu de représentation, le peintre découvre l'ombre et ses vertus picturales et tend vers le réalisme en rendant le tableau plus sombre, en marquant les contrastes entre l'ombre et la lumière, en cachant ce que la nuit dissimule. Au XVe siècle, le *Songe de Constantin*, fragment de *La Légende de la Croix* dû à Piero della Francesca et une enluminure due au Maître du *Livre du Cœur d'Amour épris* qui représente Amour remettant à Désir le cœur de René d'Anjou endormi illustrent bien ce propos. Dans les deux cas un dormeur portant un bonnet de nuit et, située dans le tableau, une source artificielle qui procure la lumière : un ange rayonnant qui descend des airs sur la gauche et tend la main vers Constantin, une veilleuse en bas sur la droite qui fournit un éclairage rasant.

Les nocturnes sont avant tout christiques, ceux de la naissance (l'Annonce et la Visite des bergers) et de la mort. Guillaume Durand [1], dans son *Rational des divins offices*, insiste d'ailleurs sur les ténèbres lors de la mort du Christ. Il écrit que « le soleil rougissant à cause du péché des hommes se couvrit de ténèbres pendant la passion ». Remarquons que tous les peintres, à la fin du Moyen Age, font tomber la nuit non seulement sur l'arrestation de Jésus et sa mort, mais aussi sur la fuite en Égypte – s'agit-il d'une nuit complice? – et la Résurrection.

Le nocturne est parfois absolu. Ainsi, dans une miniature du *Livre du Cœur d'Amour épris*, deux hommes parlent; seuls l'armure de l'un d'eux et le harnachement du cheval brillent à la clarté de la lune.

Admirer

Les gens du Moyen Age sont-ils sensibles à la beauté de la nuit? Iconographie et littérature permettent de le penser.

Dans le manuscrit du *Cœur d'Amour épris* cité plus

1. Né vers 1230, mort en 1296. Évêque de Mende.

haut apparaît un soleil du petit matin, encore noyé dans le noir de la nuit. Le début du XVe siècle offre des aubes remarquables avec des soleils levants rayonnants.

La prépondérance du jour, la mise en valeur de la lumière n'empêchent pas les écrivains de célébrer parfois la nuit avec une grande intensité, comme dans ces deux nocturnes de *La Chanson de Roland*. Le poète décrit la flotte sarrasine se dirigeant de nuit vers l'Espagne.

Sur les hautes proues, au sommet des mâts,
Les escarboucles et les lanternes sont nombreuses :
D'en haut elles jettent une telle lumière
Que toute la nuit la mer en est plus belle;
Lorsqu'ils arrivent à la terre d'Espagne,
Tout le pays s'en illumine et resplendit.

Beauté du ciel décrit uniquement pour sa splendeur, sans recherche d'un quelconque prodige. Plus loin, lors de la nuit où la ville de Saragosse est prise, la brillance de la lune et des étoiles paraît aller de pair avec la conversion des païens à la lumière chrétienne.

Le jour s'en va et la nuit est tombée;
La lune est claire et les étoiles scintillent.
L'empereur a pris Saragosse.
[...]
Le roi, lui, croit en Dieu et veut Le servir,
Et ses évêques bénissent les eaux,
Et ils conduisent les païens jusqu'au baptistère.
[...]
La nuit s'en va, le jour apparaît clair...

2

ACTIVITÉS

La nuit consacrée au sommeil ne devrait pas être troublée par une quelconque activité. Et pourtant – outre les violences nocturnes – travail et loisirs l'occupent, au moins en partie.

TRAVAILLER

Horaires

Tout travail est en principe interdit, en particulier parce que la lumière artificielle – une chandelle – risque de provoquer des erreurs et par conséquent de nuire aux clients. *Le Livre des Métiers* d'Étienne Boileau, prévôt de Paris à la fin du règne de Saint Louis, l'atteste explicitement. Ainsi « les batteurs d'or et d'argent ne peuvent œuvrer de nuit, car la clarté de la nuit est insuffisante pour faire leur métier bon et loyal ». Les actes royaux vont dans le même sens. Néanmoins il ne faut pas s'imaginer que, la nuit, la ville est morte et que, fidèles et obéissants, dès la sonnerie du couvre-feu les artisans abandonnent leur échoppe pour rentrer chez eux manger et dormir. Tout d'abord, les statuts d'un certain nombre de métiers ne comportent pas d'interdiction nettement formulée.

D'autres sont autorisés à effectuer un travail nocturne absolument nécessaire. Il en est enfin qui enfreignent les règlements.

Les boulangers doivent livrer du pain frais et des brioches le matin, les chirurgiens soigner les malades même le dimanche. On ne peut laisser s'éteindre les fours de l'art du verre à Venise, comme dans les autres villes pratiquant cette industrie. Une lettre de rémission datée de 1476 et relative à une verrerie poitevine située à Bichat montre que l'activité en ce domaine ne cesse jamais. François Simonneau, huit ans auparavant, alors qu'il est âgé de treize ou quatorze ans, employé comme valet dans cette verrerie qui appartient à Étienne Fouet, sert au four de jour et de nuit. Or un jour parmi d'autres, vers prime, François, qui porte une grosse pièce de bois pour faire du feu, la laisse tomber sur la tête de Marquis Musset sommeillant près du four de la verrerie.

Les gantiers de Poitiers qui ne peuvent œuvrer à leur métier de nuit sous peine d'amende ont néanmoins la permission de sécher leurs peaux et de les « préparer à la chaux ».

Nécessité, mais aussi passe-droit, dû aux besoins de personnages importants qui n'ont guère envie d'attendre. Nul orfèvre ne peut travailler de nuit, si ce n'est pour le roi, la famille royale et l'évêque de Paris ou avec la permission des maîtres du métier. Cet article du *Livre des Métiers* est repris par Jean II le Bon en août 1355.

En 1431, un artisan parisien regagne son domicile vers 8 ou 9 heures de nuit. Peut-être en raison d'un travail pressé à terminer après le couvre-feu, à moins que « ledit suppliant qui venait de gagner sa propre vie » n'ait eu l'idée de s'arrêter dans une taverne et de s'y attarder.

Il n'est pas toujours simple d'établir une distinction entre activité diurne et nocturne. Le travail débute en principe à l'heure du lever du soleil ou une heure plus tard et se termine au moment où sont éteintes les lumières, c'est-à-dire au moment du couvre-feu, ou lorsque l'on sonne complies. Mais les situations diffèrent beaucoup. Le couvre-feu sonne à 6 heures l'hiver, à 7 en été. Divers critères sont adoptés pour établir la limite du travail diurne. Les valets mégissiers, de Pâques à la Saint-Remi, fixent en été comme limites de la journée de travail le lever et le coucher du soleil, et en hiver le moment où la lumière ne permet plus de distinguer un denier tournois d'un denier parisis.

Il existe donc une réglementation et une pratique moins rigides qu'on ne pourrait le croire au premier abord.

Il est vrai que les métiers eux-mêmes demandent parfois l'autorisation de travailler en dehors de la journée légale.

Et, de façon étonnante, d'abord les valets. Allonger la durée de travail permet de faire des heures supplémentaires et par conséquent de toucher un salaire plus important. Une ordonnance d'Arras datant de 1315 signale qu'une commission comprenant à la fois des délégués des maîtres drapiers et des valets des foulons autorise, sur leur demande, ces derniers à faire des « journées plus longues », de façon à obtenir des salaires « plus élevés ». Bien sûr, pour motiver cette décision, on invoque une augmentation du poids et de la dimension des étoffes. Mais ne s'agit-il pas plutôt d'un moyen pour les ouvriers de lutter contre la hausse des prix et la perte de pouvoir d'achat des salaires en raison des mutations monétaires de Philippe le Bel? On constate d'ailleurs, avec quelque surprise, que ce roi permet le travail de nuit. Gilles Haquin, prévôt de Paris, confirme le 19 janvier 1322 ces ordonnances dont il extrait le passage suivant : « Item. Des métiers de Paris qui disent qu'ils ont par leurs anciens registres que nul ne puisse œuvrer par nuit [...] qu'ils puissent œuvrer et de jour et de nuit quand ils verront que bon sera... »

Quant aux maîtres, ils sont tout aussi intéressés que leurs salariés par la durée de la journée de travail.

Comme le montre Jacques le Goff, ils tentent, pour pallier les tricheries des ouvriers, de réglementer cette journée. Et pour cette raison sont installées des cloches de travail, les *Werkglocken*. Ainsi, en 1335, Philippe VI de Valois permet au maire et aux échevins d'Amiens de faire « sonner une cloche qu'ils ont fait pendre au beffroi de ladite ville laquelle se diffère des autres cloches » pour indiquer « quand les ouvriers en ladite ville et banlieue d'icelle iraient chaque jour ouvrable à leur ouvrage le matin [...] et aussi le soir, quand ils devraient laisser leur travail ».

Le problème est particulièrement aigu dans les métiers du textile où la part des salaires correspond à une proportion importante du prix de revient de la marchandise. D'ailleurs les endroits où la draperie joue un moins grand rôle ne connaissent pas cette cloche.

La longueur de la journée de labeur – et par conséquent le problème du travail nocturne – va donc se situer au cœur des rapports entre patrons et ouvriers. Les premiers qui voient maintenant le temps de travail fixé de façon précise grâce aux sonneries tentent de l'allonger.

Les maîtres gantiers signalent au roi, en 1467, qu'ils doivent s'arrêter de travailler l'après-midi vers 4 ou 5 heures en hiver, au moment où la demande est la plus forte et les frais les plus élevés; ils sollicitent l'autorisation de travailler de 5 heures le matin à 10 heures le soir. Le roi se rend à ces arguments et leur donne satisfaction. Les gantiers, pour convaincre Louis XI, font aussi état du désœuvrement de leurs ouvriers! « Avec ce leurs apprentis et serviteurs sont oiseux et par ce s'appliquent et occupent, pendant ce temps qu'ils n'ont occupation, depuis lesdites quatre ou cinq heures, jusqu'au lendemain jour, à plusieurs jeux et dissolutions, et à peine se veulent appliquer à bien faire, qui est l'intérêt de la chose publique. » On constate d'ailleurs que les autorisations données à la fin du XVe siècle et au début du XVIe siècle correspondent à une situation qui dure depuis longtemps. Les cordonniers qui, en 1514, demandent la permission de travailler aux chandelles affirment que l'interdiction du travail nocturne n'est plus respectée depuis de nombreuses années dans la corporation.

Le travail de nuit peut aussi être mis en rapport avec la situation du salarié. L'employeur a des moyens de pression plus importants sur un salarié embauché pour une longue période que sur un ouvrier employé à la journée.

Conflits

Si les maîtres ont intérêt à l'allongement de la journée de travail – dans des limites toutefois compatibles avec une bonne condition physique des ouvriers –, ces derniers n'ont généralement pas les mêmes motivations, préférant le soir se reposer, aller à la taverne, retrouver leur famille. D'où des conflits. Particulièrement explicite apparaît celui qui oppose les maîtres et les valets foulons. En 1251, les deux parties concluent un accord aux termes duquel, entre autres dispositions, les valets doivent observer les heures de travail traditionnelles.

En 1256, pour empêcher les malentendus, il est prévu que quatre jurés, deux pour les maîtres, deux pour les valets, seront chargés de veiller sur l'état de la corporation – *Le Livre des Métiers* indique que les valets ont leur « vesprée », c'est à savoir que ceux qui sont loués à la journée laissent leur ouvrage au premier coup sonné à Notre-Dame pour les vêpres, en *charnage* (époque de l'année où l'on peut manger de la viande), et en carême au coup de complies. Mais vingt ans plus tard les valets signalent au roi que les maîtres les obligent à travailler tard le soir, ce qui nuit à leur santé – « ils disaient que les maîtres les tenaient trop tard de leurs vesprées, laquelle chose leur était périlleuse et grief pour le péril de leurs corps ». Lesdits maîtres rétorquent qu'ils ne font que suivre un règlement de Blanche de Castille. Il est alors prévu – pour éviter tout malentendu – que les valets observeront à la lettre ce règlement qui leur impose de travailler jusqu'au crépuscule, mais ils cesseront alors toute activité et les maîtres ne pourront pas les retenir.

Il s'agit avant tout de savoir à quelle heure se termine le travail. Selon l'historien – et homme politique – polonais Bronislaw Geremek que nous suivons ici, au moment de leur plainte, c'est-à-dire en 1277, les valets trouvent difficilement du travail, de sorte que les maîtres abusent de la situation et allongent démesurément leur journée.

Le même problème se retrouve au cœur de la querelle qui oppose les maîtres tondeurs de drap et leurs valets au XVe siècle. En 1407, les valets se plaignent auprès du tribunal civil du Châtelet « pour raison des veilles de nuit dont ils [leurs maîtres] contraignent les valets dudit métier ». Les maîtres ne violent pas les règlements, puisque le statut de 1348 fait débuter la journée à minuit en hiver. Les valets protestent donc tout autant contre les règlements eux-mêmes que contre le comportement de leurs maîtres. Après une suspension, le conflit reprend et trouve un premier épilogue en 1411. Le statut des tondeurs de drap est maintenu, mais les valets ont droit, à 9 heures du matin, à une interruption d'une demi-heure pour déjeuner.

Les maîtres tondeurs ne sont pas satisfaits et n'acceptent pas le jugement de 1411 sous prétexte qu'il n'édicte pas de sanctions. Un nouveau jugement, en date de juin 1415, faisant suite à un procès devant le prévôt de Paris, interdit alors le travail nocturne en hiver et fixe comme limites à la journée ouvrable en cette saison, c'est-à-dire du 1er novembre au 2 février, 6 heures du matin et 5 heures du soir, ce qui correspond à neuf heures trente de travail, puisqu'il faut déduire une demi-heure pour le déjeuner et une heure pour le dîner. C'est dire que le travail nocturne est pratiquement interdit. Le texte du jugement fait état de fréquentes querelles qui éclatent entre maîtres et valets à propos de la fin de la journée ouvrable. En cas d'infraction les maîtres doivent payer vingt sous d'amende et les valets dix sous. Au total donc, modifiant le statut de 1348, ce jugement donne raison aux valets en interdisant le travail de nuit.

Il semble toutefois que les maîtres ne respectent pas cette ordonnance au cours des années suivantes. Un autre texte d'août 1489 déclare que le travail en hiver ne doit pas commencer avant 6 heures du matin, ni se terminer après 7 heures du soir. C'est un recul par rapport au texte de 1415 ; en hiver la nuit est tombée à 19 heures. Bien plus on peut penser, étant donné l'emploi de l'expression « pas plus longue », que les maîtres font parfois travailler leurs valets au-delà de ces limites.

Mais le conflit n'est pas encore terminé ! Et le Parlement de Paris, en janvier 1490, déclare, entre autres prescriptions, que les valets sont tenus de travailler en dehors des heures fixées par les précédents statuts. C'est dire que leurs tentatives pour éviter de travailler la nuit ont finalement échoué.

Les conflits ne se limitent pas à la capitale ni au secteur textile. Ainsi les vignerons de Sens et d'Auxerre mènent combat contre leurs employeurs ecclésiastiques, nobles, bourgeois pour voir réduire leur journée durant les années 1383-1393, devant le Parlement de Paris. Il ne s'agit pas sans doute ici de se procurer seulement un temps de repos, mais aussi d'avoir la possibilité de s'occuper de ses propres terres. Une ordonnance de Charles VI pour Sens, prise en juillet 1383, déclare d'ailleurs : « Ils délaissent leur ouvrage et partent entre midi et none ou environ, en particulier longtemps avant que le soleil ne se couche, et vont œuvrer à leur vigne ou faire d'autres travaux, et là ils besognent et abattent autant d'ouvrage ou même plus qu'ils ne l'ont fait tout le jour pour ceux qui les paient ; et qui plus est, en travaillant chez leur patron, ils se ménagent, sans accomplir leur tâche, afin d'être plus vigoureux et moins fatigués pour travailler là où ils vont après leur départ. »

Nous avons affaire ici à des artisans proches de la campagne, mais liés à la cité par leur profession. Le problème du travail nocturne ne se pose pas, pourrait-on dire, à la campagne. Il n'est pas question de travailler la nuit dans les champs. Par contre, chez eux, à la lueur de la chandelle, les paysans, plus encore les paysannes, peuvent accomplir de menues besognes qui n'occupant pas leur esprit leur permettent de se distraire en même temps.

Au total, même si la condition des ouvriers ne se révèle pas aussi pénible que celle des malheureuses tisserandes de draps de soie imaginées par Chrétien de Troyes vers 1168,

Et nous sommes en grande misère,
Mais s'enrichit de nos mérites
Celui pour qui nous travaillons.
Des nuits grande partie nous veillons
Et tout le jour pour y gagner...

il n'en reste pas moins que la journée de travail trop fréquemment au Moyen Age n'a pas dans la réalité de limites fixes. Certes des statuts sont édictés. Les cloches de travail constituent un progrès, mais les patrons en sont les maîtres. L'horloge du clocher ou du beffroi, sonnant régulièrement, permet toutefois de vérifier l'heure.

A cette époque où la législation sociale est embryonnaire, les rapports patrons-ouvriers reposent avant tout sur une manière d'être; et les maîtres peuvent avoir des attitudes fort variables, selon leur tempérament, leur âpreté au gain.

De façon un peu paradoxale, les valets salariés qui n'ont pas d'emploi animent certains quartiers avant l'heure du travail, à savoir les places comme celle de Grève à Paris où se fait l'embauche : « que toute manière de gens, hommes et femmes, qui ont coutume de faire ou exercer ouvrage ou labourage [...] aillent avant soleil levant aux lieux habituels où se louent les ouvriers, pour se louer », déclare une ordonnance de 1354.

Des activités autres que celles de l'artisanat, ordinairement diurnes, peuvent avoir lieu la nuit, telles que la chasse et la pêche. Certes, chasse et pêche constituent des loisirs, en particulier la première pour les aristocrates. Mais elles ont aussi, dans une certaine mesure, et le fait est patent surtout pour la pêche, un but utilitaire. Il s'agit de se procurer de la nourriture, et parfois la nuit constitue un moment propice pour ce faire. Un acte de Charles le Chauve datant de 869 mentionne que les moines de Saint-Evre de Toul jouiront de la pêcherie de l'évêque à Pierre deux nuits par semaine. La même autorisation est accordée par Othon Ier en 947. Une miniature du *Livre du Cœur d'Amour épris* représente une scène de pêche à la ligne nocturne sur un îlot.

Ainsi le travail matériel ne s'arrête-t-il pas entièrement la nuit. A plus forte raison le travail intellectuel. Jean de Garlande, maître parisien, énumérant dans son dictionnaire les instruments dont a besoin tout membre de la corporation universitaire au XIIIe siècle, mentionne en bonne place « une lampe de nuit avec du suif et un chandelier, une lanterne [1] ». La journée d'étude à l'université de Poitiers commence à 6 heures en hiver et, à partir de la mi-mars, à 5 heures avec la leçon ordinaire du professeur titulaire. L'étudiant sérieux doit donc se lever matin. Et le soir il continue de travailler à la chandelle.

Les notaires qui exercent en France leur office par privilège pontifical sont autorisés à travailler après le

1. « Seul, la nuit, avec un livre éclairé par une chandelle – livre et chandelle, double îlot de lumière, contre les doubles ténèbres de l'esprit et de la nuit » (Gaston BACHELARD, *La Flamme d'une chandelle*, Paris, 1961, p. 54). Jean de Garlande, né en Angleterre vers 1195, professeur à Toulouse et à Paris, mort vers 1272.

couvre-feu, de sorte que les jeunes scribes employés dans leur étude restent penchés sur leurs rouleaux parfois fort tard.

Des activités légales se poursuivent donc de nuit dans les villes, cependant que les voyous hantent les rues à la recherche de mauvais coups, que les moines, voire de pieux laïques, rendent grâces à Dieu..., ou que l'on s'amuse.

SE DISTRAIRE

Les activités nocturnes ne ressortissent pas seulement au travail, mais aussi au loisir. Les distractions par rapport à la nuit nous semblent s'apparenter à deux catégories. Les unes sont par définition nocturnes, tels les veillées, les feux de joie ; les autres prolongent des réjouissances diurnes, telles les fêtes.

Veillées

A la campagne, les femmes aiment se retrouver le soir pour bavarder tout en se livrant à quelques menues besognes domestiques. En particulier dans ces écraignes dont Tabourot des Accords donne une description si précieuse au XVIe siècle : « Dans tout le pays de Bourgogne, écrit-il, même dans les bonnes villes parce qu'elles sont peuplées de beaucoup de pauvres vignerons qui n'ont pas les moyens d'acheter du bois pour se défendre contre les injures de l'hiver, bien plus rude ici que dans le reste de la France, la nécessité, mère des arts, a permis d'inventer de faire en quelque rue écartée une petite pièce ou bâtiment composé de plusieurs perches fichées en terre de façon circulaire, ployées en haut, en sorte qu'elles représentent le dessus d'un chapeau, que l'on recouvre ensuite de force mottes et de fumier si bien mêlés que l'on ne peut y pénétrer. Dans cette pièce, entre deux perches, du côté le mieux protégé du vent, on laisse une petite ouverture d'un pied de large et de deux pieds de haut pour servir d'entrée, et tout autour il y a des sièges de drap pour que plusieurs personnes puissent s'y asseoir. Là, généralement après dîner, se rassemblent les plus belles filles de ces vignerons avec leurs quenouilles et autres ouvrages ; et elles y veillent jusqu'à minuit. »

Un texte de 1390 fait déjà mention de ces lieux de réunion. Plusieurs jeunes gens, le samedi suivant le Noël précédent, vers 2 heures du matin se rendent à Combertroux pour se divertir avec les jeunes filles à marier et les femmes qui filent dans les écraignes, comme ont l'habitude de le faire en hiver les compagnons à marier de la ville et des environs. Ils entrent donc dans une écraigne, mais des jeunes du village les attendent à la sortie et une bagarre s'ensuit.

Jacques Fournier, chargé d'enquêter dans la région de Pamiers sur l'influence cathare, a interrogé nombre de paysans et de paysannes de la région de Montaillou. Ses registres d'inquisition sont fort précieux pour connaître la vie des habitants d'un village de l'Ariège [1]. Ils montrent de façon vivante comment se passent les veillées dans la région pyrénéenne. Quelques exemples.

La première veillée se déroule à Ascou, près d'Ax-les-Thermes. Raymond Sicre qui vient de se disputer avec son épouse sort de chez lui pour jeter un coup d'œil sur son troupeau. Dans la maison de Pierre Amiel qui vit avec sa mère Rixende il aperçoit des lumières – la nuit vient donc de tomber. Indiscret, Raymond entre et écoute sans se faire remarquer.

La conversation concerne alors le dîner :

– Je crains fort, dit Rixende à l'un de ses invités, que le pain que j'ai confectionné ne vous plaise point, car nous, femmes des montagnes, nous n'avons pas de fins

1. Voir Emmanuel Le Roy Ladurie, *Montaillou, village occitan de 1294 à 1324*, Paris, 1975.

tamis, et nous ne savons pas non plus pétrir de bon pain.

– Pas du tout, répond son interlocuteur, ce pain est bon et il a fort bel aspect.

– Si vous l'aimez, je m'en réjouis.

– Ce fromage est bon et beau, fait un invité.

Comme les convives apprécient également les poissons, Rixende explique :

– Celui qui me les a apportés ce soir m'a fait grand plaisir, et Galharde, la femme de Guillaume d'Ascou, aussi, car elle m'a donné de l'huile pour les faire frire. Elle l'a fait en cachette; c'est la meilleure des femmes, mais elle a peur de son mari.

– C'est une brave femme, en effet, affirme un convive, mais son mari est un rustre; ce soir même il m'a fort ennuyé.

– Pourtant c'est un brave homme, rétorque Rixende, et il est de bon service.

Et Jean Peyre Amiel d'ajouter que c'est un bon voisin qui ne cherche pas de noise.

– Si Guillaume ne fait pas de mal, il a en cela une bonne manière de faire, réplique l'un des convives en tendant une carafe à Rixende.

– Voulez-vous boire?

– Non, réplique-t-elle, il y a assez de vin dans une autre carafe. Ne vous souciez pas de moi. Mais servez-vous de tout à volonté.

La conversation change de thème; elle aborde les problèmes de l'église.

– Il serait bon que les gens d'Ascou et de Sorgeat aient une église commune. Ils n'auraient pas besoin de descendre à l'église d'Ax-les-Thermes.

– Je ne suis pas d'accord. Mieux vaut que les gens d'Ascou n'aient pas d'autre église que celle d'Ax. Autrement cela augmenterait les dépenses. De toute manière, les prêtres d'Ax et d'ailleurs n'instruisent pas les habitants d'Ascou comme ils devraient le faire.

Opinion partagée par son interlocuteur.

– Les curés instruisent très peu le peuple. Il n'y a pas

la moitié des gens du village qui assiste à leur prône et qui comprenne quelque chose à ce qu'ils disent...

Tels sont les éléments d'une veillée dans un petit village pyrénéen au début du XIVe siècle. On goûte la nourriture. On parle des voisins pour en dire du bien, parfois du mal. On mentionne l'absence d'une église et l'on passe ainsi à une critique des prêtres de la paroisse la plus proche – les deux invités, assis sur un banc, face au feu, sont des missionnaires cathares.

Raymond Sicre, quittant son poste d'observation, n'entend pas la suite de la conversation, mais celle-ci débouche probablement sur un discours favorable au catharisme.

A San Mateo, chez Guillemette Maury, ancienne Montalionaise qui a fui son village pour échapper à l'Inquisition, ont lieu de longues veillées près du feu après le repas du soir. Se retrouvent alors, outre l'hôtesse et ses deux fils, lorsqu'ils ne gardent pas le troupeau, des amis et parents, les parfaits de passage, et diverses personnes, tels des mendiants ou des peigneuses de laine travaillant dans la boutique de cardage de Guillemette.

Et l'on discute de sujets variés. De la religion cathare lorsque la confiance règne; d'autre chose lorsqu'on se méfie de certains invités d'un soir. Ainsi on évoque les anciens hérétiques, les rapports avec l'Inquisition, plus simplement le mariage du fils, l'état des animaux. La veillée s'achève en principe au moment où l'on couvre les braises, mais certains continuent de discuter jusqu'au chant du coq.

A Montaillou même, Jean Maury, frère du pasteur, aime réunir chez lui des amis et parents. Un parfait y assiste, ce qui attire l'attention de l'Inquisition. Mais en dehors de cette présence la veillée se déroule de façon banale. Ainsi vers 1307-1308. Participent à cette veillée le père et la mère de Jean, ses quatre frères, ses deux sœurs et deux parfaits arrivés en début de soirée. Jean Maury a douze ans – il évoque la scène en 1323. Après s'être occupé des moutons, il entre dans la cuisine alors que les autres sont déjà là. Au moment du dîner, seuls les hommes adultes, à savoir le père et le fils aîné, prennent place à table aux côtés des deux parfaits. La mère et ses filles s'occupent du service. Les plus jeunes fils mangent auprès du feu. Le repas, simple, comporte des miches de pain et du chou à l'huile. Les hommes s'assoient ensuite sur un banc ; la mère qui, en raison de son sexe, est impure, occupe un autre banc à quelque distance des parfaits. Les jeunes enfants vont se coucher et n'assistent pas aux discussions des adultes. Toutefois, Jean Maury ne quitte pas immédiatement la pièce après dîner et peut entendre parler son père, puis l'un des parfaits. Il est ensuite mis au lit bien avant que la veillée ne batte son plein. Outre son jeune âge, il convient de noter que Jean doit se lever tôt pour aller faire paître les moutons.

Ces veillées paysannes de Montaillou se déroulent à la clarté fournie par le foyer. Il n'y a que les chambres, hors cuisine, qui nécessitent parfois, en raison d'une hérétication nocturne, un autre éclairage fourni par une torche ou une chandelle, à moins que la clarté de la lune ne rende celles-ci inutiles.

Les veillées montalionaises ressemblent sur bien des points à celles qui se déroulent dans les autres régions, mais présentent quelques traits caractéristiques – le rôle tenu dans la conversation par la religion cathare, la faible importance de la consommation de vin.

Les Évangiles des Quenouilles mettent en scène de vieilles femmes qui parlent de tout, de la vie, de l'amour, de la mort au cours des longues veillées d'hiver entre Noël et la Chandeleur. Elles mentionnent nombre de recettes, plus ou moins magiques, qui parfois font intervenir la nuit, au total environ deux cent trente croyances populaires répandues en Flandre et en Picardie à la fin du XVe siècle.

Certaines ont trait au diable, aux incubes, aux loups-garous. Alors que, le lundi soir, les six voisines se sont assemblées entre 7 et 8 heures, elles se retrouvent le mardi dès 5 heures. Là, dame Transeline du Croq, initiée en géomancie et concubine de prêtre – « le curé de la ville de nuit et de jour entendait sa confession » – indique en particulier des exorcismes pour éviter la compagnie du diable ou des incubes. « Qui laisse de nuit une selle ou un trépied les pieds dessus [c'est-à-dire qui n'a pas renversé son siège avant de se coucher], aussi longtemps est l'ennemi [le diable] à cheval dessus la maison. » « Celle qui redoute la venue nocturne de la quauquemaire [incube] en son lit, qu'elle mette un siège en chêne devant un bon feu et, si l'incube survient et s'assied dessus, il ne pourra pas se lever avant le jour [1]. »

La lune joue un grand rôle dans ces croyances populaires. Le mercredi soir, Abonde du Four, prostituée devenue maquerelle, enseigne que, pour gagner au jeu de dés, il faut s'asseoir face à la lune. Le vendredi soir, Gomberde la Fae, soupçonnée d'hérésie et entremetteuse discrète, déclare que les enfants petits sont engendrés en l'absence de lune. Car habituellement les hommes ont alors « défaut de moelle ». On apprend aussi que, pour obtenir santé et bonheur, il faut saluer la lune lorsqu'elle est nouvelle, pleine et à son déclin.

D'autres maximes abordent les problèmes familiaux. Qui veut faire un fils doit le concevoir le matin, et une fille le soir et la nuit. Les superstitions dont il est question dans *Les Évangiles des Quenouilles* sont suffisamment répandues pour figurer dans des conversations. Aussi les autorités ecclésiastiques qui craignent d'ailleurs avant tout des indécences voient-elles ces veillées avec une certaine méfiance. Un mandement de 1493 concernant le diocèse de Saint-Brieuc l'atteste. « Déjà dans un précédent synode, pour couper court à des abus ineptes et scandaleux qui se produisaient très souvent dans les réunions des filandreries, nous avions interdit ces réunions dans notre cité et le diocèse entier, sous les peines édictées dans les statuts de ce synode. Nous savons que cette défense a été violée plusieurs fois.

1. Voir ci-dessus, chapitre 2.

« C'est pourquoi nous renouvelons spécialement ces statuts, et nous défendons de nouveau à tous nos sujets et de toute condition de tenir désormais ces réunions et filandreries avec danses, folies et extravagances, d'y assister ou d'y comparaître sous peine d'excommunication et pour chaque transgression d'une amende de dix livres applicable à nos aumônes. Nous nous réservons spécialement le pouvoir d'absoudre de ces peines et nous le refusons à tout prêtre et chapelain. »

Ces veillées apparemment ne se bornent pas toujours à des conversations puisque des jeunes gens à marier viennent retrouver des jeunes filles et des femmes. Le mandement n'accorde d'ailleurs pas aux simples prêtres l'absolution pour la faute commise en se réunissant ainsi le soir. De telles prescriptions n'eurent guère d'effet, car les veillées se poursuivirent. Au XVIIIe siècle, c'est la justice civile qui s'en préoccupe, sans plus de succès apparemment.

On ne saurait terminer cette étude sans faire état des veillées mortuaires. Les cadavres, comme les petits enfants, redeviennent l'affaire des femmes qui, après avoir fait leur toilette, les veillent. Le mort ne reste pas longtemps sous son propre toit, rarement plus d'un jour et d'une nuit. Certains testateurs – dans le Comtat Venaissin – demandent avec insistance qu'on les veille « une nuit entière », « la nuit qui suit le décès ». Les formules attestent que l'enterrement a lieu rapidement. Pourquoi l'Église précipite-t-elle la sépulture ? Elle souhaite peut-être limiter les veillées, parce que des pratiques incompatibles avec la dignité chrétienne, tels que festins ou danses, y interviennent. En Flandre les interdictions de banquets sont fréquentes, ce qui atteste *a contrario* leur existence.

Pourquoi alors demander des veillées ? Les réunions funèbres rassemblant parents et amis autour du défunt remontent à des temps très anciens. Il arrive que le testateur prévoie un repas pour « ceux qui le veilleront ». La réunion semble alors profane, car il n'est nulle part fait mention de clercs. Mais les demandes de veillées qui dans la région d'Avignon proviennent de citadins assez riches, particulièrement de veuves, sont liées à des considérations religieuses – souhait d'un apparat liturgique plus important, désir d'une messe devant le corps du défunt.

Feux de joie

La société médiévale dont les membres travaillent tout le jour aux champs, dans les échoppes et restent normalement chez eux lorsque tombe la nuit, possède un moyen, fort usuel, de se distraire dans cette obscurité contre laquelle il est si difficile de lutter. Il s'agit des feux de joie. Les uns ont lieu lors de fêtes religieuses, d'autres au moment d'événements profanes. Enfin il n'est pas interdit de penser que certains sont allumés dans le seul but de prolonger de façon agréable une journée que l'on se résigne mal à voir s'achever.

Le feu de joie est associé à la Saint-Jean, le 24 juin. Une lettre de 1407, relative à une petite localité saintongeaise, montre sa préparation par les villageois. La veille, « plusieurs personnes demeurant près du château ou forteresse dudit lieu [...] allèrent faire et dresser un feu ainsi qu'il est accoutumé de faire pour la solennité de ladite fête [...] au carrefour devant ledit château ». Un assistant arrache une clôture de bois et la place sur le bûcher, d'où fureur du propriétaire. Le soir, le suppliant qui à l'aide d'un bâton s'occupe du feu pour qu'il brûle mieux, se querelle avec le plaignant et lui donne un coup.

A Paris, en 1426, se produit une telle inondation que la nuit de la Saint-Jean, alors que le feu est bien allumé et que les gens dansent, la rivière vient l'éteindre ; on retire alors du feu les bûches qui ne sont pas encore entièrement consumées et on les brûle au pied de la croix sur la place de Grève. En 1438, au même endroit selon la tradition, la nuit de la Saint-Jean un grand feu est allumé par les autorités, d'un côté la fille du roi nommée Marie, religieuse à Poissy, de l'autre le connétable Arthur de Richemont.

Il s'agit donc d'une coutume extrêmement répandue. Les comptes d'Isabeau de Bavière indiquent que la reine donne un jour quatre sous à un pauvre homme lors du feu de la Saint-Jean, à L'Hay près de Paris.

Le 24 juin, certaines herbes reçoivent des vertus spéciales; ce sont les herbes de la Saint-Jean. Rutebeuf[1], dans *Le Dit de l'Herberie*, qui est un monologue de charlatan, mentionne ces plantes, notamment l'armoise dont, dit-il, « les femmes se ceignent le soir de la Saint-Jean et en font chapeau sur leur tête », parce qu'elle constitue, pensent-elles, un remède efficace contre certaines maladies. *Les Évangiles des Quenouilles* enseignent : si vous avez un mari rebelle et qui ne veut pas vous donner suffisamment d'argent, prenez le premier nœud d'un fétu de froment, cueilli près de la terre, la nuit de la Saint-Jean, et mettez-le dans le trou du coffre à la place de la clef, et sans faute il s'ouvrira.

Mais revenons aux feux de joie, ou plus largement aux fêtes du feu. La flamme s'élève dans la nuit tout au long de l'année, feu nouveau le soir du samedi saint, torches des Brandons, le dimanche qui clôt le carnaval, chandelles de la Chandeleur... Ce feu qui brille dans les ténèbres représente le Christ qui a sauvé l'humanité, mais c'est aussi le signe de forces bénéfiques, plus puissantes que le mal. Gaspiller joyeusement du bois de chauffage, si important alors, c'est évacuer la grisaille quotidienne, le souci lancinant d'avoir assez d'argent pour satisfaire ses besoins alimentaires. Le feu, en outre, réchauffe l'atmosphère et permet de rester hors d'une maison obscure sans risquer de prendre froid.

Mais les feux de joie ne s'allument pas seulement à certains moments de l'année. Ils éclairent toutes circonstances pour manifester la liesse populaire. *Le*

1. Auteur de poèmes, mort vers 1285.

Bourgeois de Paris en signale à maintes reprises. Ainsi, en 1430 : « Le 26e jour d'avril 1430, les gouverneurs de Paris firent faire de grands feux, comme on fait à la Saint-Jean d'été [...] et firent entendre au peuple que c'était pour le jeune roi Henri qui se tenait roi de France et d'Angleterre, qui était arrivé à Boulogne, lui et grand foison de soudoyers, pour combattre les Armagnacs, dont il n'était rien... »

Tout autour de ces feux on danse. Le religieux de Saint-Denis signale que lors de l'entrée d'Isabeau de Bavière à Paris en 1413 la population entière l'accueille avec des transports d'allégresse et qu'elle marque sa joie « par des danses, des chansons et des feux » qui durent toute la nuit. A Boigneville, près de Gallardon, à la fin du Moyen Age les habitants et « autres du pays ont l'habitude, chaque année, le dimanche des Brandons, de se divertir et de danser vers le soir et d'avoir des falots constitués de bouchons de paille fixés à un bâton et de mettre le feu dedans en les appelant les brandons ». Ce jour des Brandons, près de Troyes, sont allumés après souper des feux « auprès desquels les bonnes gens ont coutume de se rassembler, de danser et les jeunes enfants et valets sautent par-dessus ces feux quand ils ont diminué ». Le soir de la Saint-Jean à Arras, en 1382, garçons et filles carolent. La carole est une danse ou une marche solennelle, accompagnée de chansons à refrain. Les textes permettent de penser que pour caroler on forme une chaîne, une ronde ou plus souvent un cortège de personnes qui marchent avec solennité deux par deux ou trois par trois. Et la seule différence entre une procession religieuse et la carole, c'est l'esprit, car les chansons de carole sont des chansons d'amour. Les feux donnent probablement lieu à d'autres pas de danse. Garçons et filles réunis autour de la flamme qui les éclaire « ballent », sautent plus qu'ils ne marchent, dans un climat rempli d'excitation, voire chargé d'érotisme.

Terminons sur la réception solennelle à Gand du

duc de Bourgogne Philippe le Bon, telle que Chastellain la narre dans ses chroniques. Le feu tient une place prépondérante lors de ces solennités. Le duc trouve dès la première porte de la cité franchie les rues tendues de drap rouge et sur les toits des torches allumées jusqu'à l'entrée de sa maison. En franchissant un grand pont sur la Lys, il peut apercevoir au milieu de la rivière une nef « et au fond du bateau par dehors tout à l'entour étaient installées deux cents torches tout allumées qui brûlaient dans l'eau, et sur le bord de celui-ci autant pareillement qu'on pouvait en planter ». Le mât est dressé tout au milieu, le cordage entièrement garni de torches semblables aux étoiles du ciel, et au milieu de ce mât pend un écu aux armes du duc plein de torches, de sorte que le château semble embrasé. On aperçoit, non loin de là, une maison toute couverte, toit, murs, portes et fenêtres, d'or « luisant », et depuis le haut jusqu'en bas toute pleine de torches. La boucherie grande et spacieuse est tellement remplie de torches que l'on ne voit rien d'autre; le marché du poisson, richement orné, présente la même apparence; le beffroi plein de torches allumées se voit de nuit à cinq ou six lieues de distance et semble tout en feu, en raison de sa hauteur et de sa grosseur, et cet embrasement dure trois jours. « Cette nuit, on fit partout dans la ville les plus somptueux feux que l'on ait jamais vus jusqu'à ce jour et les illuminations des torches se poursuivirent partout jusqu'à l'aube. » Même aspect le lendemain, le troisième et le quatrième jour jusqu'au vendredi, femmes et hommes chantant, dansant et faisant de la nuit le jour.

Cueillette du mai

La plantation du mai, très répandue, consiste à pendre une branche devant la porte d'une jeune fille. Cette branche, les compagnons vont souvent la couper de nuit, non sans problème parfois, car les propriétaires craignent que leurs arbres ne soient saccagés. En 1393, à Saint-Amand-en-Pevèle, un jeune homme qui coupe la nuit du 1er mai un « buysset » dans le jardin de la mère du suppliant déclenche un drame. En 1380, des jeunes gens à Crécy-sur-Seine vont de nuit couper de l'églantier dans le jardin de Pierre Penon qui demande à sa chambrière son arc et ses flèches pour chasser les intrus. Un texte de 1405 concernant le village de Buchy, au pays de Caux, fournit des renseignements plus précis. Le samedi, second jour de mai, plusieurs jeunes hommes sont réunis chez l'un d'entre eux ; aux jeunes filles présentes ils demandent si le lendemain ils peuvent porter une branche de mai ; elles acceptent. Le soir, après le coucher du soleil, ils se rendent dans un bois, coupent deux branches qu'ils déposent dans un jardin, puis vont boire de la cervoise en attendant l'aurore.

Quelque curieux demande parfois à l'un des *esmayeurs* à quelle jeune fille sa branche est destinée. Question posée en 1431 à un compagnon de la région de Ponthieu qui, la nuit de la Saint-Jacques et de la Saint-Philippe, est allé chercher du mai en la cité de Lanches. Le suppliant répond qu'il suffit de le suivre pour être renseigné. L'autre se met en colère, ce qui déclenche une dispute.

De façon similaire le mercredi, veille de la Fête-Dieu, des jeunes gens de Saint-Satur vont de nuit cueillir des roses dans les jardins de la ville pour faire des chapeaux, selon l'habitude des jeunes hommes de la cité, nous apprend une lettre de rémission de 1392.

Fêtes

Les grandes fêtes aristocratiques ne se déroulent pas seulement à la clarté du jour ; ont lieu alors des spectacles, en particulier des tournois. Mais ensuite belles dames et gentilshommes se retrouvent pour le souper qui débute, selon les saisons et les régions, à une heure plus ou moins éloignée du coucher du soleil. Et le repas est suivi, jusque fort tard dans la nuit, par des danses. Les fêtes durent parfois plusieurs jours.

L'une d'elles, sous Charles VI, peut être rapprochée du tintamarre que font les jeunes lors des remariages. Cette fête, en raison de son épilogue, est connue sous le nom de « bal des Ardents ». « Il y eut toutes sortes de mascarades et l'on dansa au son des instruments jusqu'au milieu de la nuit. On ne savait pas, hélas!, que toutes ces réjouissances allaient se terminer par une horrible tragédie. »

Parmi les dames d'honneur de la reine, il y avait une nommée Catherine qui jouissait d'une faveur particulière. Isabeau de Bavière l'aimait beaucoup parce qu'elle était d'origine allemande et parlait allemand comme elle. Le roi décida de lui faire épouser un riche seigneur d'Allemagne et voulut déployer à cette occasion une grande magnificence. L'assistance, nombreuse et illustre, se réunit à l'hôtel Saint-Pol où devait se célébrer le mariage.

La mariée était veuve pour la troisième fois et les seigneurs voulurent se moquer de cette nouvelle union. Le religieux de Saint-Denis écrit que, « dans plusieurs endroits du royaume, il y a des gens qui ont la sottise de croire que c'est le comble du déshonneur pour une femme de se remarier, et en pareille circonstance ils se livrent à toutes sortes de licences, se déguisent avec des masques et des travestissements, et font essuyer mille avanies aux deux époux ».

Le roi, entraîné par les conseils de quelques seigneurs de sa cour, voulut s'offrir ce divertissement. Il prit avec lui cinq d'entre eux, et ils se vêtirent de la tête aux pieds d'habits de lin, sur lesquels des étoupes furent collées avec de la poix. Puis ils se masquèrent, pénétrèrent dans la salle ainsi déguisés, et se mirent à courir en tous sens, faisant des gestes obscènes, poussant des cris horribles et hurlant à la manière des loups. Leurs mouvements n'étaient pas moins indécents que leurs cris; ils dansèrent la sarrasine avec frénésie.

Un des assistants, sans se préoccuper des dégâts qu'il pouvait causer, jeta une flammèche sur l'un des acteurs. Instantanément les vêtements inflammables des danseurs s'embrasèrent. Les malheureux poussaient des cris horribles, couraient de façon désordonnée. La flamme s'élevait jusqu'au plafond; la poix liquéfiée ruisselait sur leur corps et attaquait leurs chairs. Ces souffrances durèrent près d'une demi-heure. En essayant d'éteindre le feu, ou de déchirer leurs habits, ils se brûlèrent et se calcinèrent les mains. Les parties inférieures de leur corps furent également consumées.

Le comte de Joigny expira dans les bras des personnes qui l'emportèrent. Le bâtard de Foix et Aymeri de Poitiers moururent deux jours plus tard; Huguet de Guisay survécut trois jours. Échappèrent seuls à la mort le roi et le sire de Nantouillet. Ce dernier, dès qu'il sentit des brûlures, se précipita dans la cuisine du palais et se plongea dans un baquet plein d'eau. La duchesse de Berry sauva le souverain de la mort en le recouvrant de sa robe.

Toutes les fêtes ne se déroulent pas de façon aussi dramatique. Ainsi pour celles de Saint-Denis. En 1389, au retour d'un voyage en Normandie, Charles VI décida de prendre quelque repos et d'offrir à son épouse de splendides festivités. Celles-ci comportèrent trois parties : l'adoubement des deux fils du duc d'Anjou, Charles et Louis, des joutes et divertissements, la célébration d'un *Requiem* à la mémoire de Du Guesclin. Elles se déroulèrent pendant plusieurs jours, mais seuls les « divertissements » eurent lieu de nuit.

Le lundi, vers la neuvième heure du jour, le roi qui avait choisi vingt-deux chevaliers très valeureux les pria de se préparer à entrer en lice. Ils s'affrontèrent jusqu'à la nuit. Après le souper les dames et les demoiselles décernèrent le prix de la valeur à deux chevaliers que le roi récompensa par de riches présents. Le reste de la nuit se passa en danses et en mascarades.

Le tournoi des chevaliers fut suivi, le deuxième jour,

de celui des écuyers. Les dames accordèrent également après le souper des prix aux vainqueurs. Le troisième jour qui fut le dernier des joutes, chevaliers et écuyers entrèrent ensemble en lice, et les meilleurs furent récompensés dans la soirée.

« La quatrième nuit mit fin aux danses et aux excès dont elles furent suivies. Il faut le dire, les seigneurs, en faisant de la nuit le jour, en se livrant à tous les excès de la table, furent poussés par l'ivresse à de tels dérèglements que, sans respect pour la présence du roi, plusieurs d'entre eux souillèrent la sainteté de la maison religieuse, et s'abandonnèrent au libertinage et à l'adultère. »

Si l'on considère l'entrée d'Isabeau de Bavière à Paris, le dimanche 20 août 1389, prétexte à de magnifiques festivités qui durèrent jusqu'au vendredi, le déroulement des journées apparaît semblable. Ainsi, le mardi, trente chevaliers combattirent jusqu'à la nuit; parmi eux se trouvait le roi. Puis, au coucher du soleil, on quitta le terrain – le champ Sainte-Catherine. La reine de France fut conduite à Saint-Pol où se déroula le banquet des dames. Les danses et les fêtes durèrent jusqu'au soleil levant. Les dames et les hérauts décernèrent au roi l'un des prix des joutes.

Si le jour est réservé avant tout aux épreuves sportives, aux jeux virils, la nuit ce sont les dames qui occupent la première place, car elles décernent les récompenses aux seigneurs les plus valeureux. Seigneurs et dames se retrouvent ensuite à égalité dans la danse.

De Paris, passons aux États bourguignons, théâtre de somptueuses festivités.

La fête du Faisan, le 17 février 1454, commence, elle aussi, par des joutes; mais l'essentiel est ici constitué par un banquet – au cours duquel le duc Philippe le Bon veut entraîner les chevaliers à se croiser pour reprendre Constantinople aux Turcs.

Après avoir admiré les entremets, les participants sont conduits à leur place par les maréchaux de la cour. Lorsque chacun est assis, divers spectacles sont représentés. Au moment où la fête atteint son acmé, des hérauts d'armes pénètrent dans la salle et derrière eux vient le roi d'armes de la Toison d'Or. Il porte dans ses mains un faisan vivant, orné d'un très riche collier d'or, garni de pierreries et de perles. Toison d'Or dit à Philippe qu'il est habituel au cours des grandes fêtes de présenter au seigneur le paon ou quelque autre oiseau noble pour prononcer des vœux utiles et valables. Le duc remet alors à Toison d'Or un écrit indiquant son vœu de secourir la Chrétienté. La dame qui représente l'Église remercie le duc et encourage les assistants à faire comme leur maître. Puis elle se retire sur l'éléphant qui la transporte. Dès son départ les nobles, de tous côtés, se mettent à faire des vœux et les consignent par écrit. Mais, comme la fête risque de devenir trop longue, le duc ordonne de s'interrompre ; tous ceux qui voudront se lier par un engagement remettront leurs vœux le lendemain à Toison d'Or.

Chacun se lève de table, les entremets sont enlevés. Par la grande porte entrent de nombreux porteurs de torches, suivis de joueurs de tambourins, guitares et harpes. Et derrière eux vient une dame vêtue d'une robe de satin blanc. Sur son épaule blanche est écrit en lettres d'or « Grâce de Dieu ». Elle est accompagnée de douze chevaliers conduisant chacun une dame par la main ; ils portent des pourpoints cramoisis. Les dames sont en robes de satin cramoisi, bordées de fourrure. Grâce de Dieu mène les douze Vertus devant le duc à qui elle remet un parchemin et présente les jeunes femmes ; il s'agit de Foi, Charité, Justice, Raison, Prudence, Tempérance, Force, Vérité, Largesse, Diligence, Espérance et Vaillance. Puis elle se retire, cependant que les Vertus demeurent pour les divertissements « et commencèrent à danser en guise de mascarade et à faire bonne chère ».

Pendant la danse les rois d'armes et les hérauts accompagnés de gentilshommes s'enquièrent auprès des dames et des demoiselles pour savoir qui a le mieux jouté ce jour-là; le prix attribué à Mgr de Charolais lui est remis par Mlle de Bourbon et Mlle d'Étampes. Il les embrasse selon la coutume et l'assistance crie à voix forte : « Montjoie ! » Le vin et les épices sont apportés dans des coupes ornées de pierreries. Charolais fait annoncer une joute pour le lendemain. Vers deux ou trois heures du matin, le duc se retire avec sa cour.

Ces fêtes somptueuses – auxquelles assistent parfois comme spectateurs des personnes de plus humble condition – se déroulent donc en partie de nuit, avec un banquet suivi de danses. Non seulement on pratique la carole, mais aussi la tresque (farandole), la trippe (danse semblable à la gigue), le vireli (danse tournante), le coursault (sorte de galop), le *baler du talon* (danse où l'on frappe du talon). Les danses peuvent constituer des spectacles. Elles offrent alors un caractère plus dramatique, tel le jeu du chapelet de fleurs décrit par Jacques Bretel dans *Le Tournoi de Chauvency*, poème contenant le récit de fêtes organisées en 1285. Quatre chevaliers promènent une dame pour la présenter aux assistants. Puis ils la laissent jouer avec une couronne de fleurs qu'elle tient dans la main. Elle dialogue avec le ménestrel qui choisit parmi les spectateurs un jeune chevalier et le requiert d'aller chercher la dame. Celle-ci accepte le galant et le prend par la main.

La durée du souper et du bal varie selon les festivités. Lors du mariage de Charles le Téméraire et de Marguerite d'York, sœur du roi d'Angleterre, le dimanche 3 juillet 1468, le repas ne se termine pas avant 3 heures du matin, en raison de l'abondance des entremets, de sorte que le bal ne dure pas longtemps.

Certaines de ces fêtes, où l'aristocratie joue un rôle essentiel, connaissent un prolongement populaire. Lors de l'entrée d'Isabeau de Bavière à Paris, ce ne sont pas seulement les seigneurs qui se distraient, mais aussi le petit peuple. Et décorer les rues d'une ville, l'éclairer de nuit nécessite le concours de nombreuses gens. Les corporations jouent un rôle dans les fêtes publiques, ainsi que l'attestent ces quelques vers d'une chronique rimée :

> *Le grand luminaire de cire* [fourni par les corpora-[tions]
> *Dans tout Paris sans s'éteindre*
> *Dura trois nuits entières.*

Tavernes

Les fêtes sont relativement rares. Elles n'effacent pas l'ennui quotidien qui suit un travail long et parfois pénible. Les hommes, et particulièrement les jeunes peu pressés de retrouver leur chambre obscure et leur couche solitaire, se dirigent vers les tavernes. Christine de Pisan considère que l'ivrognerie et l'amour du plaisir constituent le péché d'état des ouvriers. Et les maîtres désireux d'allonger la durée de la journée de travail insistent, nous l'avons vu, sur la portée morale d'une telle mesure : les jeunes compagnons n'auront plus le temps d'aller s'enivrer au cabaret.

« Tout aux tavernes et aux filles », écrit François Villon. Et de fait les tavernes font recette à une époque où, si l'on en croit Guillebert de Metz, Paris en compte plus de quatre mille. Elles se trouvent surtout aux portes de la ville et là où se pressent les habitants : en Grève, aux Halles, à la place Baudoyer, rue Saint-Jacques... Elles se reconnaissent au rameau de verdure et avant tout au cerceau joint à leur enseigne.

Il s'agit d'un des principaux lieux de sociabilité des hommes qui les fréquentent, même le soir. Certes une ordonnance de 1350 interdit aux taverniers de recevoir des buveurs lorsque le couvre-feu de Notre-Dame a sonné; mais les textes de l'époque mentionnent très fréquemment des beuveries et des jeux nocturnes interrompus par le guet. C'est qu'après leur journée de travail, les artisans, les paysans aiment passer un moment dans une taverne – au risque de s'enivrer et de subir les reproches de l'épouse lors du retour au domicile conjugal.

Pour les jeunes qui n'ont pas de femme pour les accueillir – même de façon malgracieuse ! –, la taverne a tant d'attraits. Un clerc, familier de ces lieux, énumère ses commodités :

Avez-vous faim? Vous y mangerez;
Avez-vous soif? Vous y boirez;
A-t-on froid? On s'y chauffera;
Ou chaud? On s'y rafraîchira.
Dans les tavernes, pour abréger,
Vous trouverez boire et manger,
Pain, vin, feu et bon repos,
Bruit de chopines et de pots,
De tasses d'argent et de vaisselle.
Et quand on en part, on chancelle,
Et on est parfois si joyeux
Que les larmes viennent aux yeux
Plus grosses que pépins de poire.
Mais, en fait, ce n'est que de boire!

Jeux

Des buveurs se ruinent dans ces tavernes. « Ils s'en vont nus comme une bête », écrit Rutebeuf; en effet, ils laissent leurs vêtements en gages. « Ils ont tout joué, ils ont tout bu. » Mais joue-t-on davantage le soir et la nuit que pendant le jour? Les lettres de rémission qui indiquent le moment de la journée pendant lequel se déroule le jeu attestent la nette prépondérance des références relatives au repas : 39 % après dîner, 27 % après souper. On joue avant tout l'après-midi ou en début de soirée. L'heure des repas étant variable, les jeux d'après souper – pris entre 16 et 19 heures – peuvent se dérouler avant ou après le coucher du soleil. En tout cas les notations concernant la nuit proprement dite ne s'élèvent qu'à 5,7 %. La nuit ne paraît pas très favorable aux jeux. Mais peut-être est-ce dû à l'action des autorités. A l'instar des mesures prises par Louis de Tignonville, bailli de Troyes, qui interdit en 1395 le jeu de dés de jour comme de nuit, beaucoup de règlements contiennent cette précision. D'autres ne prohibent ce jeu que la nuit. En 1307, à Langres, un règlement de police interdit tout jeu de dés après le couvre-feu. Le guet pourra même entrer dans les maisons pour constater si ce règlement est respecté. En 1470, à Arras, les jeux de dés sont aussi prohibés « de nuit après la dernière cloche »; toutefois, cette interdiction ne vaut pas pour les gens du guet. Les pouvoirs publics souhaitent empêcher les jeux qui ne peuvent se dérouler normalement à cause de la médiocrité de l'éclairage. Ils n'interviennent pas exactement contre le jeu, mais contre la tricherie.

Amour

Occasion de péché, l'amour est également prétexte à festoyer. Les chambrières s'amusent avec les étudiants dans les caves pendant que dorment leurs maîtres et maîtresses; vers minuit on mange joyeusement de délicieuses tartes au fromage, on boit des pintes de vin. Et Villon, silencieusement, leur remet en mémoire le « jeu de l'âne » – animal renommé pour sa vigueur amoureuse.

Bien plus innocents les noctambules qui vont chanter sous la fenêtre de leur dame :

Je trouve aussi à mon propos
Une autre quantité de fous
Qui s'en vont de nuit par les rues,
Tendent le cou comme des grues
Et regardent par les fenêtres
S'ils ne verront point dedans les êtres,
Celles dont ils sont amoureux.

Hélas! pauvres sots malheureux
N'êtes-vous pas bien abusés
Fous, étourdis et insensés,
D'être, aussi longtemps que la nuit dure,
Exposés à la pluie, au vent, à la froidure,
Les dents cliquetant dans la gorge
De façon aussi drue qu'un marteau de forge?
Vous devez faire de grands efforts pour chanter
Car tout au plus vous fredonnez.

Pendant ce temps, la belle sommeille tranquillement ou, pis, dort en compagnie d'un autre :

N'est-ce pas vraiment risible
D'entendre chanter dans la rue,
Supplier celle qu'on a toute nue
En ses bras couchée, blanche et molle?

Mais si notre chanteur voit sa constance récompensée, il pourra goûter à l'amour... conjugal.

Le mariage donne lieu à des divertissements qui se déroulent pour certains lors de la nuit de noces. Acte public, le mariage – y compris les premiers ébats amoureux des jeunes conjoints – intéresse, en effet, toute la communauté.

Il semble que les jeunes gens du pays prennent plaisir à troubler la quiétude des nouveaux mariés en se réclamant de diverses coutumes [1].

• Le droit de ban. En 1390, à Dreux, un sergent royal qui marie l'un de ses enfants a chargé un couturier de la ville de s'occuper de la fête. Sur le tard, après le départ de la plus grande partie des assistants, plusieurs tisserands viennent à l'endroit où le mariage s'est déroulé et en faisant grand bruit demandent le droit de ban, affirmant qu'il leur appartient. Le suppliant refuse et ajoute qu'ils ne l'ont pas gagné parce qu'ils n'ont pas

1. Ces coutumes sont décrites par R. VAULTIER, *Le Folklore pendant la guerre de Cent Ans d'après les lettres de rémission du Trésor des Chartes.*

chanté. La même année, à Roissy, dans la prévôté de Paris, vers deux heures de la nuit, plusieurs compagnons boivent dans une taverne le « deschaussage » d'une mariée, selon la coutume. Mais comme le père de la jeune femme qui a promis de payer le deschaussage, à savoir deux pintes de vin ou trois, ne vient pas assez tôt, l'un des jeunes gens va le trouver et se prend de querelle avec lui. Les choses se déroulent parfois mieux. En décembre 1425, aux environs de Chartres, un laboureur de vignes, âgé de vingt-cinq ans ou environ, raconte l'histoire suivante. Le dimanche précédant la fête de Saint-André, le suppliant et un compagnon soupent ensemble à Chartres, puis décident d'aller voir si l'on chante le ban d'un valet charretier de l'abbaye Saint-Père de Chartres qui s'est marié ce jour-là. Ils se rendent sur les lieux de la noce où ils trouvent un certain nombre de jeunes gens rassemblés pour obtenir le ban. Afin qu'ils partent sans lui causer d'ennui, le jeune marié leur donne six blancs, une quarte de vin et trois pains pour aller boire ensemble.

Le vin donné est réclamé par les valets du village à l'épousé, parfois avant la tombée du jour. L'exemple suivant mentionne le vin du coucher, demandé ici par des gens de la noce. Le dimanche 25 janvier 1428, Jehan le Bailly, pauvre laboureur, quitte son village situé près de Reims avec quatre compagnons pour se rendre à une noce. Ils dînent et soupent en compagnie d'autres invités et après le souper décident qu'il convient d'aller en la chambre de l'épousée demander deux pots de vin « pour le vin de couchier ». Jehan le Bailly et trois amis se rendent à l'étage où se trouvent la mariée, son père et quelques autres personnes, auxquels ils réclament les deux pots. S'ils ne les ont pas, disent-ils, ils empêcheront l'épousée d'aller se coucher. Comme on les leur refuse, une bagarre s'ensuit.

• Le droit de culage. A l'origine redevance due au seigneur par le mari, il devient un droit acquitté par l'époux aux compagnons. En janvier 1391, près de Chaumont, un certain Chrestionot après avoir mangé, bu et dansé tout le jour lors des noces de Michel Bergier et d'Oudote, « le soir après souper d'icelles noces, environ deux lieues de nuit », débat avec d'autres jeunes gens pour savoir à qui appartient le droit de couillage dû par l'épousé. Chacun prétend l'obtenir. Pour écarter deux d'entre eux, les compagnons signalent que l'un a déjà été marié et que l'autre n'est pas du village. De même, en 1396, des jeunes gens du lieu de la Grève, après l'heure du couvre-feu, se rendent à Montierender pour demander à un vigneron son couillage, parce qu'il vient d'épouser une jeune fille de la Grève. Le marié les mène en une grange et les fait asseoir à une table, leur donne du pain, du vin, de la chair cuite. Pendant qu'ils mangent, il envoie quérir le lieutenant du bailli et quelques sergents et leur signale que cinq compagnons ne le laissent pas en paix et veulent son couillage. Il semble qu'il refuse de donner une somme d'argent, préférant s'acquitter en vin qui ne lui coûte guère.

La nuit est maintenant tombée. Les invités quittent le lieu des réjouissances, laissant les époux, sinon seuls, du moins avec des proches.

Les femmes mènent la jeune mariée à la chambre nuptiale. Parentes, amies, voisines l'assistent. Une des *Cent nouvelles nouvelles* énumère les phases de son coucher : déshabillage par les femmes – inverse de l'habillage du matin –, leçon d'éducation sexuelle. Si la jeune épouse est ignorante, le mari doit être capable de « se gouverner sagement ». L'expérience masculine en ce domaine semble indispensable à en juger par *Les Evangiles des Quenouilles* : « Quand un jeune homme puceau épouse une fille pucelle, le premier enfant qu'ils ont est habituellement fou. »

Des documents attestent l'usage d'aller entendre le « contenement » des époux. Un jeune homme de Pitres, dans le bailliage de Rouen, va à la nuit tombée « par manière de divertissement écouter par dehors l'hôtel dudit épousé le " contenement " de lui et de son épouse sans vouloir mal faire, mais pour avoir le vin ». A la place du vin, il reçoit de l'eau chaude.

• Le chaudeau. « Mais croyez bien que la malheureuse dame poussa en cette circonstance un cri très fort et très déchirant que plusieurs personnes perçurent très clairement; elles crurent, en vérité, qu'elle poussait ce cri au moment où elle perdait son pucelage, puisque telle est la coutume en ce royaume » – en réalité elle accouche! Les gentilshommes de la maison où demeure le nouveau marié viennent alors frapper à la porte de la chambre et apporter le chaudeau – le chaudeau consiste, en effet, à rendre visite aux jeunes époux au cours de la nuit de noces, avec un breuvage chaud et réconfortant, généralement à base de vin fortement épicé. Celle des *Cent nouvelles nouvelles* qui rapporte cette scène signale que le marié refuse d'ouvrir. Les gentilshommes menacent alors d'enfoncer la porte, car le chaudeau risque d'être froid. Le jeune époux finalement se lève et laisse entrer les compagnons qui lui demandent si le chaudeau est gagné. La table est préparée et tous s'asseoient pour boire à la santé du couple.

• Lorsqu'il s'agit d'un remariage, les jeunes du village font charivari.

En 1441, en Nivernais, Jean Bergier le Jeune et une veuve prénommée Agnès décident de convoler en justes noces. Après la proclamation des bans en l'église paroissiale, plusieurs compagnons de la paroisse se rendent vers 9 heures du soir devant leur hôtel, car les deux fiancés sont « communs en biens ». Munis de bassins, de *fressouoirs* (poêles à frire) et de cors, ils commencent « à sonner lesdits cors, à frapper sur lesdits bassins et fressouoirs et à faire charivari ». La fiancée enceinte ne peut supporter un tel vacarme, d'où une rixe. Par ce charivari, les jeunes ont peut-être l'intention de montrer leur désapprobation à l'égard d'une veuve qui se remarie, mais également d'un couple vivant apparemment maritalement. Cette « aubade » se termine par une dispute, mais il n'en va pas toujours de même – et seuls sont consignés dans les lettres de rémission les charivaris qui se terminent mal. Un arrangement à l'amiable doit être fréquent. En 1402, dans la région de Sens, les jeunes compagnons de la ville font charivari depuis toujours à ceux qui se remarient. Or par une rare aubaine, cette année-là, trois veufs ont décidé de reprendre femme. Aussi les compagnons, au nombre de trente ou environ, se rassemblent le jeudi qui suit la fête des apôtres Pierre et Paul, vers l'heure de none, puis se promènent par la ville en frappant sur des poêles et des bassins, et font charivari aux trois veufs selon la coutume du lieu. Ensuite, tous ensemble s'en vont souper avec les fiancés en l'hôtel d'un tavernier. Nous connaissons l'histoire parce qu'une dispute éclate au moment de payer l'écot.

La manifestation revêt parfois une grande importance. En 1478, basochiens, clercs du sénéchal et écoliers de Toulouse décident d'organiser un énorme charivari en raison de la cinquième union de dame Catherine Aligonne, âgée de plus de quatre-vingts ans. Celle-ci qui a déjà convolé quatre fois a pu, grâce à ses veuvages, accumuler une immense fortune. Son cinquième époux a moins de quarante ans. Le mariage, discrètement célébré, ne tarde pas à être connu. Les basochiens décident alors de donner un concert toutes les nuits à dame Aligonne. Cette dernière ne voulant pas payer, comme il est d'usage en pareil cas, on place devant sa porte des charognes. Les époux déposent plainte, l'affaire est donc jugée. Le Parlement condamne la dame Aligonne à payer.

Le charivari possède ses règles : il est interdit de molester la fiancée; il a lieu le soir, après le coucher du soleil, et se fait à l'aide de cors et d'instruments de cuivre; ce sont les jeunes gens à marier qui l'organisent, et la justice locale leur accorde parfois le droit de faire du tapage. L'Eglise, au contraire, se montre hostile à l'égard de telles manifestations, car elle y voit une dérision du mariage. La jeunesse apparaît comme un facteur d'opposition aux déviances en matière matrimoniale, car l'union avec une vieille femme restera stérile et les jeunes filles en âge de procréer perdront un éventuel mari.

Un texte littéraire, addition au second *Roman de Fauvel* (XIVe siècle) décrit de façon curieuse et précise une scène de ce genre, signalant en particulier que les organisateurs se déguisent.

Ils sont grandement déguisés.
Les uns ont mis leurs vêtements à l'envers,
Les autres se sont parés de gros sacs et de frocs de [moines.
Certains tenaient une grande poêle,
L'un le croc, le gril et le pilon, et l'autre un pot de cuivre
Et tous contrefaisaient l'ivrogne.
Les uns avaient des clochettes à vache,
Cousues sur les cuisses et sur les fesses,
Et au-dessus de grosses sonnettes,
Les autres des tambours et des cymbales
De grands instruments sordides et sales,
Des cliquettes et des crécelles
Et les cris étaient si grands et les notes si hautes
Qu'on ne saurait le dire.

Le texte n'est pas sans rappeler la « maisnie Hellequin ». Les visiteurs fantastiques qui surviennent dans le palais de Fauvel annoncent les extravagances des « fous » et « sots » du siècle suivant. De tels chahuts de nuits de noces subsisteront dans les campagnes françaises jusqu'au XIXe siècle.

Ainsi la longueur du travail quotidien n'empêche pas les distractions qui peuvent se dérouler le soir, le dimanche, lors des fêtes religieuses ou profanes. Il n'est pas rare que les réjouissances diurnes se prolongent la nuit.

Le comte de Foix Gaston Phebus mène, lui, une existence nocturne. Il dîne en grande pompe à minuit à la clarté des torches. Froissart lors de son séjour à Orthez doit se lever et se rendre alors dans le froid de l'hiver jusqu'au château pour lire à ce prince après le repas quelques pages de son ouvrage *Meliador*.

La nuit toutefois est avant tout consacrée au sommeil.

3

REPOS [1]

La nuit est normalement consacrée au sommeil. Dormir est une exigence de la nature humaine et, à l'exception des noctambules forcés ou volontaires, le commun des mortels se repose alors. Mais dans quel cadre et de quelle manière?

ASPECTS MATÉRIELS

La chambre

La pièce où l'on dort présente des caractéristiques différentes selon les époques, les régions, les catégories sociales. Les maisons modestes comportent une pièce commune pourvue d'une cheminée, où se déroulent toutes les activités intérieures. Mais que désigne la chambre qui, dans notre civilisation contemporaine, est la pièce destinée au repos nocturne?

A l'époque féodale la distinction entre salle et chambre dans les demeures aristocratiques n'apparaît pas clairement. Les pièces ne sont pas affectées à un

1. Sur ce thème, voir notre article « Dormir au Moyen Age » qui sera publié prochainement dans la *Revue belge de philologie et d'histoire* avec références aux sources et travaux utilisés.

usage précis, mais rapidement répondent aux désirs et aux besoins des habitants.

Vers 1120, Arnould, seigneur d'Ardres, fait construire une maison de bois, chef-d'œuvre des charpentiers, comportant trois niveaux. Au premier niveau, le rez-de-chaussée, se trouvent celliers et greniers. C'est au second niveau que se situent les locaux d'habitation, les resserres des pannetiers et des échansons, « puis venait la grande chambre où dormaient le sire et son épouse ; contiguë à celle-ci, une pièce fermée servait de chambre, ou de dortoir, aux servantes et aux enfants ». Dans une partie de la grande chambre un cabinet séparé ; au petit matin, le soir, ou en cas de maladie, ou pour réchauffer les servantes et les enfants déjà sevrés, on a coutume d'y allumer du feu. A ce niveau se trouve la cuisine. « A l'étage supérieur de la demeure on avait installé des chambres hautes ; dans l'une d'entre elles, quand ils le voulaient, couchaient les fils du seigneur, dans une autre, parce que cela était convenable, ses filles ; ailleurs, les guetteurs, les sergents préposés à la garde de la demeure et les gardes, toujours prêts à intervenir, s'assoupissaient à l'occasion. » Aucune trace de salle distincte de la grande chambre du deuxième niveau n'a été retrouvée. Celle-ci doit donc servir en même temps de salle de réception.

Comment expliquer cette confusion ? Dans le palais des comtes de Champagne à Troyes, en 1177, un mur sépare la chambre conjugale et un emplacement comportant une estrade pour le seigneur placé plus haut que les autres convives lors des banquets.

Au lieu d'opposer salle et chambre, il est préférable donc de distinguer une pièce centrale et des chambrettes situées tout autour. Le texte du seigneur d'Ardres cité plus haut montre bien l'existence de la chambre résidentielle et d'une série de petites pièces contiguës.

A la fin du Moyen Age, les paysans, la majorité de la population française, vivent dans des maisons qui diffèrent selon les régions, mais ne constituent finalement que les variantes d'un schéma classique : deux pièces d'habitation, l'une comportant le foyer, l'autre servant de chambre, auxquelles s'ajoutent les bâtiments pour le bétail.

A Montaillou, la partie centrale de la demeure est constituée par la cuisine. On couche dans des chambres attenantes à cette pièce ou situées au premier étage. Raymonde, fille de Pierre Michel, décrit ainsi la maison où elle vit à Prades-d'Aillon, village voisin de Montaillou : « Il y avait dans la pièce basse de notre maison deux lits : l'un dans lequel couchaient mon père et ma mère, l'autre destiné à l'hérétique de passage. Cette pièce basse était contiguë à la cuisine avec laquelle elle communiquait par une porte. Moi et mes frères nous couchions dans une chambre qui était à côté de la cuisine, laquelle se trouvait au milieu. »

A la campagne, les demeures seigneuriales très variées vont du grand château fort au petit manoir proche de la maison paysanne. Jeanne de Chalon, noble dame bourguignonne, habite à Ligny une solide demeure. Grosse ferme, elle constitue avant tout une maison d'habitation. Au milieu des communs, le logis seigneurial : une tour avec trois pièces en bas, trois pièces en haut. Contiguë à la grande salle commune où se prennent les repas, la vaste chambre de la propriétaire; attenant à cette chambre, une garde-robe. Audessus de la grande salle une chambre, seule pièce de l'étage à être bien meublée. La tour comporte encore cinq petites pièces. En cette fin du Moyen Age, la chambre où l'on dort se distingue du « salon/salle à manger ».

Dans les villes, le plan de base rappelle parfois celui des maisons rurales : une salle devant destinée au travail ou à l'usage familial – dans ce dernier cas, comme elle possède une cheminée, on y mange et on y dort; derrière cette pièce une cuisine, éventuellement une chambre. La division de l'immeuble, fréquemment verticale, relègue la chambre au premier étage – le rez-de-chaussée comportant un lieu de travail spacieux et une petite cuisine. Cette chambre, généralement non cloisonnée, sert de salle de séjour et d'unique chambre à coucher, à moins qu'il n'y ait au second étage une seconde pièce similaire.

Mais quelle différence entre le galetas d'une pauvre ouvrière et la demeure d'un grand personnage! La maîtresse d'un bourgeois, pauvre fille qui exerce le métier de fileuse de laine, n'a rien « sinon un lit et une couverture, son rouet à filer et quelques ustensiles de ménage ».

A l'opposé, la demeure de Pierre Sureau, receveur général de Normandie, bien connue grâce à un inventaire fait en 1435, est un hôtel de deux étages avec six chambres, sans compter celle des clercs et des valets. Dans ces chambres point de tables et peu de sièges, signe qu'il s'agit d'une pièce organisée pour le coucher.

Ainsi, alors que dans les demeures modestes on ne distingue pas vie sociale et privée, dans les maisons bourgeoises les pièces sont affectées à un usage précis. La salle devient antichambre, la chambre génère la chambre à coucher et la chambre officielle. Si l'on monte encore dans l'échelle sociale, on constate que la haute aristocratie réserve à chacun des membres du couple un certain nombre de pièces.

Isabeau de Bavière, à l'hôtel Saint-Pol, possède ses appartements particuliers. Sa chambre a quatre toises et demie (une toise vaut six pieds, soit près de deux mètres) de long sur quatre de large, celle où elle couche quatre toises de long et autant de large. La reine dispose également d'une garde-robe, d'un grand cabinet, d'un petit cabinet, d'une galerie longue de vingt-quatre toises, sans compter une grande et une petite chapelle. Les principales chambres sont nattées; des tapis de jonc tressé recouvrent les planches.

L'auteur du *Ménagier de Paris* donne à sa jeune épouse de précieux conseils relatifs à l'entretien de la chambre conjugale qui doit accueillir le mari au retour de ses voyages, ce mari qui sera « bien couché, dans des draps blancs, avec un bonnet de nuit blanc, bien couvert de bonnes fourrures et assouvi des autres joies et ébattements, privautés, amours et secrets que je cèle ».

En hiver, l'époux aura bon feu sans fumée « et entre vos mamelles bien couché, bien couvert et là ensorcelez-le » – c'est-à-dire faites son plaisir.

En été, la bonne épouse veillera à ce que la chambre, et le lit ne comportent pas de puces, ce qu'il est possible d'obtenir de diverses façons. A l'aide de tranchoirs oints de glu ou de térébenthine et pourvus au milieu d'une chandelle allumée. En étendant un drap frotté à rebrousse-poil – ou des peaux de mouton – dans la chambre et sur le lit ; les puces qui se poseront dessus ne pourront plus partir, de sorte qu'il sera possible de les emmener avec le drap. En mettant des blanchets sur la paille et sur le lit ; et quand les puces de couleur noire seront posées dessus, on les apercevra aussitôt et on pourra les tuer facilement. Mais le plus délicat est de se débarrasser de celles qui se trouvent dans les couvertures ou les fourrures ; il faut alors les enfermer par exemple dans un sac bien serré, et les puces, sans jour, sans air et à l'étroit, périssent. Pour éviter que des moustiques viennent se poser sur le visage des dormeurs et les piquent cruellement, il faut se lever, allumer du foin pour faire de la fumée qui les chassera ou les tuera. Une moustiquaire peut aussi empêcher ces insectes d'approcher.

S'il y a beaucoup de mouches, prendre de petites touffes de fougères, les attacher à des ficelles ; les mouches s'y logent, on peut les jeter dehors. De même il convient de fermer la chambre avant la tombée de la nuit, en ne laissant ouvert qu'un petit orifice orienté vers l'est ; dès que l'aube arrivera, les mouches partiront par ce trou que l'on obturera. Un mélange de lait et de fiel de lièvre les fera périr. Le même résultat sera obtenu avec du jus tiré d'oignons rouges crus et broyés. On peut aussi les tuer à la main avec de petites pelles. Et des fenêtres bien closes à l'aide de toile cirée ou de parchemin les empêcheront d'entrer.

La chambre pourra ainsi assurer un sommeil nocturne réparateur.

Mais il n'est pas toujours possible de dormir chez soi. Les étudiants pauvres, à la fin du Moyen Age, essaient de trouver une chambre dans un collège. La plupart du temps, le maître les répartit par deux : un ancien et un jeune. Il garde par-devers lui une clef de la chambre qui doit normalement rester ouverte. Le confort s'améliore avec le temps. Dans son testament, Jean Pluyette, au XVe siècle, déclare que les boursiers qu'il désigne seront logés « là où il y a belle cheminée en chambre bien aérée et non sur la Bièvre ».

Lors des voyages, si l'on n'est pas hébergé par quelque parent, ami ou connaissance, il faut descendre dans des hôtels, des auberges de qualité parfois médiocre. Les plus favorisés ou les plus fortunés obtiennent un lit; les autres couchent dans une chambre commune. Car il y a toujours foule aux Écus de France, à L'Étoile, au Dauphin ou aux Trois Rois.

La clientèle de l'auberge de la Couronne à Aix-en-Provence, à la fin du Moyen Age, comporte 20 % à 32 % de marchands parmi les identifiés selon les années. Les muletiers et autres transporteurs descendent ailleurs. Le pourcentage des ecclésiastiques, dans cet hôtel d'un niveau sans doute relativement élevé, se situe entre 27 % et 32 % des identifiés; il s'agit aussi bien de prêtres que de moines ou de religieux mendiants. L'abbé de Saint-Victor de Marseille s'y arrête le soir, lorsqu'il chasse le sanglier. Les nécessités administratives, judiciaires expliquent la présence d'un certain nombre de gens de justice et d'agents du gouvernement comtal, 16 % à 18 %. Les nobles font parfois étape à cet endroit lors d'un long trajet. La plupart d'entre eux – de 17 % à 22 % des clients identifiés – sont des Provençaux. Ils viennent à Aix pour les mêmes raisons que les agents du comte et sont bien entendu accompagnés de serviteurs. Ainsi cet hôtel reçoit avant tout une clientèle régionale dont les motivations résident dans le rôle de capitale exercé par la ville d'Aix.

La majorité de ces voyageurs ne reste qu'un jour. Certains se bornent à laisser se reposer leurs bêtes, d'autres arrivent le soir et repartent le lendemain matin. Ils viennent pour la plupart à cheval, seuls ou en compagnie d'une personne.

Il est difficile de connaître le tarif de l'hébergement. En effet, la « note » de l'aubergiste n'est pas détaillée, et les services sont comptés ensemble. « Pour un homme et son cheval cinq gros » ; tel est le prix moyen d'une journée. Parfois, cependant, quelques précisions sont fournies. Le coucher revient de deux patacs à un quart de gros. A titre de comparaison le repas, qu'il soit du matin ou du soir, coûte un gros et deux patacs (selon Noël Coulet).

Certains établissements peuvent susciter quelque inquiétude. Dans ses mémoires, le jeune Platter, âgé d'une quinzaine d'années, rapporte comment, allant de Bâle à Montpellier, il passe une nuit dans une mauvaise auberge située au milieu d'une forêt. Il est assis à une longue table en compagnie de mendiants et de paysans savoyards à la mine suspecte qui consomment des châtaignes rôties, du pain noir et de la piquette. Heureusement, après avoir regardé avec insistance les armes des voyageurs, ils se mettent à boire et s'en vont quelque peu ivres dormir devant un feu qui brûle en plein air.

Les lettres de rémission mettent évidemment l'accent sur les problèmes relativement fréquents dus à la promiscuité : vols, querelles. Une lettre de février 1470 narre l'aventure de Jean Taillebeuf, jeune marchand mercier de Melle, âgé de vingt-cinq ans, qui descend à l'hôtel de Lucas Rateau où il a l'habitude de loger, en compagnie de quatre autres marchands. Après avoir soupé, ils pansent leurs chevaux puis s'en retournent en la chambre où ils ont mangé et conversent en attendant l'heure du coucher. Pendant ce temps arrivent deux autres compagnons qui reviennent d'une noce. Rateau décide alors qu'ils coucheront quatre en un lit et trois en l'autre, ce que refusent nos cinq marchands. S'ensuit une rixe.

Tout le monde ne peut pas se payer une chambre d'auberge, même modeste. De sorte que souvent on campe la nuit dans les champs, en se regroupant lorsque la situation paraît dangereuse, du fait de la guerre par exemple. De toute façon, il faut affronter les intempéries, ce qui ne semble pas dissuasif, à en juger par ces vers d'un poète du xve siècle :

Qui n'a couché au vent et à la pluie
Il n'est digne d'aller en compagnie.

Michault Taillevent, à la même époque, nous rapporte ses aventures en Beauvaisis. Surpris par la nuit, il doit coucher à même le sol, n'ayant pour lit qu'un buisson.

Il regarde alors son lit paré,
Duquel étaient les courtines
Toutes de chardon et d'épines,
Et la couche de terre dure
Le chevet de grosses racines
Et de ronces la couverture.

Le silence règne, mais Michault n'est pas rassuré. Il a l'oreille tendue par peur des loups. Il attend impatiemment la sonnerie des cloches des églises, le chant du coq ou les aboiements des chiens. Il passe donc la nuit rempli d'inquiétude, avant de repartir avec ses compagnons, marchands et charretiers... mais des brigands les enlèvent.

Coucher à la belle étoile offre toutefois des agréments. On y fait des rencontres galantes. Devant le tribunal du Châtelet de Paris, Jehannette la Grosse, le 24 juillet 1391, rapporte que le samedi précédent, vers

9 heures du soir, alors qu'elle revient coucher à Paris – là où elle a l'habitude de dormir, c'est-à-dire dans les vieilles maisons des fossés de la ville –, elle apercoit un tas de chaume. Comme elle n'a pas de chaume pour le soir, elle s'approche du tas pour en prendre. En y arrivant, elle voit un compagnon qu'elle ne connaît pas et avec qui elle a compagnie charnelle.

Et il est agréable de coucher sous les étoiles l'été, lorsque les nuits sont douces, que l'on peut admirer les couchers de soleil ou les petits matins lumineux.

Le rouge soir et blanc matin
C'est la joie du pèlerin,

affirme un dicton.

Il n'est guère décent pour des ecclésiastiques de dormir à la belle étoile. Nous en avons rencontré à l'hôtel de la Couronne d'Aix-en-Provence, mais il s'agit de voyageurs aisés. De toute façon normalement les prêtres ont leur domicile près de l'église et les moines résident au monastère.

Les prêtres doivent observer la chasteté – ce qu'ils ne font pas toujours. Des précautions toutefois sont prises. Grégoire de Tours écrit qu'Aethérius, évêque de Lisieux, a autour de son lit beaucoup de petits lits pour les clercs; ils peuvent ainsi se surveiller mutuellement. Guibert de Nogent rapporte que dans la chambre de l'évêque Guy de Beauvais dorment le jeune fils d'un chevalier ainsi qu'un moine de Cluny, d'une profonde piété, et « plusieurs autres personnages aussi saints que nobles ».

Le problème du lieu de repos se pose particulièrement pour les moines. Les cénobites égyptiens possédaient des cellules. Les moines occidentaux à l'origine vivent de la même façon. A Marmoutier, les quatre-vingts compagnons de Martin habitent séparément dans des cabanes de bois ou des grottes. Dans le Jura, les cellules ne sont peut-être pas contiguës à l'origine, mais par la suite elles forment un seul bâtiment.

Mais un tel système comporte des inconvénients, notamment en Gaule où, selon Cassien, les moines souffrent de l'instinct de propriété. D'autre part, en raison de la longueur de l'office, les moines ne restent que peu de temps dans leur cellule où ils sont tentés sans doute de dormir plutôt que de veiller et prier. Et le fait pour certains de pratiquer défrichement et agriculture se révèle peu compatible avec la réclusion. Aussi, vers la fin du ve siècle, en Gaule, une réaction contre ce système se produit-elle de façon assez brutale. Après l'incendie de Condat qui brûle les cellules, Eugende fait construire un dortoir commun qui sera éclairé toute la nuit par une lampe à huile. Si Césaire d'Arles prescrit dans ses règles – masculine et féminine – un même lieu pour dormir, c'est qu'il veut lutter contre l'instinct de propriété. Comme les religieux couchent dans des lits individuels, la préoccupation de la chasteté intervient également.

Les prescriptions de la Règle du Maître relatives au dortoir ne sauraient donc nous surprendre. Le Maître considère le dortoir comme une évidence. Il n'insiste pas sur l'existence d'un lieu de repos commun, mais sur la disposition de ce lieu afin de faciliter la surveillance des prévôts. Ailleurs, l'accent est mis sur la disposition des lits installés de façon que l'abbé cette fois soit capable de contrôler le comportement des moines pendant la sieste et le coucher. Alors que, dans la législation de l'empereur d'Orient Justinien, les moines se surveillent mutuellement, cette tâche est ici confiée à la hiérarchie.

Il semble donc que le dortoir ait triomphé et que le problème à résoudre soit celui de la cohabitation, les prévôts devant coucher près de leur dizaine, l'abbé au sein de la communauté. Les prévôts sont chargés en tout temps de la surveillance nocturne, ce qui s'explique par les conditions matérielles. L'éclairage n'est pas permanent ; par conséquent l'abbé, au milieu de la pièce, ne peut se rendre compte de l'attitude de tous ses moines, alors qu'il n'en va pas de même pour les prévôts couchés au milieu de leurs hommes. L'abbé, lui, assurera la surveillance en tout temps au coucher – mais, nous venons de le voir, de façon moins rigoureuse que les prévôts –, en été durant la sieste, en hiver après les nocturnes, au carême pendant les oraisons. Cette organisation suppose de petites communautés, puisqu'elle correspond à un seul dortoir.

La règle de saint Benoît mérite que l'on s'y attarde en raison de son importance. Benoît regroupe un certain nombre de notations dispersées chez le Maître. Comme lui, il prescrit un seul dortoir. Mais des dérogations sont prévues si le nombre de moines se révèle par trop important. Les décanies seront alors réparties dans différentes pièces, seules ou par deux, et les anciens surveilleront leurs membres.

Alors que le Maître prévoit de laisser le dortoir dans l'obscurité complète, de sorte que les moines, en cas de nécessité, sont obligés de se parler, chez Benoît la lumière brille en permanence. En conséquence, sa règle interdit strictement toute parole au cours de la nuit, sous peine de sanction. Et le réveil n'a pas lieu dans l'obscurité.

Par ailleurs les lits des plus jeunes ne sont pas regroupés, mais mêlés à ceux des anciens. Il semble que Benoît songe moins par cette prescription au problème de la chasteté qu'à la paresse pouvant se manifester lors du réveil.

Bien que le dortoir soit devenu la norme au VIe siècle, les cellules ne disparaissent pas. Le concile de Tours de 567 doit rappeler la règle du dortoir commun et du lit individuel, ce qui donne à penser que le dortoir ne l'a pas encore emporté en Gaule.

En tout cas, l'apparition du dortoir au début du VIe siècle constitue un phénomène d'importance. La cellule fait de la vie cénobitique une existence solitaire, vouée à la contemplation. Dormir en commun signifie que l'on renonce à cet idéal pour lutter contre l'instinct de propriété et l'impureté. Le dortoir serait un palliatif. Il faut toutefois ajouter que, bien avant son apparition, la cellule s'est transformée dans la mesure où la communauté de prière et de travail ne lui laisse qu'un rôle de chambre à coucher.

Bien entendu la règle bénédictine ne fut pas toujours exactement observée au cours du Moyen Age. Si les chambres séparées sont prohibées à Cluny, les nombreux rappels de cette interdiction montrent un laxisme assez largement répandu. A Mont-Saint-Jean, en 1263 – pour observer la règle tout en la violant! – sont installées dans le dortoir de petites chambres qui ferment à clef. Aussi les visiteurs ordonnent-ils l'abandon de ce système que l'on retrouve pourtant à Eauze en 1403 et en bien d'autres lieux. Il faut donc veiller sans cesse à ce que les moines dorment en commun. Une seule fois, l'ordre se montre apparemment moins strict, en 1386, à l'égard du prieuré de Saint-Victor de Genève qui comporte alors neuf moines. Comme les visiteurs se sont aperçus qu'ils dorment dans des chambres séparées situées dans le dortoir, le chapitre prescrit de faire une grande ouverture dans chaque cellule afin de faciliter la surveillance.

Tout au long du Moyen Age, les partisans du dortoir commun mettent en avant les mêmes arguments pour justifier leur position : un moine qui a fait vœu de pauvreté et ne possède rien le jour doit vivre la nuit semblablement; dormir en commun favorise la chasteté dans la mesure où les moines se surveillent mutuellement; enfin les démons apparaissant surtout la nuit, le regroupement des moines leur permet de lutter plus efficacement contre eux. La lumière permanente constitue un climat favorable sur le plan moral et spirituel. Pierre le Vénérable insiste sur ce point. Si un monastère ne possède pas des ressources suffisantes pour entretenir du luminaire en même temps à l'église et au dortoir, il prescrit de transporter la nuit dans le dortoir la lampe qui éclaire le sanctuaire. Car, ajoute-t-il, vous êtes enfants de la lumière.

Le dortoir exige neuf chandelles par jour, soit

soixante-trois chandelles par semaine. Avec une livre de cire on fait trois chandelles en hiver, quatre ou cinq en été. Cet éclairage présente divers avantages. Selon Richard de Saint-Ange, il symbolise la lumière, permet aux moines de se rendre aux nécessités sans problème et améliore la surveillance.

Cette dernière est l'objet d'une attention très stricte de la part de la hiérarchie. En 1386, le chapitre général signifie aux prieurs de Saint-Victor de Genève et de Contamine d'effectuer chaque nuit une ronde dans le dortoir, puis d'en fermer la porte à clef et de garder cette clef. On recommande même au prieur de Saint-Victor de Genève de faire confectionner une solide serrure afin que nul ne puisse entrer ou sortir.

Reste le cas des marginaux. Les hôpitaux qui ne se limitent pas à l'accueil des malades présentent avant tout un caractère d'asile. Ils comportent un certain nombre de salles, tel l'Hôtel-Dieu de Paris qui possède quatre salles et deux cent soixante-dix-neuf lits, et une salle d'accouchement de vingt-quatre lits.

Dans les prisons, les geôles n'apparaissent guère attirantes. Selon un document du XIVe siècle il existe au Châtelet – château fort commandant la tête du pont qui permet d'accéder à la Cité – plusieurs prisons plus honnêtes et plus honorables les unes que les autres. Mais bien des noms sont peu engageants, qu'il s'agisse de la *Mort*, de la *Fosse*, du *Puits*, de la *Barbarie* ou de la prison des femmes appelée la *Griesche* (la dure).

Le lit

Dans cette pièce où l'on dort, le lit constitue le meuble le plus important. Les auteurs énumèrent fréquemment les objets nécessaires à un couple : parmi eux le lit occupe généralement la première place. Ainsi Eustache Deschamps dans sa ballade « pour les nouveaux mariés » :

Il vous faut pour votre ménage
Entre vous, nouveaux mariés
Matelas, coussins, lit et fourrage.

Et Gilles Corrozet, en 1539, dans ses *Blasons domestiques,* célèbre la chambre, et aussitôt, après le lit, avant de passer à la chaire, au banc, à la table, au dressoir, au coffre et à l'escabeau. Il exprime avec fougue son attachement à ce meuble « délicat et douillet » qui constitue le « parement des chambres » et, loin d'un quelconque aspect érotique, symbolise la pureté de l'union conjugale.

Le lit médiéval ressemble fort au lit contemporain. Il comporte trois éléments : le bois de lit ; le lit proprement dit qui correspond plus spécialement à ce que nous appelons literie ; enfin les étoffes qui, fixées autour et au-dessus du lit, protègent le dormeur des regards étrangers, de la lumière ou des courants d'air.

Le bois de lit porte le nom de châlit ou de couche. Comprenant généralement un fond de planches, il est en chêne, plus rarement en bois blanc. Mais il faut distinguer, de ce châlit bordé, le châlit cordé, c'est-à-dire muni de cordes, retendues de temps à autre, qui correspondent à nos sommiers à sangles. Des lits sont à la fois bordés et cordés.

Sous certains châlits élevés, on peut glisser une couchette fort utile lorsque la maîtresse de maison garde pour la nuit de nombreux invités. Pour plus de facilité, des couchettes sont munies de roulettes. Il existe des châlits démontables de façon à pouvoir être transportés, par exemple lors d'expéditions militaires. Les hauts châlits sont munis d'un marchepied de bois indispensable pour monter dans le lit. Ce marchepied qui se situe entre le lit et le mur entraîne un intervalle appelé généralement ruelle. On connaît l'importance de la ruelle dans les milieux littéraires du XVIIe siècle.

Dans ou sur le châlit de la paille formant une paillasse sur laquelle repose la plupart du temps un matelas, la couette, faite selon la richesse du propriétaire de matières plus ou moins coûteuses : toile, futaine, drap de laine ou de soie et renfermant de la paille, de la bourre de laine, de la plume ou du duvet. S'y ajoutent des coussins ou un traversin, des oreillers, une paire de draps, une couverture et un couvre-lit.

Certains châlits sont équipés de colonnes de bois et de verges de fer destinés à supporter le ciel de lit, lequel date du XIIIe siècle. Les étoffes au-dessus et autour du lit peuvent être disposées de différentes manières mais au XVe siècle s'élève fréquemment au-dessus du lit une cage constituée par un ciel auquel sont accrochées quatre bandes, une par face. L'ensemble est généralement en serge de couleur, mais peut chez les plus fortunés être de soie, ou de drap doublé de fourrure.

On trouve des lits fort larges ; il en existe d'un lé et demi, de deux lés et même de trois lés, le lé correspondant sans doute à la place d'une personne, ce qui manifeste l'habitude de coucher à plusieurs dans un même lit. Saint Romain, écrit Grégoire de Tours, fait préparer un grand lit afin qu'ils puissent tous – neuf lépreux et lui-même ! – reposer sur une seule couche. Au XIVe siècle, le lit de Francesco Datini, marchand de Prato, et de son épouse Margherita, est large de trois mètres cinquante et entouré d'un marchepied, siège et coffre tout à la fois.

L'aspect des lits varie selon les catégories sociales. Les matières premières utilisées, le nombre des draps ou des coussins ne sont certainement pas les mêmes chez les paysans que chez les seigneurs. Le châlit opère une autre distinction. Certains lits n'en sont pas pourvus ; d'autres en possèdent un rudimentaire ; quelques-uns sont équipés d'un châlit fabriqué avec soin. Et les textes comme les miniatures manifestent la variété du ciel et des rideaux, voire leur présence ou leur absence.

Une hiérarchie des lits peut ainsi être établie. Tout en bas le monde des marginaux, et plus spécialement les prisonniers. Au Châtelet, dans la prison appelée la Fosse, on couche à même le plâtre ; point de lit ni même de paille ; le geôlier toutefois doit fournir des nattes. Aux prisons de Beauvais ou de Barbarie, le geôlage coûte deux deniers, mais si l'on souhaite avoir une couche de paille, il faut payer quatre deniers par nuit. A la Prison aux chaînes, plus honnête, pour avoir un lit on donne quatre deniers par jour au geôlier, mais seulement deux deniers si on fait venir ce lit de l'extérieur.

Avoir un lit constitue donc l'un des grands souhaits du prisonnier qui gît sur le plâtre et la paille :

Voire ! mais j'aurai les Trois Lis
S'ils me mènent au Châtelet.

Villon s'imaginant arrêté pour vol et emmené par les sergents au Châtelet assimile cette prison à une auberge à l'enseigne des Trois Lys de France, en faisant un calembour sur *lits*, refusés généralement aux prisonniers, surtout de droit commun.

Vers 1320, les malades de la léproserie du Bourg à Narbonne dorment sur des lits de bois garnis de matelas grossiers. Ils ne disposent pour quatre lits que de dix draps, alors que leur état de santé nécessiterait de les changer fréquemment. Ils n'ont que sept couvertures et une couette auxquels s'ajoutent quelques couvre-lits bleus. Du moins dorment-ils dans des draps sous des couvertures de laine. Le confort des léproseries dépend d'ailleurs de la condition sociale des malades. Les bourgeois doivent apporter à Saint-Lazare de Noyon, établissement qui leur est réservé, outre un lit entièrement garni, soixante-dix aunes de différentes toiles.

Au milieu du XIVe siècle, dans les maisons-Dieu du diocèse de Paris, les lits ne comprennent qu'un matelas, un oreiller, une paire de draps, une couverture. D'autres maisons prévoient deux couvertures en été et trois en hiver.

Un siècle plus tard, les mineurs du Lyonnais disposent chacun d'une couchette garnie d'un lit de plume ou d'un matelas, d'un oreiller, d'un traversin, de deux draps de toile et de deux couvertures. De sorte que la garniture du lit complète est évaluée à deux livres tournois au moins. Ces lits sont installés dans une sorte de dortoir ou « poêle », contigu aux cuisines et chauffé l'hiver grâce aux bouches de chaleur alimentées par le feu de ces cuisines.

Les hôtels sont plus ou moins bien pourvus. Telle auberge rouennaise dont nous possédons un inventaire établi en 1395 possède des chambres réduites au strict nécessaire : douze lits et douze chandeliers destinés à douze voyageurs. Chaque hôte se voit attribuer un lit garni, sans custode, un chandelier, deux paires de draps, quatre touailles (serviettes), deux oreillers et quatre couvre-chefs.

Des prisonniers du Châtelet aux mineurs du Lyonnais, le confort s'améliore. Si les premiers couchent parfois à même le sol, les seconds disposent d'un lit de plume. Entre les deux, bien des stades intermédiaires que l'on peut imaginer. Une miniature de Jean Bourdichon représente un gueux reposant sur une paillasse dans un lit à claire-voie, avec des draps déchirés et une malheureuse couverture trouée.

Les *meschantes couchetes* des gens du peuple se rapprochent bien davantage de cette description que des lits fastueux des aristocrates.

Mais montons dans la hiérarchie. Les bourgeois fortunés, les clercs jouissant de bénéfices fructueux, aiment leur confort. Les grands seigneurs font assaut de munificence.

L'inventaire des biens meubles de Nicolas de Baye révèle que ce greffier du Parlement de Paris au début du xve siècle possède au moins six chambres dont l'une dite aux tourterelles, une autre rouge, une autre blanche. Une dizaine de lits de largeur variable, souvent de deux lés – on précise parfois qu'il s'agit de deux petits lés – le plus cher étant estimé six livres, huit sous : il s'agit d'un lit de deux lés, plein de duvet, rayé aux côtés, trouvé en la chambre aux tourterelles ; vingt-quatre draps pour la plupart de lin, les autres de chanvre ; dix couvertures généralement de drap pers – bleu –, mais l'une d'elles est verte, une autre jaune, une autre vermeille ; onze courtepointes, la plupart du temps blanches ; trois matelas, l'un de coton – il est estimé quarante sous –, un second garni de bourre (laine grossière) estimé vingt-quatre sous, le troisième n'étant qu'une paillasse de « feurre » – paille battue pour faire la literie – ne valant que quatre sous ; six « chambres », à savoir les étoffes disposées sur et autour du lit, la plus belle comprenant un ciel et un dossier de toile noire frangé de blanc et de noir, et trois custodes garnies d'anneaux. Deux draps de haute lice, quatre tapis complètent l'ensemble. Notre greffier est donc fort bien pourvu en matière de literie.

Quant à Pierre Surreau, receveur général de Normandie, l'inventaire après décès établi en 1435 indique que sa demeure comporte alors quinze lits garnis avec leurs châlits et leurs custodes. Chez ce haut personnage, une chambre normale comprend généralement deux lits, un grand de deux lés et demi ou même de trois lés, et un petit d'un lé et demi.

Mahaut, comtesse d'Artois, bien que les comptes de son hôtel présentent un mobilier relativement simple, possède des bois de lit de dimensions imposantes avec des colonnes qui soutiennent le ciel et les courtines. Mais elle dispose aussi d'un petit lit qu'elle transporte avec elle au cours de ses voyages. Les couettes sont soigneusement entretenues. Comme elles font souvent défaut à Hesdin et à Arras, lorsque la comtesse reçoit trop d'invités, elle a recours à la location. Les lits qui ne possèdent pas de ciel sont parfois tout simplement abrités par un pavillon ou un épervier, c'est-à-dire une petite tente, facile à transporter lors des déplacements.

En cette fin du Moyen Age, certaines chambres témoignent d'une magnificence inouïe. Les comptes en fournissent de nombreux exemples. Catherine de

Bourgogne, en 1393, lorsqu'elle épouse un membre de la famille des Habsbourg, se fait accompagner d'une chambre luxueuse. « Une chambre de satin bleu brodée aux armes de Mademoiselle d'Autriche, garnie de plein ciel, de dossier, de courtepointe, de courtines de cendal, de dix carreaux de même, brodés aux armes de ma dite demoiselle, ladite chambre étant également garnie d'une couverture de lit d'ouvrage de haute lice, de quatre tapis pour tendre sur les parois, d'une couverture de couche, d'une couverture de banc et de six carreaux de laine avec des armes comme ci-dessus et de trois descentes de lit à mettre tout autour et d'une couverture de drap bleu fourré de menu vair. »

De fait, les fourrures jouent alors un rôle beaucoup plus important que de nos jours. Elles servent à la fabrication des oreillers et des couvertures ou courtepointes. L'inventaire de Charles V, en 1379, signale vingt couvertoirs et deux demi-couvertoirs fourrés alors qu'un seul est doublé de drap, avec une prépondérance de menu vair. Jusqu'au milieu du XVe siècle, les comptes permettent de constater la présence de nombreuses couvertures fourrées, parfois la totalité de celles qui sont décrites.

Cette habitude s'explique par le fait que les hommes du Moyen Age – à l'exception de certains cénobites astreints au dortoir – dorment sans vêtement de nuit. En outre, il n'est pas possible de chauffer des chambres sans cheminée.

Il existe différents types de couvertures, pour enfants et pour adultes, ornées, fourrées tantôt sur une face, tantôt sur les deux.

Dans la première moitié du XIVe siècle, les couvertures utilisées par les grands personnages ont des dimensions qui varient généralement entre 11 et 14 mètres carrés. Mais vers la fin de ce siècle la surface augmente. Il est possible de la calculer, car nous disposons de mesures précises. Ainsi telle couverture, en 1379, de 5,64 sur 6,24 mètres regroupe 2 128 hermines sur plus de 35 mètres carrés. La plus grande couverture connue appartient à Charles V et, signalée aussi en 1379, mesure 8,36 sur 4,64 mètres, soit une superficie fourrée de 38,79 mètres carrés. La cour de Bourgogne n'est pas en reste.

Le seigneur qui pour lui seul se trouve en possession d'une vingtaine de telles couvertures en acquiert de moindres dimensions, mais parfois de semblable qualité, pour ses gens, nourrice, berceresse, femme de chambre, ou pour les enfants.

Ultérieurement les couvertures semblent correspondre davantage aux dimensions des lits.

Au XVe siècle les étoffes font concurrence aux fourrures qui deviennent rares postérieurement à 1450. Les cours des Médicis, du roi René attestent que la plupart des couvertures sont dorénavant fourrées de taffetas, de tissus de soie, parfois de coton.

Tout à l'opposé de ce luxe se situe l'austérité monacale. Le lit du moine bénédictin comporte normalement une sorte de tapis de feutre placé dessus, une paillasse *(sagum)*, un coussin et une couverture *(laena)*. A Cluny le chambrier procure aux religieux les objets de couchage. Il veille aussi à la mise en place d'une paillasse de paille fraîche la veille de la Toussaint. *Sagum* y prend le sens de couverture d'été, la *laena* ou couverture d'hiver étant faite d'étoffe velue ou de fourrure. Il semble que les moines de Cluny n'aient droit à l'origine qu'à une couverture. Pierre le Vénérable en autorise deux blanches, ou noires, ou blanche et noire, mais non pas quatre comme l'habitude en a été prise. Et il interdit les tissus précieux. Les couvertures, de laine en été, peuvent être fourrées de peau de chèvre et de brebis en hiver. L'abbé Bertrand, puis son successeur Henri Ier, proscrivent les tapis de couleur, en particulier rouges ou verts, et les moines n'ont pas le droit d'utiliser des draps de lin.

Des lits monastiques peuvent cependant avoir belle apparence, tout en restant austères. Dans le dortoir du prieuré de Poissy les religieuses, écrit Christine de

Pisan, dorment tout habillées, sans drap, sur un matelas de bourre, mais leur lit est recouvert d'une élégante tapisserie.

Notre propos jusqu'ici ne concerne que les adultes. Le tout jeune enfant requiert évidemment pour dormir un autre type de meuble que le lit. Le berceau – bien étudié par Danièle Alexandre-Bidon et Monique Closson dans *L'Enfant à l'ombre des cathédrales* à l'aide des sources iconographiques et auquel les paragraphes suivants doivent beaucoup – est adapté à sa taille.

« Pour l'enfant il faut berceau, langes... », écrit Eustache Deschamps. Et de fait la plupart du temps, au cours des premiers mois de sa jeune existence, l'enfant repose dans un berceau fabriqué durant la grossesse de sa mère. Recommandation que l'on trouve dans *L'Outillement au vilain*, poème du XIIIe siècle. Les aristocrates procèdent de la même façon. Les comptes d'Isabeau de Bavière mentionnent, en 1401, « un berceau pour l'enfant de la reine à venir prochainement ».

Dans les classes les plus humbles, le berceau de l'aîné sert aux jeunes frères et sœurs ; et, en raison des fréquentes naissances, il ne reste jamais longtemps inoccupé. Mais la répartition de ce meuble varie beaucoup en fonction des catégories sociales. Sur cent trente-cinq inventaires concernant la ville de Dijon, quatre seulement le mentionnent, ce qui ne manque pas de surprendre lorsque l'on considère les nombreuses représentations par les miniaturistes d'intérieurs bourgeois ou nobles.

Les paysans utilisent sans doute surtout des auges, corbeilles, troncs d'arbres évidés. Au XIVe siècle, l'hôpital de Saint-Jean-de-l'Estrée en Bourgogne se procure des auges pour les enfants des accouchées pauvres.

La caisse constituée de quatre panneaux de bois construite aux dimensions du nouveau-né apparaît sur les miniatures reposant à même le sol. La caisse à barreaux est sans doute plus fréquente, car elle rappelle la mangeoire dans les représentations de la Nativité du

Christ. Simple lorsqu'elle est fabriquée par le père lors des veillées, elle devient un meuble de belle apparence quand des artisans spécialisés la confectionnent et lui adjoignent montants verticaux sculptés et pommeaux de cuivre.

Les miniatures représentent plus fréquemment les berceaux à bascule que les berceaux stables, peut-être parce qu'ils sont plus largement répandus. La différence entre les deux types provient souvent uniquement de l'adjonction de patins recourbés disposés à la tête et au pied du berceau. Les patins, longitudinaux, rares, semblent propres à l'Italie. Quant à la forme, légèrement tronconique, elle n'apparaît que dans les berceaux les plus sophistiqués.

Mais les milieux les plus fortunés adoptent rapidement le petit lit. Si celui-ci n'apparaît guère au IXe siècle, cette absence relative atteste peut-être simplement le peu d'intérêt porté par les clercs au mobilier de l'enfance. A la fin du Moyen Age, la représentation de tels petits lits paraît plus sûre dans la mesure où l'enfant emmailloté ne peut tomber, où une nourrice est chargée de le surveiller. Néanmoins, ce meuble semble mieux adapté aux enfants de deux à trois ans, c'est-à-dire à ceux qui peuvent monter dans le lit et en descendre seuls.

Il existe enfin des berceaux de transport que l'on fixe grâce à une sangle et à des bretelles de cuir aux épaules de la mère ou du père. Ils s'imposent particulièrement dans le cas de déplacements trop longs pour garder l'enfant dans les bras ou de travaux agricoles en l'absence d'endroit où déposer le berceau.

Nous ignorons à quel âge les enfants n'utilisent plus leur berceau. Les dimensions de ce meuble varient en fonction de la situation des parents. Dans le peuple, elles paraissent relativement modestes, car il importe surtout d'empêcher l'enfant de se retourner et de tomber; d'ailleurs, lorsqu'il existe un risque de chute, des sangles de protection pallient ce danger. Pour les petits princes sont fabriqués des bers de dimensions nettement supérieures, car il s'agit de meubles d'exhibition. Telle « bersouère » a six pieds de long et neuf grands pieds de lé.

Le berceau, généralement en bois brut, est peint dans le cas des enfants royaux, rouge orangé ou vermillon, vert. Les comptes indiquent que le petit prince ou la petite princesse disposent de plusieurs bers : l'un ordinairement utilisé et confié à la nourrice, d'autres destinés à la représentation. Certains de ces derniers sont parfois surmontés d'un dais blanc ou rayé dont une embrasse relève les pans : « pavillon de damas vert et violet » pour Marie de Bourgogne, « épervier de satin vert servant à deux lits pour la chambre des enfants royaux » vers 1400. De tels objets manifestent davantage l'appartenance à une catégorie sociale élevée qu'une attention portée à l'enfance.

Sapin, mélèze, cyprès ou cèdre sont considérés alors comme des bois incorruptibles. Classes modestes et aristocratiques ont les unes et les autres utilisé le « bois d'Irlande », pin, sapin odorants et imputrescibles. Il faut noter particulièrement le bois d'ébène employé pour les berceaux des princes du VIIe siècle au début de la Renaissance. Déjà Isidore de Séville considère que par sa couleur noire il rassure l'enfant et dissipe ses craintes dans l'obscurité. Jean Lemaire des Belges, en 1500, donc neuf siècles après, n'écrit pas autre chose. « Vit le noble berceau, lesquel était richement sculpté et fait d'un bois noir nommé ébène, bien cher et bien recherché, poussant dans les Indes, dont on fait les berceaux des enfants royaux parce qu'il a la vertu de les garder de l'épouvante. »

Le bois d'ébène coûte fort cher. Aussi, en dehors des familles princières, on se contente, tout au moins ceux qui appartiennent à un milieu relativement aisé, d'une amulette en bois d'ébène également. Et Barthélemy l'Anglais [1] signale qu' « on avait l'habitude de mettre ce

1. Franciscain, né vers 1190 en Angleterre, auteur d'un *Liber de Proprietatibus rerum*, traduit en français *(Livre des propriétés des choses)* en 1372 par Jean Corbechon.

bois près des enfants nouveau-nés afin qu'ils n'eussent pas peur des choses noires, comme dit Pline ».

La literie ne diffère guère de la literie actuelle et comporte les éléments dont disposent les adultes, à savoir paillasse, draps, oreillers et couvertures. Il convient toutefois de veiller à ce que le berceau ne soit pas plein de choses âpres et dures, mais au contraire de matériaux qui protègent du froid.

La paillasse est faite probablement de seigle, très répandu alors, pour les tout-petits incontinents. Les plus âgés, et les plus riches, ont dû employer, comme les adultes, la bourre de chanvre ou de plume, mais une plume de qualité inférieure.

Un drap de dessous, tout au moins dans les milieux aristocratiques, recouvre cette paillasse que l'enfant doit rapidement salir, mais que probablement l'on ne change guère la nuit dans l'obscurité et le froid – même si les parents doivent se lever pour bercer l'enfant.

La literie ne comporte pas toujours un drap de dessus. Parfois le même morceau de tissu replié peut constituer à la fois drap de dessous et drap de dessus.

Au total généralement un petit drap blanc et une couverture qui ne sont point bordés. La couverture a pour but de garder au chaud le nourrisson. Dans quelle mesure toutefois cette pièce – coûteuse – existe-t-elle dans les milieux les plus humbles ? En tout cas, chez les aristocrates – et comme pour les adultes –, il existe pour les enfants de luxueuses couvertures faites de fourrure. Drap d'or fourré d'hermine, drap d'écarlate fourré de menu vair, drap vert fourré de gris, drap pers fourré de blanc de conins (lapins). Un léger voile devant la bouche du bébé couché l'empêche d'avaler les poils. Ces couvertures, les miniaturistes les représentent bleues ou rouges à l'exception de toute autre couleur.

L'enfant a la tête surélevée par un oreiller. Il ne dort pas à plat car il pourrait s'étouffer, pense-t-on, en regurgigant, et la nuit, voire le jour, l'accident risque de passer inaperçu. Les carreaux, c'est-à-dire de petits oreillers carrés, jouent le même rôle que ceux des adultes, à savoir apporter un certain confort; la seule différence concerne leurs dimensions plus modestes.

Le vêtement de nuit

Il est habituel de dormir nu, ce qui explique l'importance des couvertures fourrées dans les milieux aisés pour lutter contre le froid. Et puisque la tête reste la nuit hors de ces couvertures, il n'est pas rare, pour éviter de s'enrhumer, de porter un bonnet de nuit.

Tel n'est pas exactement le cas dans les monastères. La Règle du Maître atteste que les moines dorment habillés et que l'on change de vêtement matin et soir. Ils sont en outre tenus de porter la nuit une ceinture différente de celle du jour. Les raisons d'un tel changement sont essentiellement d'ordre pratique. Le ceinturon diurne, garni d'un couteau, pourrait provoquer des accidents. Et l'habillement nocturne s'explique notamment par un souci de chasteté et de rapidité du lever pour se rendre aux offices nocturnes. Ces prescriptions sont d'ailleurs appliquées depuis longtemps.

Saint Benoît recommande également à ses moines de se coucher vêtus et ceints d'une courroie ou d'une corde. Mais les clunisiens, quelques siècles plus tard, ne revêtent qu'une chemise pour dormir. Pour eux, en effet, la prescription de la règle bénédictine : *qu'ils dorment vêtus* signifie qu'il convient de garder le vêtement le plus proche de la peau pour cacher sa nudité. Dès le signal des nocturnes, les moines revêtent leur coule avant de rejeter les couvertures qui recouvrent leur corps.

Quant au petit enfant, il dispose d'une couche à laquelle la nuit s'ajoute un lange, tissu chaud et épais de chanvre dans les milieux les plus humbles, de laine dans les familles fortunées. Couches et langes sont maintenus par des bandelettes plus ou moins larges.

On admet que les lits médiévaux, dont certains sont fort larges, abritent non seulement le mari et son épouse, mais aussi les enfants, des amis, des domestiques, voire des étrangers. Il ne s'agit pas d'une vue inexacte. Une lettre de rémission de 1395 signale que Michaut Mestraut, de Chardonchamp près de Poitiers, et Raillart sont compagnons depuis longtemps, « couchant, se levant et travaillant ensemble ».

Une autre lettre de septembre 1398 rapporte l'anecdote suivante. Le mardi avant carême, Jean Jourdain, dit d'Anjou, couturier établi à Parthenay, voit venir en son échoppe un jeune Anglais nommé Guillemin, ouvrier couturier de passage en la cité. Jean Jourdain l'embauche, et le mercredi suivant, après avoir bu et dîné en plusieurs endroits de la ville jusqu'à la nuit, ils se rendent chez un ouvrier de peignes qui a hébergé l'Anglais la nuit précédente; mais l'ouvrier et sa femme refusent de le recevoir à nouveau. Jean Jourdain alors, voyant qu'il fait nuit, l'emmène en son hôtel, et le fait coucher dans son lit avec sa femme qui est déjà endormie, lui-même se trouvant au milieu. Pendant son sommeil, Guillemin veut violer l'épouse. Celle-ci se défend, donne un coup de poing à son agresseur et quitte le lit pour aller chercher une chandelle, mais l'Anglais la poursuit et lui éteint sa chandelle. La femme se met alors à crier, au point que le mari s'éveille, se lève rapidement, agrippe l'Anglais qui doit lâcher l'épouse. Jean Rousseau, couturier et voisin de Jean Jourdain, qui passe alors devant l'hôtel de ce dernier, entendant du bruit, entre dans la maison et emmène la femme de son voisin coucher chez lui avec la sienne; puis il revient apaiser les deux protagonistes et s'en retourne à son domicile. Malgré tout, l'affaire se termine mal puisque Jean Jourdain, en se défendant, tue l'Anglais.

Textes et miniatures montrent fréquemment toute la famille couchée dans un même lit. Les pénitentiels font allusion aux enfants étouffés par leurs parents qui reposent à côté d'eux. La largeur des lits permet une telle pratique.

Cependant, des efforts sont faits pour lutter contre cette promiscuité, et d'abord pour des raisons morales. Dans un traité sur la luxure, Jean Gerson écrit : « Plût à Dieu que coutume fût en France que les enfants couchassent seuls en petits lits, tant fussent frères ensemble ou sœurs ou autres, comme en Flandre est la coutume. » Les vicaires généraux de l'évêque de Saint-Brieuc Christophe de Penmarch, agissant pour leur prélat, interdisent dans un mandement, en 1496, que « les frères et sœurs et autres parents de plus de sept ans couchent ensemble, cette coutume les amenant à commettre des péchés innombrables, infinis, horribles et d'une gravité exceptionnelle ainsi que nous l'ont rapporté de nombreux confesseurs », sous peine d'excommunication et d'une amende de dix livres; la même peine est infligée aux parents qui l'auront permis.

Si les règles monastiques prescrivent le dortoir, elles imposent le lit individuel. Dans les hôpitaux, même souci, et les sœurs de l'Hôtel-Dieu de Paris se plaignent d'être obligées de coucher « les petits enfants, tant fillettes que petits garçons, ensemble dans plusieurs lits dangereux et sur lesquels étaient morts d'autres malades de maladie contagieuse, parce qu'il n'y a pas de lits particuliers pour ces enfants, mais ils couchent six, huit, neuf, dix et douze dans le même lit, tant au chevet qu'aux pieds ». Et le même établissement essaie de placer « les graves malades chacun à part soi en un lit ».

De sorte que coucher à plusieurs est souvent ressenti comme une obligation. Ceux qui en ont la possibilité préfèrent dormir seuls ou avec une personne choisie.

La présence d'un valet de chambre ou d'une chambrière peut cependant se révéler utile et de nombreux bourgeois ou des seigneurs souhaitent les avoir à leur disposition la nuit. Pour y parvenir on installe une couchette dans la chambre du maître ou bien une petite pièce contiguë les abrite. Le bon bourgeois auteur du

Ménagier de Paris recommande à son épouse de faire coucher près d'elle ses filles ou chambrières « en garde-robe ou chambre où il n'y ait lucarne ni fenêtre basse ni sur rue ». Mais il s'agit ici de surveiller avant tout leur conduite car celles qui sont âgées de quinze à vingt ans sont « sottes et n'ont guère vu du siècle ».

Les *Cent nouvelles nouvelles*, qui font une large place aux aventures galantes nocturnes, manifestent bien l'existence de cette cohabitation, ainsi que nous l'avons constaté.

DORMIR

Le « sommeil du juste »

Dort-on beaucoup au Moyen Age? Il est difficile de savoir si les hommes à cette époque consacrent plus de temps à leur sommeil que de nos jours. Toutefois paysans et artisans travaillant en fonction de la lumière naturelle, les congés payés n'existant point, on peut penser que les grasses matinées sont plus difficiles qu'à notre époque. L'auteur du *Ménagier de Paris* déclare à son épouse que son lever « doit être entendu matin », et « matin est dit de matines ». Toutefois, s'il lui recommande d'entendre sonner matines pour louer le Seigneur, ses propos laissent supposer que la jeune femme se rendort ensuite. Rappelons que matines ou laudes correspondent au lever du soleil.

Les veillées paysannes, les fêtes aristocratiques peuvent se prolonger fort tard dans la nuit. Mais n'en va-t-il pas de même de nos jours?

Les hypothèses laissent place à des indications plus précises pour les enfants et surtout les moines.

Le sommeil de l'enfant donne lieu à des recommandations opposées. D'aucuns le laissent dormir de jour, entre les repas. D'autres s'élèvent contre un tel sommeil, tel ce praticien de la cour de Bourgogne : « Qu'il lui soit interdit de dormir le jour, sinon lors des longues journées d'été » – afin sans doute qu'il puisse mieux dormir la nuit et ne pas déranger ses parents. Et il recommande une nuit de neuf ou dix heures d'affilée pour un enfant âgé de moins de six ans : « Il doit se coucher à 10 heures et dormir jusqu'à 7 ou 8 heures du matin. » Les habitudes apparaissent fort différentes dans le milieu rural. Nous avons vu qu'à Montaillou Jean Maury, âgé de douze ans, est couché avant que la veillée familiale ne soit vraiment entamée. Il est vrai qu'il doit le lendemain se lever tôt pour mener paître les moutons. Les plus jeunes se couchent même avant le repas du soir.

Selon la règle de saint Benoît, les moines doivent se lever pour les nocturnes qui en hiver ont lieu à la huitième heure, ce qui permet un repos d'un peu plus de la moitié de la nuit, selon Benoît. La nuit comportant alors au maximum dix-huit heures, la moitié correspond à neuf heures; le coucher a donc lieu vers 17 heures. Le sommeil est réduit à sept heures (19 heures à 2 heures) lors de l'équinoxe le 21 mars – la nuit compte douze heures.

Pour l'été, saint Benoît prescrit que les matines qui font suite aux vigiles soient dites au point du jour. Lors du solstice d'été, le soleil se levant à 4 heures, si l'on compte une heure pour les vigiles, un quart d'heure de battement, trois quarts d'heure pour les matines, le lever doit avoir lieu vers 2 heures. Les moines peuvent se coucher vers 20 h 30 – la nuit tombe à 20 heures – et bénéficier par conséquent de cinq heures trente de repos avec en plus, à titre de compensation, une sieste l'après-midi. Le second sommeil du matin accordé par la règle du Maître est impossible en été et inutile en hiver.

Se réveiller pour l'office nocturne constitue néanmoins bien souvent une pénible obligation. Raoul Glaber (début du XIe siècle) montre combien les moines sont tentés de paresser au lit, à commencer par lui-même. Le démon lui susurre : « Je me demande pourquoi tu te soucies tant de sauter si rapidement du lit, dès que tu as entendu le signal, et d'interrompre le doux repos du sommeil, alors que tu pourrais t'abandonner à ce repos jusqu'au troisième signal. »

Mais le moine consciencieux craint, lui, de ne pas se réveiller à temps. Pierre le Vénérable, abbé de Cluny au XIIe siècle, rapporte l'histoire de frère Alger qui, croyant avoir entendu la cloche de l'office nocturne, s'éveille, regarde autour de lui, s'imagine voir les autres lits vides et se rend à la chapelle. Là, point de chants. Il revient au dortoir et trouve ses frères profondément endormis. Il comprend que le diable l'a réveillé mal à propos afin qu'il reste au lit lorsque la cloche sonnera vraiment. Heureusement les horloges vont apporter la tranquillité aux anxieux. Une instruction du XIIIe siècle concernant l'abbaye de Villers ordonne de régler l'horloge après complies, « et alors tu pourras dormir tranquillement ». Ainsi sera évitée la faute immortalisée par la chanson enfantine :

Frère Jacques, frère Jacques,
Dormez-vous? Dormez-vous?
Sonnez les matines, sonnez les matines.
Ding, ding, dong; ding, ding, dong.

Les saints, personnages d'exception, ne prennent guère le temps de dormir. Ainsi saint Dominique. Selon frère Buonviso, « il est certain également que le bienheureux frère passait souvent la nuit à prier Dieu, c'était un fait très avéré pour les frères. Le témoin voulut savoir où le père couchait, mais il ne put découvrir un endroit qui lui fût réservé pour dormir comme en avaient les autres frères, parfois seulement on le trouvait endormi sur un banc, d'autres fois par terre, ou encore sur les cordes d'un fond de chaise ou de châlit. Il couchait la nuit vêtu comme il était le jour quand il marchait ». Ce témoignage est corroboré notamment par frère Rodolphe ou frère Étienne, lequel « ne se souvient pas de l'avoir jamais vu dormir dans un lit; on lui avait bien arrangé pour s'y coucher un coin où il n'y avait qu'un châlit, avec une simple couverture, sans paillasse et sans sac ».

Les troubles du sommeil

Les hommes du Moyen Age, comme nos contemporains, peuvent avoir des difficultés pour s'endormir et souffrir d'insomnies. A première vue, ils devraient être moins stressés que nous. Mais ne jugeons pas les époques anciennes à l'aune de nos mentalités. Juvénal parle bien des ennuis causés déjà par la circulation à Rome! Les soucis d'ordre matériel ou moral, quoique différents des nôtres, sont susceptibles de perturber le repos nocturne de nos ancêtres.

Les travaux médicaux actuels mettent en évidence que les troubles du sommeil ressortissent à trois catégories. D'abord, les insomnies que l'on peut définir comme une difficulté d'installation, puis de maintien du sommeil. A la différence de celui qui dort moins de six heures par nuit et se déclare satisfait, l'insomniaque considère qu'il dort mal. Chez les déprimés, l'insomnie est d'autant plus grave que la maladie est plus profonde et le sujet plus âgé. Un réveil pénible vers 3 ou 4 heures du matin et la quasi-impossibilité de se rendormir caractérisent fréquemment la dépression. Et nous avons constaté que les suicides, à en juger par les lettres de rémission, se produisent fréquemment lors de ce réveil nocturne. Il peut s'agir également d'un endormissement très difficile après des heures d'attente, ou d'un sommeil interrompu par de nombreux réveils. Beaucoup d'anxieux ont de grandes difficultés pour s'endormir, se réveillent fréquemment la nuit et font des cauchemars. Les personnes âgées cessent de dormir la nuit comme les adultes, mais elles multiplient les siestes au cours de la journée.

L'hypersomnie beaucoup plus rare que l'insomnie se constate de façon passagère chez des personnes qui éprouvent des difficultés existentielles ou ont subi un traumatisme affectif. Quelquefois une tendance hypersomniaque est liée à un état dépressif, mais il s'agit d'un sommeil peu profitable.

Les parasomnies comportent le somnambulisme qui se produit lors du premier tiers de la nuit et qui concerne essentiellement les enfants, et des manifestations que l'on regroupe sous le terme de cauchemar : terreurs nocturnes des enfants, cauchemars véritables en fin de nuit déterminant un réveil angoissé, cauchemars fréquents de la vision névrotique à n'importe quel moment de la nuit.

Alors que le poète et chroniqueur Jean Froissart séjourne à la cour de Gaston Phébus, comte de Foix et de Béarn, dans les derniers mois de l'année 1388, un écuyer lui rapporte l'étonnante histoire de Pierre de Béarn, frère bâtard de Gaston. Froissart, surpris que ce seigneur ne soit pas marié, s'entend répondre qu'il l'est, mais que son épouse et ses enfants l'ont quitté, car il est somnambule. La nuit il se lève, bien qu'endormi, prend une épée et se bat dans le vide. S'il ne trouve pas d'épée, il fait un tel vacarme « que tous les diables de l'enfer semblent être avec lui ». Dans son roman *Meliador* qui compte plus de trente mille vers, Froissart met en scène un chevalier somnambule nommé Camels de Camois qui se comporte exactement comme Pierre de Béarn.

Pourquoi ces deux chevaliers sont-ils somnambules ? Il est d'autant plus difficile de répondre que le mot n'apparaît pas avant la fin du XVIIe siècle. Des textes toutefois existent, ainsi que l'a montré Alain Boureau, mais le somnambule est appelé « dormeur » *(dormiens)*.

C'est au cours des XIIe et XIIIe siècles que le somnambulisme apparaît dans le discours médical et théologique. Dans les *Questions de maître Laurent*, ouvrage d'influence salernitaine mais rédigé par un Anglais vers 1200, le rédacteur demande : « Il arrive que beaucoup d'hommes se lèvent la nuit, en dormant, se saisissent d'armes ou de bâtons, ou montent à cheval. Quelle en est la cause? Quel en est le remède? » Les réponses à ces questions apparaissent variées, mais toutes considèrent que ces activités nocturnes n'ont aucun rapport avec le rêve.

Gervais de Tilbury, dans ses *Otia imperialia,* mentionne une femme de Beaucaire apparemment atteinte de cette infirmité. Emportée une nuit par des lamies dans les airs, elle invoque le nom du Christ et se retrouve dans le Rhône « mouillée jusqu'au nombril ». La nouveauté consiste ici dans la diabolisation du somnambule qui au XIVe siècle va recevoir un statut juridique. Le canon *Si furiosus* (1312) indique : « Si le furieux, ou l'enfant, ou le dormeur mutile ou tue un homme, il n'encourt de ce fait aucune irrégularité... » Le somnambule n'est donc pas pénalement responsable de ses actes, tout comme le fou ou l'enfant. Glosant ce canon, un professeur à l'université de Toulouse, Guillaume de Montlauzun, rapporte qu'un de ses compagnons d'étude, un Anglais, alla tout endormi de nuit jusqu'à la Seine et là tua un enfant; puis il revint toujours dormant et se recoucha dans son lit.

Pour lutter contre les difficultés du sommeil, le Moyen Age n'est pas dépourvu de moyens. Examinons tout d'abord le cas un peu particulier du jeune enfant qui n'arrive pas à s'endormir ou se réveille au cours de la nuit. Il faut alors le bercer pour le calmer et éviter que ses pleurs n'empêchent ses parents de dormir. Certes, tous les enfants ne ressemblent pas à celui que la mère de Guibert de Nogent a adopté. Ce bébé de quelques mois, orphelin, parfaitement calme durant la journée, pousse la nuit tellement de vagissements et de cris extravagants que la pauvre femme et ses servantes ne peuvent trouver le sommeil en couchant dans la même chambre. La mère de Guibert engage en vain à prix d'argent des nourrices qui ne quittent pas l'enfant la nuit et remuent des hochets autour de lui. Elle ne parvient pas à adoucir les heures nocturnes tourmentées par de telles clameurs et devient si accablée et épuisée qu'elle est incapable de trouver le sommeil. Guibert, évidemment, voit dans cette attitude de l'enfant une manifestation diabolique.

La tâche de bercer est devenue pour certaines femmes une véritable profession, puisque les petits princes ont à leur service, outre leur nourrice, une berceresse. Il s'agit d'un geste qui ressortit avant tout de la fonction maternelle, incompatible avec la condition virile. *Les XV Joies de Mariage* en donne la preuve *a contrario*. Cet ouvrage raconte les misères (les « joies ») subies par le malheureux qui a eu la malencontreuse idée de se marier. L'épouse « lui fait porter les enfants à jouer, elle les lui fait bercer ».

Il semble que l'on préfère le bercement latéral au bercement d'avant en arrière.

Mais balancer l'enfant d'un mouvement doux et régulier ne suffit pas toujours. Barthélemy l'Anglais écrit que la nourrice « divertit l'enfant pour le faire dormir » ou qu'elle doit « quelquefois chanter près de l'enfant pour donner plaisir et délice à ses sens par la douceur de sa voix ». Les petits princes bourguignons s'endorment au son de véritables orchestres composés de harpes, doucines, flûtes et autres bons instruments.

Charles d'Orléans lui-même compose une berceuse :

Quand ils n'ont pas assez fait dodo
Ces tout petits enfants
Ils portent sous leurs bonnets
Des visages pleins de bobo.

C'est pitié s'ils sont levés
Trop matin les mignonnets
Qui n'ont pas assez fait dodo
Ces tout petits enfants.

Que Dieu les laisse à gogo
Dormir sur de doux coussins
Car ils sont si gracieux.

Hélas! guogo! guogo!
Quand ils n'ont pas assez fait dodo.

Le berceau que l'on déplace facilement le jour lorsque la nécessité s'en fait sentir est disposé la nuit près du lit des parents, du côté de la mère. Celle-ci peut ainsi dans l'obscurité prendre le bébé pour l'allaiter, et le recoucher, ou encore le bercer, sans se lever. Les œuvres satiriques dépeignent en s'en moquant les tracas nocturnes causés par les pleurs du petit. Ainsi *La Farce du Cuvier*:

De nuit, si l'enfant se réveille
Ainsi qu'on fait en plusieurs lieux,
Il faudra vous soucier
De vous lever pour le bercer,
Promener, porter, apprêter
Dans la chambre, alors qu'il est minuit.

Le berceau protège le tout-petit qui couché dans le lit parental risque d'être étouffé. Divers procédés destinés à le mettre à l'abri des dangers lorsqu'il dort néanmoins aux côtés de ses parents sont révélés par les miniatures. La mère a davantage d'oreillers de sorte qu'elle se trouve surélevée. L'enfant ne dort pas au centre du lit, mais sur un côté afin que ses parents ne puissent l'étouffer en glissant dans le creux du matelas.

L'enfant passe donc généralement la nuit près de sa mère. Et, même en l'absence d'incident nocturne, on se préoccupe de sa santé. Ce peut être le fait du père et la chose n'est pas rare. Dans le fabliau intitulé *Gombers et des II clercs*, celui-ci « avait coutume la nuit, quand il venait de pisser, de tâter le berceau ». Ce berceau peut se trouver dans la chambre de la nourrice, lorsque les parents ont fait appel à une étrangère pour s'occuper du bébé. En tout cas le jeune enfant ne reste pas isolé; il ne dispose pas d'une chambre individuelle.

Les médecins médiévaux recommandent de dormir suffisamment et considèrent comme nuisible l'excès des veilles. Ils traitent même de la position lors du sommeil qui joue un rôle non négligeable. Aldebrandin de Sienne signale que « dormir à l'envers est mauvais, car cela provoque maintes maladies », notamment la « frénésie » et « les fantasmes que les médecins appellent incubes ».

Pour calmer les agités, les anxieux, les insomniaques, on utilise particulièrement – ainsi que le montre Muriel Laharie – l'opium et les solanacées dont, à petites doses, l'action thérapeutique est déjà connue par les Anciens. L'opium qui provient de diverses sortes de pavot somnifère, blanc, noir et rouge, constitue un calmant très efficace. Matthieu Platearius [1] enseigne que l'on peut utiliser directement le pavot blanc. « Pour faire dormir un malade, faire sur les tempes un emplâtre de pavot avec du lait de femme et un blanc d'œuf. »

Mais généralement l' « opium » est le jus du pavot obtenu grâce à une incision faite autour de la tête de la plante et aux feuilles : le lait ainsi extrait constitue l' « opium » que l'on utilise par voie externe. Selon le pseudo-Arnaud de Villeneuve [2], « l'opium seul, délayé avec du lait de femme, sous les narines provoque un sommeil illimité ».

Les solanacées, telles la mandragore, la jusquiame et la belladone, sont connues, elles aussi, bien avant l'époque médiévale. La mandragore, mâle ou femelle, est employée de la même manière que l'opium. Les praticiens utilisent l'herbe de la jusquiame en médecine externe, ses semences blanches et rouges en médecine interne. Le pseudo-Arnaud de Villeneuve écrit que « la racine de la jusquiame, broyée avec de la menthe et posée en cataplasme sur le front, entraîne le sommeil ». Les médecins se servent moins de la bella-

1. Médecin salernitain mort en 1161.
2. Médecin napolitain vivant à la fin du XIIIe siècle, auteur d'un *Breviarium medicinae practicae* longtemps attribué à tort à Arnaud de Villeneuve.

done que des autres solanacées. De même la ciguë, parce qu'elle est « vénéneuse », ne joue qu'un rôle extrêmement réduit à l'époque féodale.

On a recours aussi, mais de façon intermittente, à d'autres substances végétales, moins toxiques, dont on connaît les vertus sédatives ou hypnotiques, telles la laitue sauvage dont « certains disent que son lait fait dormir en raison de son amertume même », la pivoine, la valériane, la violette et bien d'autres.

Ainsi peut-on améliorer la qualité du sommeil.

Nous avons constaté que des cauchemars peuvent survenir la nuit, en particulier lorsque des soucis troublent l'esprit du dormeur. Et du fond de la conscience resurgissent les vieilles craintes ancestrales. Mais l'individu normal, on l'a montré depuis peu, rêve toujours au cours de la phase dite paradoxale de son sommeil.

Les rêves [1]

Le pape Grégoire le Grand distingue cinq catégories de songes. Il donne pour les uns une explication physiologique : une nourriture trop copieuse. D'autres sont inspirés du démon. Une troisième sorte découle des soucis de la journée. Une quatrième espèce provient de Dieu, ainsi qu'on le constate dans la Bible. Enfin, le rêve peut répondre à un souhait ou à une préoccupation du dormeur. Cette classification célèbre se retrouve dans maints écrits médiévaux.

Il existe cependant une répartition moins nuancée qui attribue les songes soit à Dieu, soit au diable, soit à l'homme.

Les Pères de l'Église, comme les Anciens, opposent les rêves authentiques et les chimères. Selon une croyance ancienne, les rêves mensongers apparaissent

1. Nombreuses références dans l'étude d'Herman Braet, *Le Songe dans la chanson de geste au* XIIe *siècle*, et l'article de Jacques Le Goff, « Le Christianisme et les rêves » (voir bibliographie).

au cours du premier sommeil, alors que les rêves véridiques ne se produisent qu'après minuit. Adélard de Bath, au XIIe siècle, en donne l'explication. Les rêves survenant avant minuit n'ont aucune valeur en raison de l'influence de la digestion.

Mais de façon générale la méfiance domine. Cicéron déjà voit une superstition dans la croyance aux rêves : lorsque ceux-ci ne proviennent pas de l'état corporel, ils ne constituent qu'une création de l'esprit. Et Isidore de Séville exprime le même avis. D'ailleurs les textes bibliques manifestent aussi leur répugnance à l'égard des songes. « Autant de songes, autant de vanité », dit l'Ecclésiaste. Et l'Ecclésiastique d'ajouter : « C'est saisir une ombre et poursuivre le vent que de s'arrêter à des songes [...] Divination, augures, songes, autant de vanités, ce sont là rêveries de femmes enceintes. »

Les auteurs médiévaux reprennent ces idées. Jean de Salisbury déclare que l'homme qui croit aux songes quitte les chemins de la foi et de la raison. Et Pierre de Blois de surenchérir : la croyance dans les songes met en péril le salut éternel.

Ainsi le fidèle doit-il se méfier des rêves. Une anecdote rapportée par saint Jérôme illustre cette recommandation. Dans une épître à la jeune Eustochium, Jérôme raconte que, lors d'une retraite dans le désert, il a emmené des œuvres de Cicéron. La lecture de l'auteur latin lui plaît bien plus que celle de la Bible dont la langue lui semble barbare. C'est alors que, dans un songe, Dieu lui apparaît et lui ordonne d'abandonner les auteurs païens. Ce qu'il promet. Cependant une vingtaine d'années plus tard, Rufin le critique, car il n'a apparemment pas vraiment respecté son serment. Jérôme rétorque qu'un songe ne correspond pas à la réalité. A l'appui de ses dires, il fait intervenir les textes scripturaires. Et il fournit des exemples pour montrer que nos rêves sont constitués d'images extravagantes ou qui proviennent de notre seul désir. « Combien de fois me suis-je vu mort et déposé dans un sépulcre ! Combien de fois me suis-je imaginé voler par-dessus les terres... »

Toutefois d'autres textes sacrés semblent accorder une valeur aux songes. Des prophètes révèlent l'avenir en les interprétant. Ne lit-on pas dans les Nombres : « Yahvé dit : Écoutez donc mes paroles :

S'il y a parmi vous un prophète,
C'est en vision que je me révèle à lui,
C'est dans un songe que je lui parle. »

Et dans Job : « Dieu parle d'une façon et puis d'une autre sans qu'on prête attention. Par des songes, par des visions nocturnes, quand une torpeur s'abat sur les humains et qu'ils sont endormis sur leur couche, alors il parle à l'oreille de l'homme, par des apparitions, il l'épouvante. »

Aussi certains auteurs pensent-ils que l'on peut connaître les desseins divins grâce aux songes. Hildegarde de Bingen, tout comme Richard de Saint-Victor, admet, au XIIe siècle, que Dieu par les rêves nous dévoile les secrets du futur.

Cette prise de position engendre une difficulté : la tentation d'accorder à tous les songes une origine divine. Comment y remédier?

L'Église stigmatise l'oniromancie, car il existe des rêves qui ont pour but d'induire les hommes en erreur. Dans *Les Dits de saint Pirmin* (VIIIe siècle), on peut lire : « Ne faites pas attention à vos rêves, car ils ne préfigurent que choses mensongères : adorez le Dieu unique et la Sainte Trinité. » Beaucoup d'auteurs mentionnent les pièges tendus par le diable au cours du sommeil. Pierre de Blois (XIIe siècle) enseigne que le rêve n'est qu'une des nombreuses ruses du démon.

Ces ruses, pour mieux atteindre leur but, peuvent prendre l'aspect de mensonges d'origine divine, le démon revêtant l'apparence d'un ange. Nombreux d'ailleurs sont les commentaires de cette phrase de la *Deuxième lettre aux Corinthiens* : « Satan lui-même se déguise bien en ange de lumière. » Le second stratagème employé par le Malin se révèle encore plus subtil. Il s'agit du faux prophète dont les prédictions se réalisent de sorte que le rêveur lui accorde sa confiance. Ainsi Jean Cassien parle d'un moine auquel Satan envoie dans un premier temps des songes véridiques et qui, trompé par ces révélations nocturnes, se convertit au judaïsme.

Finalement il est bien difficile de connaître l'origine des songes, de sorte que Grégoire conclut son exposé en incitant les fidèles à une grande vigilance. Selon Grégoire et Isidore, seuls les saints peuvent reconnaître les révélations divines.

Le XIIe siècle, en même temps que recule l'influence du diable dans le songe, voit se développer la part accordée à la physiologie humaine. Ce passage de l'oniromancie à la médecine et à la psychologie se manifeste au XIIIe siècle avec Albert le Grand, puis Arnaud de Villeneuve. En outre le rêve, ainsi désacralisé, n'est plus limité à une élite, mais concerne de simples clercs, voire ultérieurement des laïcs.

L'autobiographie de Guibert de Nogent est particulièrement riche en songes puisque l'on y dénombre quarante-six récits de visions, de rêves ou d'apparitions, parmi lesquels quinze sont présentés véritablement comme des rêves : trois concernent Guibert enfant, deux sa mère, deux son précepteur, un l'intendant de sa mère, trois des moines, deux des nobles laïcs, deux des personnages éloignés dans le temps et l'espace. Il s'agit chez Guibert d'une expérience à la fois physique et spirituelle qui se déroule essentiellement au cours du sommeil nocturne.

Une nuit que le précepteur de Guibert dort dans sa chambre, il lui semble voir un vénérable vieillard aux cheveux blancs qui tient l'enfant par la main et l'amène au seuil de la pièce. S'arrêtant à l'entrée, il montre à l'enfant le lit en lui disant : « Va trouver cet homme, car il aura pour toi une grande affection. » Puis il lâche sa main et le laisse aller. Guibert se précipite vers l'homme, couvre son visage de baisers et le réveille. Le pédagogue est alors saisi d'un tel amour que, rejetant toute temporisation, au mépris de la crainte de ses cousins – dont il est entièrement dépendant ainsi que les siens – il accepte de venir habiter chez la mère de Guibert.

Un des nobles conjurés de Laon, complice de Gérard de Quierzy, lui rapporte un songe qu'il vient d'avoir la nuit précédente et qui l'a empli de crainte, affirme-t-il; il lui a semblé que deux ours lui arrachaient du corps le foie ou un poumon.

Saint Thomas d'Aquin, au XIIIe siècle, dans sa *Somme théologique*, expose de façon claire et précise les origines des songes : « Il faut savoir que les songes peuvent dépendre de deux sortes de causes, internes et externes. Les premières sont elles-mêmes soit psychiques soit physiologiques. *a)* Sources psychiques du rêve : l'imagination nous représente dans le sommeil ce sur quoi nous avons, à l'état de veille, arrêté notre pensée et nos affections. Pareille cause ne peut avoir d'influence sur les événements postérieurs, avec lesquels ce genre de rêve n'a qu'un rapport purement accidentel. S'ils se rencontrent, c'est pur hasard. *b)* Sources physiologiques du rêve : les dispositions internes du corps produisent des mouvements de l'imagination en rapport avec elles : l'homme chez qui abondent les humeurs froides rêve qu'il est dans l'eau ou dans la neige. C'est pourquoi les médecins disent qu'il faut porter attention aux rêves du malade pour diagnostiquer son état intérieur.

« Quant aux causes externes, nous y retrouvons également une double division, fondée sur la distinction du corporel et du spirituel. *a)* Influences corporelles : l'imagination de l'homme endormi peut être impressionnée par l'air ambiant ou par l'influence des corps célestes. Dès lors les imaginations qui lui apparaissent dans le sommeil sont en harmonie avec la disposition de ces derniers. *b)* Influences spirituelles : c'est parfois Dieu qui, par le ministère des anges, fait aux hommes certaines révélations dans leurs songes. “ S'il est parmi vous un prophète du Seigneur, je lui apparaîtrai en vision, ou je lui parlerai par le moyen d'un songe " (Nombres). Mais, d'autres fois, ce sont les démons qui sont à l'œuvre. Ils font apparaître dans le sommeil des images, grâce auxquelles ils révèlent certains faits à venir à ceux qui ont avec eux des pactes défendus » (traduction Menessier, O.P.).

La physiologie humaine ne change guère. Et bien entendu nous constatons que les hommes du Moyen Age rêvent tout comme ceux du XXe siècle. Mais la mentalité, la psychologie se modifient au cours des époques. Et là où notre esprit rationnel ne voit que fantasmes – encore que... –, dans le Moyen Age si imprégné de religion ou de religiosité, on considère que les songes peuvent avoir une origine divine. Le rêve, la vision ne sont donc pas sans lien avec la vie spirituelle des fidèles.

TROISIÈME PARTIE

DIEU
ou
LA NUIT SUBLIMÉE

La nuit, malgré les incitations des démons et au-delà des efforts limités de l'homme pour la dominer, peut mener vers Dieu.

1

VISIONS

LA NUIT, LE MOINE ET L'AU-DELÀ

Le 4 novembre 824 mourait à Reichenau un moine nommé Wetti qui, la veille de son décès, rapporta une vision qu'il avait eue. Heito, abbé du monastère, transcrivit son récit. Peu de temps après, le poète Walahfrid Strabo, abbé de Saint-Gall, rédigea une version en vers.

Wetti, un samedi, prend une potion, mais il la rejette et commence à éprouver du dégoût à l'égard de la nourriture. Le lendemain, à l'aube, il se sent mieux, reprend du remède et de nouveau est envahi par le dégoût. Mais il ne s'inquiète pas et se repose le lundi et le mardi.

Comme les frères dînent dans une cellule contiguë à la sienne, il y fait porter son lit de paille pour attendre en dormant la fin du repas. Étendu, les yeux clos mais éveillé, selon son propre témoignage. Alors survient un esprit malin, très laid, avec un visage sans regard au point que les marques des yeux n'apparaissent pas; il tient dans ses mains des instruments de torture, terrible et joyeux, prêt apparemment à le supplicier. Puis apparaît une troupe d'esprits mauvais qui envahit la cellule; munis de petits boucliers et de minuscules lances, ils se répandent partout et forment une sorte de maison pour l'y emprisonner.

C'est alors que se manifeste la miséricorde divine. En effet, surgissent des hommes magnifiques et honorables; revêtus de l'habit monastique, ils se tiennent assis sur des escabeaux. L'un d'entre eux déclare : « Il n'est pas juste que les démons agissent ainsi, car cet homme repose; ordonnez-leur de s'éloigner. » A ces mots les démons se dispersent.

Survient alors un ange d'une splendeur et d'une beauté incroyables, couvert d'un vêtement de pourpre, qui adresse la parole à Wetti d'une voix amicale : « Je viens vers toi, âme très chère, dit-il. – Si le Seigneur veut pardonner mes péchés, répond le frère, il se montre miséricordieux; s'il ne le désire pas, qu'il fasse ce qui lui semble bon. » Cet entretien marque la fin de la première vision.

La nuit est tombée. Réveillé, le frère s'assied, regarde autour de lui et aperçoit deux moines, dont le prévôt du monastère, restés pour le veiller – tous les autres après dîner sont partis se reposer. Il les appelle, leur raconte ce qu'il a vu. Il est tellement terrifié que, oubliant la gravité de sa maladie, il s'écroule par terre, étendu de tout son long, les bras en croix; et il leur demande d'intercéder pour que Dieu lui pardonne ses péchés. Alors qu'il se trouve dans cette position, les frères se mettent à chanter sans discontinuer les psaumes de la pénitence et d'autres psaumes appropriés à la circonstance.

La récitation terminée, Wetti se relève, se recouche et demande que lui soient lus les *Dialogues* de saint Grégoire le Grand. Après la lecture de neuf ou dix pages, il exhorte ses frères à mettre fin à la lassitude qu'ils ont contractée en le veillant et à se reposer pendant le peu de nuit qui subsiste.

Les deux moines s'éloignent, et dans un coin de la cellule s'installent pour sommeiller. Alors que Wetti dort également, survient le même ange que dans la vision précédente qui le félicite d'avoir trouvé un refuge dans le Seigneur, tant par l'étude de la psalmodie que par la lecture pendant son angoisse. Et il l'engage à lire et relire le psaume 118 qui indique en quoi consiste la vertu. Wetti se rendra Dieu favorable en agissant sincèrement et sans arrière-pensée.

L'ange l'emmène ensuite avec lui par une route fort plaisante; pendant le trajet il lui montre des montagnes très élevées et d'une incroyable beauté. Un large fleuve les entoure où se trouvent pour leur châtiment une multitude innombrable de damnés parmi lesquels il en reconnaît beaucoup. Ailleurs, il aperçoit des malheureux en proie à des tourments de tout genre; nombre d'entre eux ont reçu les ordres mineurs, voire l'ordre majeur des prêtres. Fixés à des troncs par des courroies fort serrées, ils sont plongés dans le feu; et il voit les femmes qu'ils ont souillées, enchaînées de la même manière, plongées elles aussi dans ce feu jusqu'au sexe. L'ange lui dit que, deux jours sur trois, ils sont frappés de verges sur les organes génitaux.

« La plupart des prêtres qui désirent les biens terrestres et exercent des fonctions temporelles, dit l'ange, se vêtent de façon luxueuse, possèdent une table trop bien garnie; ils pensent que la piété se situent dans les avantages matériels. Ils ne veillent pas au bien des âmes, ne se préoccupent que de leurs plaisirs et fréquentent les prostituées. De sorte qu'ils ne peuvent intercéder ni pour eux ni pour les autres. Pourtant leurs prières pourraient constituer un grand secours. Voici donc la récompense qu'ils ont obtenue, et ils supportent cette punition en raison de leurs mérites antérieurs. »

Wetti aperçoit aussi à cet endroit un édifice qui ressemble à un château de bois et de pierre, biscornu et rendu informe par l'obscurité; de la fumée s'en échappe. Comme il s'enquiert de cette construction, l'ange lui répond qu'il s'agit de la demeure de moines originaires de divers monastères et régions, regroupés pour leur purgation. Et il montre en particulier l'un d'entre eux, enfermé dans un cercueil de plomb jusqu'au jugement dernier à cause de l'amour porté par sa communauté à l'argent.

Ce frère avait été montré sur la fin de sa vie à un pèlerin qui s'adonnait à des excès, moins de dix ans auparavant; l'affaire avait alors fait grand bruit, mais depuis l'oubli était tombé sur elle. Wetti n'en avait pas eu connaissance. Ainsi cette vision, en se manifestant à deux reprises, attestait qu'il faut se débarrasser souvent des habitudes malsaines afin d'éviter que pour les moines l'argent ne se transforme en plomb.

On montre aussi à Wetti en cet endroit une haute montagne. L'ange lui dit qu'un abbé décédé depuis moins de dix ans se trouve au sommet de ce mont pour sa punition, mais il ne s'agit pas d'une damnation éternelle. Il supporte toutefois l'inclémence de l'air, l'incommodité des vents et des pluies. L'ange ajoute à son propos qu'un évêque récemment décédé aurait dû essayer par ses prières d'obtenir son pardon, car il le lui a demandé par l'intermédiaire d'un de ses clercs au cours d'une vision. Mais l'évêque négligent ne se montra guère charitable et ne vint pas à son secours. « Et pour cette raison, il ne pourra même pas se secourir lui-même, dit-il. – Et où est-il? – Le voici, dans une autre partie du mont, il supporte la peine qui lui a été infligée. »

Wetti dit avoir vu également à cet endroit un prince qui régna autrefois sur l'Italie et le peuple romain et dont un animal déchirait les parties, le reste du corps demeurant indemne. Stupéfait il s'étonne de ce qu'un tel homme, si ardent à défendre la foi catholique et l'Église – il s'agit de Charlemagne que Walahfrid Strabon nomme dans son poème – puisse être puni d'une manière aussi infamante. L'ange qui le conduit lui répond aussitôt que ce prince, bien qu'il ait accompli beaucoup d'actions admirables et agréables à Dieu, ce dont il sera récompensé, s'est pourtant abandonné à la débauche. « Néanmoins, ajoute-t-il, il est destiné à connaître le sort des élus. »

Il aperçoit aussi des offrandes magnifiques et innombrables, étoffes, vases d'argent, chevaux et linges fins d'un blanc brillant. Comme il demande à l'ange à qui appartiennent ces objets et ce que leur aspect signifie, son interlocuteur lui répond : « Ces biens ont été amassés par les comtes qui gouvernent les diverses provinces; ils sont réunis ici pour que les gens les aperçoivent et sachent qu'ils constituent le fruit de rapines et de la cupidité. » Et il ajoute que ces biens resteront là jusqu'à ce que leurs légitimes propriétaires en reprennent possession.

Et de stigmatiser la manière de vivre de ces comtes. Certains d'entre eux ne punissent pas les crimes, mais persécutent les hommes, en condamnant les justes, en justifiant les brigands, en ayant des relations avec les voleurs et les scélérats. « Aveuglés par le désir d'obtenir des présents, ils ne font rien pour être récompensés après leur mort. Ils n'ont jamais rendu la justice en songeant à leur vie future, et bien qu'ils doivent la faire appliquer gratuitement pour obtenir les récompenses éternelles, ils la rendent à prix d'argent. » Et l'ange désigne nommément certains qui, dit-il, sont déjà jugés.

Wetti rapporte avoir vu également d'innombrables laïcs et religieux, originaires de diverses régions, quelques-uns sauvés, d'autres condamnés.

L'ange le conduit ensuite dans de très beaux endroits, dont les voûtes semblent d'or et d'argent et brillent d'une clarté si grande et d'une beauté si incroyable que l'esprit humain ne peut les concevoir ni la parole les rapporter. Alors s'avance le Roi des Rois, le Seigneur des Seigneurs, accompagné d'une multitude de saints, brillant d'une telle gloire et d'une telle majesté que nul homme avec ses yeux corporels n'est capable de supporter l'éclat d'une telle lumière.

L'ange qui guide Wetti lui dit : « Tu dois mourir demain, mais en attendant consacrons nos efforts à obtenir la miséricorde divine. » Puis, le précédant, il le mène en un lieu où se trouvent réunis de saints prêtres. « Voici ceux qui ont été couronnés en raison de leurs bonnes œuvres, lui explique-t-il. Demandons-leur de t'obtenir le pardon. » Ils sollicitent donc leur intercession. Les saints prêtres, se levant immédiatement, se dirigent vers le trône; là, prosternés, ils implorent miséricorde pour le frère. Pendant ce temps celui-ci se tient à l'écart en compagnie de l'ange. « Il aurait dû constituer un modèle pour ses frères, mais il ne l'a pas fait. » Et les prêtres n'entendent rien de plus. Parmi eux, Wetti affirme avoir reconnu Denis, Martin, Aignan et Hilaire.

Ils se dirigent ensuite là où se trouvent une multitude innombrable de saints martyrs. « Voici, dit l'ange, ceux qu'un triomphe a couverts de gloire, ceux que dans l'Église vous vénérez pour l'honneur et la louange de Dieu, ceux à qui il te faut demander d'intercéder pour obtenir le pardon de tes péchés. » Comme Wetti les implore prosterné à terre, ils se dirigent immédiatement vers le trône de la divine Majesté et demandent la bienveillance pour celui qui a péché : « S'il a redressé ceux qu'il a égarés par l'exemple de sa conduite dépravée et s'il a ramené dans la voie de la vérité ceux qu'il a conduits sur le chemin de l'erreur, alors tous ses péchés lui seront remis. » Mais comment apprécier de tels résultats? « Qu'il réunisse ceux que par son exemple ou son enseignement il a séduits et entraînés vers des actions illicites, qu'il se prosterne devant eux et avoue avoir mal agi et enseigné, qu'il demande pardon et qu'il les supplie par Dieu tout-puissant et par les saints de ne pas agir ni enseigner mal à l'avenir. » Parmi les martyrs, le frère déclare avoir reconnu saint Sébastien et saint Valentin.

Puis l'ange le conduit vers un lieu où se trouvent une multitude innombrable de vierges saintes, brillant d'une dignité incomparable. « Voici de saintes femmes. Nous devons les prier pour qu'elles intercèdent auprès de Dieu. » Cela dit, de la même manière qu'auparavant, ils se prosternent devant les bienheureuses qui aussitôt se dirigent vers le trône pour demander une longue vie. Avant qu'elles ne se prosternent, le Seigneur leur apparaît. Les relevant, il leur dit : « S'il enseigne de bonnes choses et donne de bons exemples, votre demande sera exaucée. »

Après leur départ, l'ange se met à exposer au frère dans quels vices l'homme se vautre. « Il est permis au genre humain par son auteur de se livrer au diable par l'intermédiaire de toutes sortes de crimes; mais rien n'offense davantage Dieu que le péché contre nature. C'est pourquoi il faut lutter et montrer une grande vigilance afin de ne pas succomber au crime de sodomie. Non seulement cette maladie fort contagieuse tue les âmes que pollue l'accouplement de mâles entre eux, mais ce mal apparaît aggravé dans le cas des époux, puisqu'ils perdent le bien de nature que Dieu leur a concédé chez leurs épouses. Je te conseille de proclamer cela publiquement. Ne cache pas aussi le risque attaché à la fornication avec des concubines. En effet, aussi longtemps qu'elles sont avilies, elles ne méritent pas le royaume des cieux. » Wetti lui répond : « Seigneur, je n'ose pas formuler de tels propos parce que, en raison de l'insignifiance de ma personne, je ne m'y sens pas apte. » L'ange indigné reprend : « Ce que Dieu veut et t'ordonne par mon intermédiaire, toi tu n'oses pas le proclamer! »

Puis il se met à lui donner divers conseils pour s'amender lui-même : « Je suis l'ange envoyé pour te garder, moi qui autrefois fus adressé par Dieu à Samson dont parle le *Livre des Juges*, et ceci dès sa naissance pour coopérer à une œuvre admirable, jusqu'à ce que Samson amolli par les délices de la chair offense Dieu à cause de Dalila. Alors je m'éloignai de lui. Toi, quand tu étais un enfant, tu as bien plu, mais ensuite tu as commencé à vivre à ta guise, tu as alors beaucoup déplu; et maintenant tu dois plaire de nouveau en regrettant tes péchés.

« Dans les monastères de moines il faut que les racines des vices soient anéanties pour que les graines des vertus puissent se multiplier. Que l'on se garde de l'avarice! Lorsqu'elle règne, elle s'oppose à la pauvreté de l'esprit, elle ferme l'entrée des cieux. Que la voracité dans le boire et le manger devienne une frugalité extrême! Il faut quitter les vêtements luxueux et ne porter que ce qui est nécessaire pour couvrir la nudité et ne pas souffrir du froid. L'orgueil doit faire place à une humilité non feinte. Certains, en effet, semblent courber la tête, mais ils continuent à dresser leur cœur. Dans les régions occidentales, la Germanie et la Gaule, il faut engager les moines à imiter l'humilité du Christ et la pauvreté volontaire, afin qu'ils ne soient pas éloignés de la porte qui ouvre sur la vie éternelle. Dieu, par mon intermédiaire, fait cette terrible promesse. »

Le péché s'est aussi développé dans les congrégations féminines !

« Où trouve-t-on alors conservée intacte la vie apostolique ? – Dans les pays d'outre-mer, parce que les esprits aidés par la pauvreté parviennent à atteindre le royaume des cieux ; aucun obstacle terrestre ne s'y oppose. »

Cela dit, à plusieurs reprises, il parle du crime de sodomie et insiste sur ce péché suggéré contre la nature par le démon. Comme le frère lui demande pourquoi les ravages de la peste font autant de victimes : « Le monde, répond l'ange, s'est rendu coupable d'un grand nombre de crimes et c'est la punition de ses péchés ; c'est un signe envoyé par le Seigneur pour montrer que la fin du monde est proche ! »

A propos d'un certain comte Géraud – préfet de Bavière sous le règne de Charlemagne – il dit qu'il repose en paix et a obtenu la gloire des martyrs, car il a pris avec zèle la défense de la Sainte Église et combattu les infidèles. « Il a subi la perte de la vie du siècle, aussi participe-t-il à la vie éternelle. »

Wetti s'éveille pour la seconde fois ; les oiseaux font déjà du bruit à l'approche du jour. Il appelle les frères qui ont passé la nuit auprès de lui. Ému par cette vision et rempli de crainte, il leur expose dans l'ordre tous ces faits et demande que, dès l'arrivée du père abbé, ses paroles soient recueillies en sa présence. On lui répond que les frères absorbés par la méditation nocturne n'osent pas rompre la barrière du silence :

« Imprimez alors ces choses dans la cire, leur dit-il, afin qu'elles soient prêtes lorsque l'aurore paraîtra. Je crains que ce que j'ai vu et entendu ne puisse être divulgué par ma langue engourdie. Or ces visions m'ont été accordées avec une telle obligation de les révéler que j'ai peur par mon silence de m'attirer une grande punition. L'intercession des vierges saintes auprès de Dieu pour me procurer une longue vie m'a laissé dans l'incertitude : est-on intervenu pour la durée de la vie éternelle ou de cette vie terrestre ? Si donc cette intercession n'a pas entraîné un prolongement de ma vie terrestre, selon mon ange gardien je mourrai demain. »

Pendant ce temps, les hymnes du matin se terminent, et le père abbé vient le voir en compagnie de quelques frères. Comme il se tient auprès de Wetti, celui-ci demande un entretien secret. Tous les autres sortent, et l'abbé reste avec quatre moines. On apporte les tablettes sur lesquelles on a hâtivement écrit dans le silence de la nuit. Le frère récapitule l'ensemble, se lève de son lit et se prosterne à terre, demandant pardon et priant les visiteurs de s'entremettre pour lui auprès de Dieu.

Durant tout le jour, la nuit suivante et le lendemain, il ne cesse de s'inquiéter, de gémir, de soupirer et de se recommander à chacun. Enfin, lorsque le crépuscule a cédé la place à la nuit, devant les frères convoqués, il déclare que le terme de sa vie présente est venu, et pour cette raison il leur demande de s'appliquer à psalmodier. Les chants terminés, il ne respire plus que très faiblement. Les frères retournent à leur lit. Quant à lui, il s'agite à cause de sa mort imminente. Après avoir reçu le viatique, il décède.

Ce texte pose le problème des aspects religieux des phénomènes oniriques.

DIEU, LES SONGES, APPARITIONS ET VISIONS [1]

Portée spirituelle

Jusque vers le milieu du IIIe siècle, pour les chrétiens il existe une liaison manifeste entre les songes et les moments fondamentaux de leur existence.

Origène (185-254) voit dans la conversion au christianisme la conséquence d'une vision ou d'un songe. « Beaucoup sont venus au christianisme malgré eux, un certain esprit ayant soudain tourné leur cœur de la haine de la doctrine à la résolution de mourir pour elle, en leur présentant une vision ou un songe. » Tertullien (160-240) affirme que « c'est aux visions que la plupart des hommes doivent la connaissance de Dieu ». Allant plus loin, saint Cyprien écrit que cette présence divine se révèle permanente à travers les songes. « C'est pourquoi le divin contrôle ne cesse de nous corriger nuit et jour. »

Les martyrs méritent les visions les plus éminentes, celles qui manifestent les événements futurs. Ils peuvent même les solliciter. Le frère de Perpétue, martyre à Carthage en 203, lui déclare : « Madame ma sœur, tu as déjà de si grands mérites que tu es digne de réclamer une vision et il te sera montré si c'est le martyre ou la relaxe qui nous attend. »

Mais, nous l'avons vu, la liaison du rêve avec le corps entraîne une méfiance qui durera de nombreux siècles. Sur le rêve planent les menaces de Satan, de l'hérésie et du sexe. En outre le futur n'appartient qu'à Dieu et il ne consent à le révéler qu'à de rares privilégiés.

Le milieu des rêveurs privilégiés limité d'abord sur-

1. On a tenté de définir les différents états oniriques : il s'agit d'un songe lorsque l'on dort, d'une apparition lorsque l'on veille, d'une vision lorsque l'âme quitte le corps et visite l'au-delà. Ce sont des classements artificiels et l'important est de savoir ce que les hommes du Moyen Age ont cru avoir vu.

tout aux saints s'étend à un monde fermé, n'ayant pas encore acquis la gloire céleste, mais y prétendant, à savoir le milieu monastique.

De Marseille avec Cassien, au Ve siècle, aux îles Britanniques avec Bède, aux VIIe-VIIIe siècles, les songes se multiplient. L'Orient, grâce à Cassien, le monde celtique et barbare par l'intermédiaire de Bède, influent sur les récits oniriques, de même que la culture orale ou le folklore. Ce milieu monastique thésaurise les songes, mais la croissance urbaine, la réforme grégorienne, l'évolution du monde régulier lui-même vont transformer cette situation.

La nuit peuvent se manifester de saints personnages. Pour montrer la gloire et la puissance divines. Dans la ville de Bordeaux, raconte Grégoire de Tours, une femme âgée et pieuse, qui a l'habitude d'allumer des lampes dans les églises, entre une nuit de dimanche dans la basilique Saint-Pierre pour y remplir cette fonction. Accompagnée d'une petite fille, elle descend dans la crypte. Pendant qu'elle accomplit sa besogne, la nuit tombe. Les clercs arrivent, chantent les versets des psaumes, puis ferment la porte de la crypte sans se douter qu'ils y ont enfermé la vieille femme. Celle-ci se met à crier, mais ne peut se faire entendre. Vers le milieu de la nuit, les portes s'ouvrent et la basilique se remplit d'une intense clarté. Un chœur en chantant des psaumes s'avance dans l'église. Le chant terminé, la femme entend des hommes qui se plaignent du retard de saint Étienne. Alors qu'ils réitèrent leurs doléances, arrive un personnage vêtu d'une robe blanche, que la multitude salue humblement en disant : « Bénis-nous, saint et sacré lévite Étienne. » Sur leur demande, celui-ci donne la raison de son retard. « Il y avait sur la mer un navire en danger d'être submergé; on m'y invoqua, j'y courus, je le délivrai et me voici. Et, afin que vous n'ayez pas de doute sur la véracité de mes paroles, voyez le vêtement que je porte, il dégoutte encore de l'eau dont il a été mouillé par la mer. » La foule s'écoule, les portes se referment. Alors la femme vient à l'endroit où s'est tenu le saint, recueille avec un mouchoir les gouttes tombées sur le sol et les montre à l'évêque de la ville.

Pour indiquer aux fidèles leurs devoirs. Grégoire rapporte dans un chapitre de *La Gloire des Confesseurs* que le territoire de Tours comporte un monticule plein d'épines, de ronces, de vignes sauvages et d'épaisses broussailles. Selon la renommée, deux vierges consacrées reposent en cet endroit; d'ailleurs, la veille des jours de fête, les fidèles y voient fréquemment une lumière allumée. L'un d'eux, plus hardi que les autres, ne craint pas de s'y rendre une nuit; il aperçoit un cierge d'une blancheur merveilleuse qui répand une lumière immense. L'ayant contemplé, il se retire et raconte ce qu'il a vu. En même temps les vierges apparaissent à un habitant du pays, lui signalent qu'elles sont enterrées en ce lieu, qu'elles ne peuvent supporter plus longtemps de ne pas être abritées par un toit, et d'être mouillées; il doit donc couper les broussailles et mettre une couverture à leurs tombeaux. A son réveil, en proie à d'autres pensées, il oublie le songe. Mais la nuit suivante, elles lui apparaissent de nouveau, le visage menaçant, et lui prédisent que, s'il n'obéit pas, il mourra au cours de l'année. Effrayé, notre homme prend sa hache, abat les buissons et découvre les sépulcres. Il envoie des bœufs et une voiture, amasse des pierres et, l'été venu, édifie un oratoire à cette place. L'ouvrage fini, il demande à l'évêque de Tours Euphronius de le bénir. Mais celui-ci âgé s'excuse en disant : « Tu vois, mon fils, que je suis vieux et que l'hiver sévit plus durement que d'habitude; les pluies arrivent, les vents soufflent avec force, les fleuves grossissent et les chemins deviennent une frange délayée; il ne convient pas à mon âge de courir par de telles voies. » L'homme retourne chez lui fort affligé, mais dès que l'évêque s'endort, les deux vierges lui apparaissent. La plus âgée prend la parole d'un air chagrin : « En quoi t'avons-nous mécontenté, bienheureux pontife? Pourquoi nous méprises-tu? Pourquoi négliges-tu de venir consacrer le bâtiment qu'un fidèle nous a construit ? Viens de suite, nous t'en conjurons au nom de Dieu tout-puissant dont nous sommes les servantes. » L'évêque s'éveille et appelle le recteur de la maison épiscopale. « J'ai péché en n'allant pas avec l'homme. Voici que je viens de voir les deux vierges qui me l'ont reproché, et je crains d'encourir l'indignation de Dieu si je diffère de me rendre à leur tombeau. »

Dans le cas d'Ursin dont l'histoire est tirée du même ouvrage, le doute constitue la première réaction. Auguste, abbé de Saint-Symphorien de Bourges, voit Ursin lui apparaître une nuit. « Creuse en terre et cherche mon corps, lui dit le saint, car je suis Ursin, premier évêque de cette ville. » L'autre répond : « Où chercherai-je ton sépulcre, alors que j'ignore en quel lieu tu as été déposé ? » Mais Ursin, lui ayant pris la main, le conduit à l'endroit : « Mon corps, dit-il, est sous ces racines de vigne. » L'abbé réveillé raconte la chose à son évêque ; mais celui-ci faisant peu de cas des paroles du prêtre ne procède à aucune recherche. Sur ces entrefaites arrive saint Germain, évêque de Paris, qui prend logis chez l'évêque. Après le souper, il s'endort. Apparaît alors en songe à Germain et à l'abbé de Saint-Symphorien saint Ursin qui les conduit à l'endroit du sépulcre et les supplie de l'enlever de ce lieu. Éveillés en même temps, ils se rendent aux vigiles, puis les offices du matin achevés, ils se font part mutuellement de leur songe. En conséquence, la nuit suivante, ils vont à l'endroit indiqué avec un clerc chargé de porter un cierge, creusent le sol et trouvent le sépulcre. Ils le découvrent, écartent le couvercle et voient le saint corps semblable à celui d'un homme endormi, la putréfaction ne l'ayant en rien entamé.

Pour punir ceux qui ont commis des actes délictueux. Quelques jours après le décès de saint Nizier, évêque de Lyon, son testament est lu en présence du peuple. Un prêtre de la basilique, gonflé de fiel parce que le saint ne laisse rien à cette église où il est inhumé, déclare : « Bien des gens disaient toujours que Nizier avait peu d'esprit; on le voit bien maintenant puisqu'il n'a rien légué à l'église où il est enterré. » Mais la nuit suivante, le saint se montre au prêtre en compagnie de deux autres évêques de Lyon auxquels il dit : « Ce prêtre me couvre de blasphèmes en affirmant que je n'ai rien légué à l'édifice où je repose, et il ignore que je lui ai laissé ce que j'ai de plus précieux, c'est-à-dire la poussière de mon corps. » Ceux-ci répondent : « Il a mal agi en dénigrant un serviteur de Dieu. » Le saint se tourne alors vers le prêtre et le frappe sur la gorge en disant : « Pécheur digne d'être foulé aux pieds, cesse de parler sottement. » Le prêtre ressent une vive douleur et doit rester au lit en proie à de terribles souffrances, mais ayant invoqué le nom du confesseur, il retrouve la santé.

Cinq siècles plus tard, la Sainte Vierge intervient de la même manière. Selon Guibert, abbé de Nogent, un chevalier tentant d'annexer à son territoire de pêche la portion d'une rivière qui appartient depuis longtemps aux moines, la Vierge pour le punir frappe de paralysie plusieurs de ses membres. Comme il attribue le fait à une cause fortuite, « la très sainte Vierge se présente à lui durant son sommeil et lui donne plusieurs claques en plein visage, non sans dureté ». Réveillé, le chevalier vient demander le pardon de l'abbé et restitue ce qu'il a usurpé.

Au XIe siècle n'apparaissent pas seulement des saints, mais aussi des laïcs disparus. Nous avons eu l'occasion de signaler que la mère de Guibert de Nogent s'étant endormie une nuit de dimanche après matines aperçoit, entre autres, son mari, le père du narrateur.

Le texte fournit de précieuses indications. Il est précédé d'une introduction qui en situe l'aspect religieux : « Tu sais pourtant, Seigneur, quelle fidélité, quel amour, elle réserva à son conjoint, même défunt, quelle somme de sacrifices quasi quotidiens, de prières, de larmes, d'aumônes considérables, elle a consacrée sans relâche à racheter l'âme de celui qu'elle savait être entravé par son péché. Aussi lui arrivait-il, en vertu d'une surprenante disposition divine, d'avoir de très fréquentes visions au cours desquelles lui étaient révélées, en images fort expressives, les douleurs dont mon père, pour expier, était affligé. Il ne fait aucun doute que des visions de ce genre proviennent de Dieu. En effet, puisqu'une beauté fallacieusement lumineuse ne procure qu'une sécurité déplorable, puisque, en revanche, la vision des douleurs et des châtiments fournit un stimulant à la prière et aux aumônes, puisque les défunts, ou plutôt les anges qui prennent soin des intérêts de ceux qui sont morts dans la foi, exigent évidemment que l'on procure à ceux-ci le remède du service divin, nous avons là des preuves suffisantes que tout ceci vient de Dieu; jamais les démons ne s'emploient au salut de qui que ce soit. Aussi l'âme de cette sainte femme, dans sa sollicitude, était-elle réchauffée par de tels signes, et la vision prodigieuse des tourments internes de son époux défunt l'enflammait en lui faisant rechercher assidûment l'intercession en sa faveur. »

Selon Guibert de Nogent, il y a donc des preuves de l'origine divine des songes, essentiellement la demande d'une intercession à l'aide de prières ou d'aumônes en faveur des défunts. Le diable ne peut souhaiter le salut d'une âme.

L'importance de cette intercession est bien mise en valeur dans la suite du récit. « Ma mère demanda à son époux si la prière, l'aumône et le saint sacrifice lui procuraient quelque soulagement : elle avait en effet conscience d'offrir fréquemment pour lui tout cela. Il répondit que oui et ajouta : “ Mais parmi vous habite une certaine Liutgarde. ” Ma mère comprit que, s'il nommait cette femme, c'était afin qu'elle lui demandât de faire mémoire du défunt dans ses prières. Ladite Liutgarde était une femme qui pratiquait vraiment la pauvreté en esprit, ne participant point des habitudes du siècle, mais vivant pour Dieu dans sa simplicité. »

Outre son mari, la mère de Guibert de Nogent voit

un certain chevalier Renaud assassiné peu après, puis un de ses fils qui décède beaucoup plus tard et une vieille femme qui fut sa compagne au début de sa conversion. Renaud qui a commis sur cette terre de nombreux péchés est représenté sur une planche au-dessus d'un puits qui contient des fantômes humains. Genoux fléchis, pliant le cou devant un bûcher, il souffle en gonflant ses joues. Le frère de Guibert qui a fait d'horribles serments par le corps et le sang du Seigneur se trouve sur la même planche. La vieille femme qui extérieurement était toujours occupée à châtier son corps faisait montre, disait-on, d'un esprit de gloriole. La mère de Guibert la voit enlevée par deux démons fort noirs.

Du temps où elles habitaient ensemble, elles s'étaient fait mutuellement une promesse : la première d'entre elles qui mourrait ferait, si Dieu le permettait, savoir à la survivante par une apparition, quelle serait alors sa condition, bonne ou mauvaise. La vieille femme en question, sur le point de mourir, eut elle-même une vision : elle s'aperçut dépouillée de son corps et se dirigeant vers un temple avec plusieurs de ses pareilles, et il lui semblait qu'elle portait une croix sur ses épaules. Parvenue au temple, elle demeurait en dehors, car les portes étaient fermées. Lorsqu'elle fut trépassée, elle apparut à une autre personne, au sein d'une grande puanteur, et elle la remercia vivement : grâce aux prières de celle-ci, elle pourrait échapper à cette infection et à sa douleur.

La mère de Guibert de Nogent, en rapprochant l'une de l'autre les données, comprend qu'elle a vu les lieux où sont punis les pécheurs dans les Enfers.

Le fait d'apercevoir deux personnes encore vivantes indique-t-il que la méfiance de l'Église envers l'oniromancie a disparu ? Au XIIIe siècle, saint Thomas d'Aquin après avoir exposé le problème conclut ainsi : « User des songes pour connaître l'avenir est chose légitime s'il s'agit : 1° de songes provenant d'une révélation divine ; 2° de songes qui dépendent d'une cause naturelle interne ou externe, pourvu qu'on n'aille pas au-delà des limites où s'étend son influence. Mais si le songe divinatoire a pour origine une révélation diabolique par suite d'un pacte exprès, avec les démons invoqués, ou d'un pacte tacite, la divination s'étendant au-delà des limites auxquelles elle peut prétendre, il y a superstition et péché. Les difficultés sont par là résolues. »

Avec la vision de la mère de Guibert de Nogent, nous abordons le thème des voyages dans l'au-delà. Jusqu'au VIIe siècle, de telles visions n'existent pratiquement pas en raison du souci de l'Église de mettre de côté un folklore qu'elle estime lié au paganisme. C'est du VIIe au Xe siècle qu'elles se développent, particulièrement dans les milieux monastiques.

Par bien des traits elles ressemblent à la vision de Wetti.

Le héros, moine ou laïc, au cours de son sommeil se retrouve donc dans l'au-delà avec pour guide un saint ou un ange.

L'accent est d'abord mis sur l'enfer, afin que les hommes, des pécheurs, prennent conscience de leurs fautes, se repentent et puissent être sauvés, tels Drythelm ou Charles le Gros.

Drythelm est un pieux laïc qui tombe malade et meurt un soir. Mais à l'aube il retrouve la vie. Il décide alors de partager ses biens et se retire dans un ermitage. Là, il lui arrive de raconter qu'un personnage l'a mené dans une vallée très large et profonde. A gauche des flammes, à droite la grêle et la neige, sur les versants une multitude d'âmes humaines. Mais il ne s'agit pas encore de l'enfer. Drythelm erre dans des lieux de plus en plus sombres. Brusquement sortent d'un puits et y retombent des boules de feu qui contiennent des âmes humaines; en même temps retentissent des pleurs et des ricanements et se répand une odeur fétide. Les démons s'acharnent sur cinq âmes, parmi lesquelles Drythelm distingue celle d'un clerc, d'un laïc et d'une femme. Alors que des diables l'entourent et semblent prêts à le saisir avec des pinces de feu, son compagnon qui l'a abandonné un instant revient et l'emmène vers un lieu lumineux. Drythelm reçoit bientôt de son guide des explications. La vallée entourée de flammes et de froid est l'endroit où sont châtiées les âmes qui se sont tardivement confessées. Comme elles se sont repenties à l'article de la mort, le jour du Jugement dernier elles seront sauvées. Bien plus, les prières des vivants, les aumônes, les jeûnes et surtout les messes leur permettront d'avancer l'heure de cette libération. Quant au puits qui vomit des flammes, c'est la bouche de la géhenne; celui qui y tombe n'en peut plus ressortir.

Une vision écrite peu après la mort de Charles le Gros en 888, pour servir la cause de son neveu Louis, est présentée sous l'aspect d'un récit fait par l'empereur. La nuit d'un dimanche, après l'office divin de nocturne, Charles va se coucher quand une voix lui annonce que son esprit le quittera pendant une grande heure; une vision lui révélera alors le jugement de Dieu.

Son guide qui tient une pelote de laine brillante lui ordonne d'en prendre un fil, de façon à être guidé dans le labyrinthe des peines infernales. Charles est ainsi conduit dans de profondes vallées remplies de puits où brûlent poix, soufre, plomb, cire et suie, et dans lesquels se trouvent les prélats de son père et de ses oncles, car ils ont semé la discorde. Subissent les mêmes supplices les amateurs d'homicides et de brigandages.

Alors que des démons tentent de l'agripper, Charles et son guide grimpent sur des montagnes de feu très hautes. S'en échappent des fleuves brûlants où bouillent divers métaux. Là se trouvent une multitude d'hommes et de grands au service de son père et de ses frères immergés les uns jusqu'aux cheveux, les autres jusqu'au menton, d'autres jusqu'au nombril; ils ont, leur disent-ils, au cours de leur vie terrestre aimé livrer des combats, commettre des homicides et des brigandages.

Au moment où des dragons se précipitent, la gueule ouverte et pleine de feu, de soufre et de poix pour engloutir Charles, son guide triple sur lui le fil de la pelote et le tire vigoureusement en avant.

Ils descendent alors dans une vallée obscure mais brûlant comme le feu d'un four d'un côté, alors que de l'autre elle apparaît extraordinairement agréable. Dans les ténèbres enflammées, Charles apercevant plusieurs rois de sa famille éprouve une terrible angoisse, car il craint de subir un tel supplice. Il voit aussi son père Louis debout jusqu'à la cuisse dans un bassin rempli d'eau bouillante : « Si vous venez vite à mon secours, toi et mes fidèles, évêques, abbés et membres du clergé, au moyen de messes, offrandes, psalmodies, vigiles et aumônes, je serai rapidement délivré de ce bassin d'eau bouillante. » Puis il ajoute : « Regarde du côté gauche. Ces deux bassins très profonds ont été préparés pour toi si tu ne t'amendes pas et si tu ne fais pas pénitence pour tes crimes abominables. »

Ainsi la partie infernale comporte plusieurs endroits, selon la gravité des crimes. Et les prières des vivants permettent d'abréger le supplice de ceux qui ne sont pas damnés pour l'éternité.

Le paradis peut également comprendre plusieurs parties. Drythelm, après avoir traversé l'enfer, parvient à un mur long et haut, qu'il franchit mystérieusement. Il se retrouve alors dans une vaste prairie fleurie où se tiennent des hommes vêtus de blanc. Son guide qui lit dans ses pensées lui indique qu'il ne s'agit pas du Royaume des cieux. Notre héros traverse la prairie et au fur et à mesure qu'il avance le parfum devient de plus en plus suave, la lumière paraît de plus en plus brillante. Mais il doit rebrousser chemin, car son compagnon ne désire pas l'amener plus avant. Il lui donne des explications lorsqu'ils se retrouvent parmi les hommes en blanc. Ces personnages sont morts au milieu des bonnes œuvres, mais leur sainteté insuffisante ne leur a pas permis d'atteindre immédiatement le Royaume des cieux; ils y entreront le jour du Jugement dernier. Ceux qui ont été parfaits en tous points y accèdent directement. Si Drythelm qui doit retrouver son corps et retourner vivre au milieu des hommes mène une vie de droiture et de simplicité, il reviendra parmi les esprits heureux.

A partir de la fin du XIIe siècle, ainsi que le montre Jacques Le Goff, avec *Le Purgatoire de saint Patrick* – texte rédigé entre 1180 et 1220 par un moine cistercien de Saltrey – un espace intermédiaire sépare l'enfer du paradis : le purgatoire d'où les âmes purgées se rendront ensuite au paradis.

Guérison des corps

Les visions n'interviennent pas seulement sur le plan spirituel. Il n'est pas rare qu'un saint apparaisse à un malade endormi et, médiateur de Dieu, opère sa guérison ou lui indique la conduite à tenir pour obtenir cette guérison.

Imaginons la basilique Saint-Martin de Tours à l'époque de l'évêque Grégoire, l'illustre historien des Francs.

Dans l'atrium de l'église une foule de malades. Les uns sont installés le long du portique afin de s'abriter du vent, quelques autres ont eu la chance d'obtenir une cellule pour y passer la nuit. Les meilleures places se trouvent près du tombeau. Il s'agit parfois d'un séjour de longue durée dans de difficiles conditions, puisque le lit se réduit souvent à un simple grabat. Des infirmes transportés dans des charrettes et ne pouvant en descendre restent sur les véhicules près de la basilique. D'autres pèlerins se tiennent aux portes par esprit d'humilité.

Les malades souvent ne sont pas seuls, mais accompagnés de parents, d'amis et, pour les grands personnages, d'esclaves qui veillent avec eux.

La nuit est tombée, les portes ont été fermées. Le gardien fait sa ronde, veillant à ce que les lumières ne brûlent plus, à l'exception de celle du tombeau qui brille dans la cellule. Plongée dans la pénombre, l'église que la lune éclaire par endroits, projetant des figures fantomatiques, acquiert une allure mystérieuse, voire angoissante. L'encens, la fumée des cierges ont rendu l'air difficilement respirable.

Et les malades veillent, car la veille est obligatoire, étendus, parfois à genoux. La fatigue triomphe souvent, d'autant plus que les nuits peu reposantes se succèdent. Ils prient, s'endorment et parfois réveillés brutalement par un rêve se mettent à crier : « Seigneur Martin, délivre-moi. » Guettant le moindre bruit dans l'espoir d'entendre le saint.

Ce dernier apparaît bientôt – nombre d'entre eux relateront leur guérison à l'évêque Grégoire qui consignera leurs dires scrupuleusement –, trace le signe de croix sur leur membre malade. Une douleur violente, et c'est la guérison. Le miracle se produit tantôt la nuit, tantôt un peu plus tard, lors des matines.

Saint Gal, oncle paternel de Grégoire, alors qu'adolescent il effectue un voyage, s'enfonce une épine dans le pied. Il reprend néanmoins sa route en boitant. Mais la troisième nuit, la plaie suppure et il ressent les plus vives douleurs. Recourant alors à la protection de saint Julien, il se prosterne devant son tombeau; puis, les vigiles finies, il revient à son lit où il s'assoupit en invoquant la vertu du martyre et s'endort. A son réveil il constate qu'il ne souffre plus et regarde sa blessure; il ne peut voir l'épine entrée dans la chair, mais constate qu'elle a été retirée. Il la cherche avec attention dans sa couche et la retrouve, admirant de quelle manière elle est sortie.

Le sommeil est associé par les malades à la guérison, car c'est le saint qui le provoque.

Transportons-nous à Brioude. Une femme nommée Fédamie, complètement paralysée, est portée par des proches dans la basilique de saint Julien. Elle y passe la nuit du dimanche, sous le portique attenant à l'édifice. Là, couchée sur un petit lit et endormie, elle voit en songe un homme qui lui fait des reproches et lui demande pourquoi, alors que les autres consacrent leurs veilles à Dieu, elle y manque. Elle lui répond que son extrême faiblesse ne lui permet pas de marcher. Elle se sent alors comme soulevée par son interlocuteur et conduite jusqu'au tombeau du saint où elle fait sa prière tout en dormant ; au même moment il lui semble qu'une multitude de chaînes tombent de ses membres sur le sol. Réveillée par le bruit, elle s'aperçoit qu'elle a recouvré entièrement la santé. Aussitôt elle se lève de son lit et entre dans la basilique en rendant grâce à haute voix. Certains rapportent qu'elle faisait souvent le portrait de l'homme qui lui avait parlé : il était de haute taille, habillé de blanc, plein d'élégance, le visage souriant ; il avait des cheveux blonds et blancs ; sa démarche était aisée, sa voix franche et douce, sa peau plus blanche que le lis. D'où plusieurs conclurent que c'était le bienheureux martyr Julien qui lui était apparu. C'est après dix-huit ans de maladie que cette femme fut guérie.

Un autre paralytique, impotent de tous ses membres, placé sur un chariot, est mené au monastère de Saint-Julien. Comme il passe la nuit dans sa voiture, en face de la basilique, il voit celle-ci s'illuminer tout à coup d'une lumière resplendissante et a l'impression d'entendre une multitude de voix d'hommes chanter des psaumes. Pendant ce temps il fait sa prière, plongé dans une sorte de stupeur et oubliant son mal. Il veut s'avancer ; la lumière qu'il a vue disparaît. Il reprend alors ses sens et constate qu'il a recouvré la santé.

Comme les malades, les prisonniers font partie des malheureux et bénéficient de miracles similaires. Le roi Gontran avait perdu à la suite d'un vol la corne au son de laquelle il rassemblait ses chiens et donnait la chasse aux cerfs. Irrité, il met beaucoup de personnes en prison et ôte leur fortune à quelques-uns. Trois d'entre eux viennent alors au tombeau de saint Seine. Le roi l'ayant appris ordonne qu'on leur mette des chaînes aux mains et aux pieds. Mais à minuit apparaît dans l'église une lumière plus éclatante que la lumière terrestre; la barre des fourches qui emprisonnent les pieds se brise, les anneaux de fer qui lient les mains se rompent, et les chaînes tombent. Le roi, en apprenant l'événement, accorde aussitôt la liberté aux prisonniers.

Lorsque le rêve se transforme en cauchemar, le patient demande l'aide du saint; le muet retrouve alors la parole. Satan essaie d'ailleurs au cours de leur sommeil de tromper les malades, de mettre en péril leur foi, mais le saint met le démon en fuite en faisant le signe de la croix.

La guérison se produit habituellement lors du sommeil. Ainsi une femme prise de la fièvre quarte, longtemps en proie à ce mal, ne peut plus goûter ni nourriture ni sommeil. Elle veille alors dans les gémissements et la prière au tombeau de saint Venantius, et persiste, immobile, jusqu'à la venue du jour; le matin, elle tombe dans le sommeil et, lorsqu'elle se réveille, ne sentant plus aucun mal, s'en va guérie. Mais peut-on parler véritablement d'incubation, c'est-à-dire de sommeil guérisseur, au Moyen Age?

Le rite de l'incubation existe dès l'Antiquité. Aelius Aristide, au IIe siècle de notre ère, en fournit un vivant témoignage dans son ouvrage intitulé *Discours sacrés*. Il y rapporte ses cures dans les temples de Sérapis et d'Asclépios, les rêves où le dieu lui donne des recettes pour guérir, les exercices très intenses, comme des courses ou des nages, qu'il pratique sur son ordre. Le dieu se manifeste par un rêve et permet au malade de guérir.

Une évolution se dessine tout au long des temps antiques. Alors qu'à Épidaure, aux Ve et IVe siècles avant notre ère, le dieu guérit les malades pendant la vision, à l'époque romaine, dans le sanctuaire de l'île du Tibre, il se borne à indiquer des remèdes et la guérison n'intervient qu'ultérieurement.

Après la victoire du christianisme, certains fidèles se

comportent dans les édifices chrétiens de la même manière que les Grecs et les Romains dans les temples païens. Dans des sanctuaires orientaux, l'incubation est sans aucun doute pratiquée.

En Occident, la situation apparaît plus confuse. Nous avons vu un certain nombre de textes tirés des *Livres des miracles* de Grégoire de Tours. Il y a guérison, mais il n'est pas fait allusion au désir de dormir pour se trouver à l'écoute du saint. L'important est de veiller, de prier. Parfois même le sommeil semble exclu; ainsi dans ce miracle qui se produit à Candes où mourut saint Martin. Léomère, serf d'un habitant d'Angers, se trouve avoir la main contractée et la langue liée à la suite d'un coup de sang. Longtemps après, il obéit aux avertissements de la foi, en veillant dans la basilique du saint, et aussitôt sa main se redresse, sa langue est délivrée de tout embarras. « Voici ce que le saint de Dieu a opéré cette nuit », déclare-t-il à tous. De retour chez son maître, il lui rapporte le miracle, mais celui-ci incrédule le remet à son travail habituel. Aussitôt il est repris par sa paralysie. Alors le maître le renvoie au lieu saint où il est déjà allé; et là cet homme, après avoir passé la nuit dans une extrême dévotion, est, le jour venu, rendu à la santé.

De nombreux éléments de l'incubation antique apparaissent : la maladie, la présence des patients dans l'église durant la nuit, ce qui facilite l'assoupissement, l'apparition du saint guérisseur. Mais si le sommeil se manifeste, il n'est pas véritablement recherché.

A l'époque féodale les veillées de prières dans les sanctuaires de pèlerinage perdurent. La nuit, le désir de guérir, les récits relatifs aux miracles opérés par le saint, prédisposent les malades à s'endormir et à imaginer que le saint leur apparaît.

Selon Pierre-André Sigal, auteur d'un ouvrage sur l'homme et le miracle aux XIe et XIIe siècles où il étudie fort bien l'incubation, seules 40 pour cent des guérisons liées à une vision ont lieu au cours de cette vision.

Généralement le saint se manifeste lors d'un rêve,

mais parfois le malade est éveillé ou pense être éveillé. Saint aux traits tantôt précis, tantôt confus, prenant la forme d'un animal ou d'un objet, sortant du tombeau ou passant par une fenêtre en provenance du ciel. Il réalise les désirs du malade, à savoir la guérison, mais il le fait de manière différente selon les cas. Il peut se comporter comme un médecin ou un chirurgien : saint Benoît, à l'aide d'un couteau, entaille la pellicule qui recouvre les yeux d'un aveugle. Mais il agit plus fréquemment d'une manière non médicale : il touche des doigts ou de la main la partie malade, les yeux des aveugles, les oreilles des sourds, la gorge des muets. Il peut intervenir avec de l'eau bénite, de l'huile. Parfois même il se borne à donner un ordre au patient qui guérit en obtempérant. Tel paralytique reçoit la consigne dans son rêve de se lever; il s'exécute et se réveille en bonne santé.

Dans quelle mesure la guérison est-elle liée à la recherche volontaire du sommeil? Point de texte probant chez Grégoire de Tours. Par contre, dans la seconde moitié du XIIe siècle, un aveugle apprend par un songe qu'il guérira s'il va dormir devant l'autel de sainte Rictrude dans une église près de Lille. Une fois dans le sanctuaire, il supplie la sainte d'intercéder en sa faveur puis, selon l'habitude des affligés, écrit l'auteur, il s'endort. Lui apparaît alors une femme très belle qui déplace devant ses yeux la manche de son vêtement. En se réveillant, l'aveugle constate qu'il est guéri. De même une femme hydropique se rend à l'abbaye de Saint-Bertin. Elle a beau prier devant le tombeau de saint Bernard le Pénitent, elle ne recouvre pas la santé. Mais, chez elle, le saint lui apparaît, lui dit de retourner au sanctuaire et de dormir dans un autre endroit que la première fois. La femme s'exécute et se réveille guérie.

S'il y a incubation, elle diffère de celle pratiquée dans l'Antiquité, en ce sens que la prière est nécessaire pour obtenir la guérison; elle est d'ailleurs mentionnée plus fréquemment que le sommeil. D'autre part il existe beaucoup d'autres procédés – sans rapport avec la nuit –, tels que boire de la poussière du tombeau mêlée à de l'eau. Et ce sont les fiévreux qui bénéficient surtout du rite de l'incubation, peut-être parce que quelques heures de repos font plus facilement disparaître la fièvre qu'une surdité ou une paralysie.

Ainsi dans le cas de Guibert de Nogent. Encore petit garçon, il est pris durant le temps pascal d'une brûlante fièvre quotidienne. Or, près de chez lui, se trouve une église dédiée aux saints Léger et Maclou, à laquelle sa mère fournit l'huile d'une lampe perpétuelle. Comme Guibert ne peut absorber aucune nourriture, elle ordonne à deux clercs de le conduire dans le sanctuaire. Les clercs font disposer devant l'autel pour la nuit un lit où ils puissent reposer tous les trois. Au milieu de la nuit de grands bruits retentissent à l'intérieur de l'église. Les clercs tirés de leur sommeil se mettent à redouter que la crainte n'ait rendu Guibert encore plus malade. Quant à lui, rassuré par leur voisinage et par une lampe, il n'a que médiocrement peur. Ainsi passe la nuit, et il revient chez sa mère en parfaite santé, comme s'il n'avait connu aucune incommodité.

Présence nocturne de Dieu dans l'inconscient de l'homme médiéval. Mais aussi présence consciente et volontaire.

2

PRIÈRES

La nuit constitue une période favorable à la prière tant des laïcs que des clercs, ainsi qu'à l'union avec Dieu.

LES LAÏCS

Piété individuelle

Destinée à une femme seule, vierge ou veuve, une « journée chrétienne » due à Pierre de Luxembourg – cardinal à quinze ans en 1384, décédé trois ans plus tard à Avignon en odeur de sainteté – comporte ce programme de dévotions quotidiennes qui manifeste l'importance de la prière nocturne. « Tu peux te contenter de dormir six à sept heures sans nuire à ta santé. Tu te lèveras toutes les nuits au plus près de minuit que tu pourras et, quand tu seras éveillée, tu lèveras les yeux en haut de tout ton cœur vers ton doux maître Jésus-Christ en croix, tu feras le signe de la croix sur ton front, puis sur ta paume [...] Et quand tu te seras levée, tu te mettras à genoux aussi humblement que tu le pourras, et salueras Notre-Seigneur en disant au moins un *Pater Noster* avec attention. Ensuite, tu salueras la Vierge Marie d'un *Ave Maria*, ou plus, selon ta dévotion; puis tu diras tes matines. Et en tout ton service, aussi bien de jour comme de nuit, chasse de ton cœur autant que tu pourras toutes les pensées mondaines, et joins ton cœur à Dieu. Tes matines dites, tu penseras à la passion de Jésus-Christ de tout ton cœur, en le priant de sentir les peines qu'il a souffertes pour toi, en le remerciant des grâces qu'il t'a faites. Ensuite, tu te recommanderas dévotement à Notre-Dame et aux saints de ta dévotion, puis, selon la longueur des nuits et ta ferveur, tu feras une fois ou deux, tant de nuit que de jour, la prière qui s'ensuit : premièrement, tu prieras pour l'Église et pour les prélats et les gens d'Église, les princes de la terre et tout le peuple qui leur est confié; après, pour tous ceux et celles envers qui tu es obligée, et aussi pour toutes les personnes qui sont en tribulation, pour les trépassés à qui nous sommes liés et pour tous ceux du purgatoire. Tu ne diras pas une trop grande quantité de prières, mais tu t'accoutumeras à souvent penser à l'une ou l'autre chose qui s'ensuivent : d'abord à la bonté de Dieu et à ta mauvaiseté; ensuite à la gloire que tu veux avoir et au châtiment que tu as mérité; enfin à l'heure de la mort et au jour du jugement. Et puis tu te recoucheras un peu et te reposeras...

« Le soir venu, tu diras tes vêpres et tes vigiles, si tu le sais et si tu peux le faire, c'est à savoir : la semaine à trois psaumes et à trois leçons, et les fêtes à neuf psaumes et à neuf leçons. Après souper, quand tu auras rendu grâces, tu te retireras rapidement dans ta chambre et fermeras la porte derrière toi » (traduction Geneviève Hasenohr). La femme devra rester seule avec Dieu, ne pas parler jusqu'au lendemain, sinon en cas de grande nécessité. Après s'être accusée de ses manquements et avoir fait diverses prières, elle se couchera.

A une femme mariée et mère de famille, un franciscain de la première moitié du XVe siècle déclare : « Je crois, ma très chère fille, que l'heure la plus profitable pour vous et pour nous tous serait la mi-nuit après le sommeil, une fois la digestion accomplie et les labeurs du monde mis en repos, quand les voisins ne vous verront pas, que personne ne vous regardera, sauf Dieu. » Et il insiste un peu plus loin : « Bien que, en toute heure et en tout temps, on doive, comme il a été dit, être prêt à continuellement élever sa pensée à Dieu, l'heure spéciale est l'heure de minuit. »

Ainsi les clercs recommandent à leurs dirigées laïques, entre le XIIIe et le XVe siècle, une existence comparable à celle des personnes consacrées à Dieu. Toutefois les contraintes domestiques obligent à des accommodements. Le franciscain cité plus haut conseille, puisque sa dirigée a mari, ménage, enfants et famille, de se réserver un temps de méditation, le soir, après le souper, entre 19 heures et 21 heures. Et saint Antonin déclare de même : « Par la raison que vous êtes mariée et que vous devez soumission et obéissance à votre époux, je ne puis vous dire de vous lever la nuit comme les religieux pour réciter l'office, mais je vous conseille bien de prendre l'habitude de vous lever de bonne heure. » Lorsqu'il paraît impossible de prier la nuit, les auteurs des « journées chrétiennes » conseillent des moments qui en sont proches, voire qui en font pratiquement partie, puisque pour l'un il s'agit de l'après-dîner, entre 19 heures et 21 heures, et pour l'autre de l'aurore.

Ces recommandations s'appliquent à des femmes qui n'ont pas, à la différence de leurs maris, le souci des affaires extérieures. Les clercs, en général, leur recommandent cependant de dormir suffisamment. A l'exception de Simone Fidati qui interdit à sa dirigée, une vierge, de se coucher avant d'être épuisée et prévoit des veilles nocturnes, les auteurs de journées chrétiennes conseillent de six à huit heures de sommeil. Le lever sera matinal (à l'aurore en été, avant le lever du soleil en hiver).

Et de fait bien des textes nous montrent des laïques priant la nuit. Les œuvres de Grégoire de Tours, pour l'époque mérovingienne, abondent en exemples. La reine Clotilde, veuve de Clovis, passe des nuits dans des veillées pieuses. La mère du comte Eulalius périt dans les circonstances suivantes. Elle réprimandait souvent son fils qui agissait de façon déraisonnable, de sorte que celui-ci conçut une grande haine à son égard. Comme elle s'adonnait fréquemment à l'oraison dans l'oratoire de sa demeure et passait très souvent des nuits à veiller dans des prières accompagnées de larmes tandis que les serviteurs dormaient, on la trouva étranglée dans le cilice avec lequel elle priait.

La future sainte Radegonde, épouse du roi Clotaire, n'hésite pas à quitter la nuit le lit conjugal pour prier longuement, étendue sur un cilice, attrapant tellement froid que la tiédeur du lit, écrit son biographe Fortunat, ne parvient pas à la réchauffer. Bien entendu, une telle attitude entraîne des récriminations acerbes de la part de Clotaire qui s'écrie : « J'ai épousé une nonne et non une reine. »

Grégoire de Tours, pour montrer la piété de certains hommes laïcs – ils sont plus rares que les femmes –, a l'habitude de rapporter qu'ils se lèvent la nuit sans déranger autrui, preuve d'humilité, pour prier. Brachio, encore laïque – il devient abbé par la suite –, quitte son lit quotidiennement deux ou trois fois pour se prosterner et prier Dieu. Par contre si Mérovée, fils de Chilpéric, passe trois jours continus en jeûnes, veilles et oraisons, c'est qu'il a placé sur le sépulcre de saint Martin le psautier, le livre des Rois et les Évangiles et qu'il essaie, après avoir prié, de connaître l'avenir, mêlant ainsi superstition et religion.

Veillées de prières

Il convient d'honorer Dieu, non seulement dans la solitude d'une chambre individuellement, mais aussi en compagnie des autres fidèles. L'affluence est grande lors des vigiles à l'époque mérovingienne.

Lorsque la fête d'un saint est célébrée, les cérémonies commencent vers le milieu de la nuit. Les habitants, les pèlerins se rendent à l'église pour assister aux vigiles, cérémonie longue et importante qui se poursuit jusqu'à l'aurore. L'assistance qui se tient immobile chante psaumes, oraisons, hymnes. Ainsi le prêtre qui s'occupe de la basilique de Saint-Julien exhorte tout le monde à veiller avec lui, car le lendemain les reliques du saint patron doivent être placées dans ce lieu ; la nuit se passe donc au milieu des hymnes sacrées et des chants célestes. Dans un autre passage, une jeune fille, presque aveugle, se rend avec son père dans cette même basilique, et là ils assistent aux vigiles. Le calendrier de saint Perpétue de Tours que nous a laissé Grégoire comporte au total seize vigiles.

Celles-ci constituent une préparation de la fête qui se déroule après l'aurore. Normalement il est interdit de manger jusqu'à la messe, mais cette défense n'est guère observée tant par les laïcs que par certains clercs.

Longues cérémonies que ces vigiles donc, et bien évidemment la foule qui assiste, sans participer activement, ne manifeste pas toujours une attitude respectueuse. Les prêtres craignent des débordements. Des laïcs parlent sans se soucier de gêner leurs voisins, il leur arrive même de se disputer ou de quitter bruyamment l'église. Rester immobile une partie de la nuit n'est pas chose facile. Quant aux clercs, qui ne peuvent guère s'absenter, il leur arrive de s'endormir.

Quelquefois, un déchaînement de joie. Un miracle vient de se produire. Un muet a recouvré la parole, un paralytique a marché, un aveugle a vu. Aussitôt les gens se bousculent pour se rapprocher du miraculé. Des louanges retentissent, le prêtre rend grâce au saint. D'autres fois, la cérémonie est troublée par les cris de possédés qui s'agitent sous l'emprise du démon. Le peuple croit que les saints assistent aux vigiles et des possédés les appellent. La venue du saint peut se traduire par une suave odeur répandue dans l'église.

La cérémonie se termine au moment de l'aurore. Les

fidèles, accablés de lassitude, vont se coucher jusqu'à 9 heures; mais les matines n'attirent que peu de monde.

Avant la messe de 10 heures l'église doit être nettoyée. Car la foule a laissé derrière elle des immondices. Des hommes ivres ont vomi. Des fidèles qui dorment dans les coins retirés de l'édifice sont réveillés par le gardien lors de ses rondes.

Les malades veillent parfois de nombreuses nuits successives dans la basilique pour obtenir leur guérison, jeûnant près du tombeau.

En dehors des cérémonies nocturnes fixées par la tradition, des événements impromptus, en général malheureux, attirent les foules dans l'église. Ainsi à Reims. Comme la peste inguinaire ravage la population, les Rémois terrifiés accourent au sépulcre de saint Rémi. Après avoir allumé des cierges et des lampes en grand nombre, ils passent la nuit entière au milieu des hymnes et des psaumes.

Ces veillées de prières, si fréquentes aux temps mérovingiens, se poursuivent aux siècles suivants. Les assistants sont avant tout des pèlerins et, si la foule est dense à Saint-Martin de Tours, c'est qu'il s'agit d'un lieu célèbre pour ses guérisons.

Les églises sont normalement ouvertes la nuit. Mais c'est peut-être pour éviter des désordres qu'une antique coutume interdit de pénétrer dans celle du Mont-Saint-Michel avant la cloche des matines car, nous est-il expliqué, apparaissent des anges et des saints. Et ceux qui ne respectent pas cet interdit risquent de durs châtiments.

Un passage de Guibert de Nogent laisse supposer que parfois les portes sont fermées le soir, puis rouvertes seulement lors des vigiles. Otmond, moine à Fly, devenu portier de l'église, en expulse avec dureté un pauvre qui demande l'aumône de façon importune; cela pendant la journée. La nuit venue, il se dirige vers les portes pour annoncer, en les ouvrant, l'heure des vigiles, lorsque le diable se présente à lui sous l'aspect du pauvre. « Je précise que ce moine venait d'ouvrir les portes de la cloison interposée entre les clercs et le peuple, et que de là il s'avançait pour aller ouvrir les autres par lesquelles entre le peuple, lorsque tout à coup, ces dernières portes étant encore closes, l'homme bondit sur lui comme pour le frapper depuis le milieu de l'église, par les portes intermédiaires. »

On essaie parfois d'empêcher les fidèles de pénétrer dans l'édifice, mais sans résultat. Dans la seconde moitié du xe siècle, les moines de Sainte-Foy de Conques ne pouvant plus supporter les cris, le vacarme des assistants tentent de fermer l'église la nuit; mais un matin ils constatent l'ouverture des portes et la présence de nombreux pèlerins. Il est probable que la foule impatiente, massée devant le sanctuaire, a enfoncé ces portes. Le texte indique que les fidèles munis de cierges et de lampes destinés à dissiper l'obscurité se rendent dans le lieu saint pour veiller près des reliques et passent leur temps à chanter, des chants sacrés pour les clercs, des chants profanes pour les laïcs. Les miracles de saint Vulfran décrivent une veillée à Rouen en 1053 dans l'église Saint-Laurent. Dans la nuit du samedi au dimanche la foule, trop nombreuse pour tenir tout entière dans l'église, a débordé à l'extérieur dans l'aître. Certains sont assis, d'autres se tiennent debout mais tous, écrit l'auteur, manifestent une attitude remplie de dévotion. De même que les Rémois, les Rouennais, par leurs prières, demandent à saint Vulfran, dont les reliques viennent d'être amenées, de les préserver d'une épidémie.

Il semble que l'on veille surtout la nuit du samedi au dimanche.

Les termes utilisés mettent l'accent apparemment davantage sur la veillée nocturne auprès des reliques que sur la prière. L'attitude des fidèles désireux avant tout de passer la nuit près des restes du saint diffère assez profondément de celle du clergé qui insiste sur l'aspect liturgique du rassemblement. Clercs et moines, gênés par la foule, auraient tenté de donner une forme plus rituelle à ces veillées. L'accent mis sur la liturgie a peut-être d'ailleurs nui à la pratique de l'incubation, a-t-on remarqué. Toutefois, à l'époque féodale, cette évolution n'est qu'esquissée et la perturbation causée par la présence des fidèles apparaît à diverses reprises dans le texte. Chants profanes se mêlant aux chants sacrés. Activité de musiciens professionnels, comme ce jongleur de la ville de Saintes qui exerce souvent son talent dans la basilique Saint-Eutrope et empêche les fidèles de prier, car il adapte des mélodies sur son instrument.

En tout cas, grâce à l'ouverture des églises même la nuit, les veillées permettent aux chrétiens de prier de façon permanente un certain nombre de jours. La neuvaine, fréquente à l'époque moderne, n'est guère attestée alors. Toutefois un texte de la fin du XIIe siècle signale que tout fiévreux qui restera prier pendant neuf nuits dans la chapelle destinée à sainte Marie-Madeleine et saint Adjuteur près de Vernon et dormira dans le lit du saint sera guéri. Et à la fin du XIIIe siècle, la coutume de l'abbaye de Sainte-Croix de Bordeaux accorde chaque jour un pain et une mesure de vin aux personnes effectuant une neuvaine.

La nuit comporte donc fréquemment des veillées liturgiques. Toutefois la messe ne doit se célébrer qu'après le lever du jour, selon une doctrine constante des canonistes insérée dans le *Décret* de Gratien, ainsi que le démontre Henri Gilles. Le *Liber pontificalis*, rédigé dans les premières années du VIe siècle, attribue à Télesphore (pape en 125, mort martyr en 136) la prescription de célébrer la messe durant la nuit de Noël, suivie de l'interdiction des messes nocturnes « avant la troisième heure ». Le texte repris par diverses collections canoniques semble de règle en Occident au Ve siècle. Sidoine Apollinaire, s'étant rendu le 2 septembre 469 dans l'église des Macchabées à Lyon pour prendre part aux cérémonies de l'anniversaire de la mort de saint Just, rapporte qu'une procession nocturne se déroule près du tombeau de l'évêque.

Ensuite, après matines, l'assemblée se disperse mais les pèlerins restent à proximité, car il faudra être présent à tierce quand les prêtres accompliront le service divin.

Quant à la période précédente, en raison de l'absence de textes abordant ce problème, on ne peut qu'émettre des hypothèses. Durant les persécutions les chrétiens se retrouvaient généralement la nuit, ainsi qu'en témoigne une célèbre lettre de Pline le Jeune à Trajan. Au IIIe siècle, Tertullien considère que les messes nocturnes sont licites, mais son texte laisse supposer qu'elles deviennent exceptionnelles.

Toutefois, l'heure de tierce exigée par le droit canon ne concerne que les messes publiques, c'est-à-dire celles où se réunissent les fidèles d'abord autour de l'évêque dans la cathédrale puis autour du curé dans l'église paroissiale, ou la communauté monastique sous la présidence de l'abbé, et non les messes privées qui se répandent à partir du IXe siècle. Mais, pour que les fidèles assistent à la messe paroissiale, un canon dont la substance se retrouve dans les décrets de Théodulf, évêque d'Orléans au début du IXe siècle, défend aux prêtres de célébrer une messe privée en public les jours solennels.

Les textes législatifs du XIIIe siècle exigent toujours que la messe soit dite de jour. Ils permettent cependant aux chrétiens très occupés qui souhaitent entendre une messe quotidienne de le faire avant le lever du jour, sous réserve que la messe ait lieu peu de temps auparavant. On constate que cette pratique est exceptionnelle dans la mesure où ceux qui désirent en profiter demandent au pape une dispense, très peu fréquente. Urbain IV par exemple n'en accorde qu'à trois reprises en faveur du comte Henri de Meissen, du comte de Toulouse Alphonse de Poitiers et de sa femme Jeanne.

Quelles sont les personnes intéressées par ces messes nocturnes? D'une part, les hauts personnages laïcs qui possèdent une chapelle privée. Au XIVe siècle, parmi les faveurs qu'octroie le pape, figure le droit d'entendre la messe avant le jour. D'autre part les légats et les nonces auxquels le souverain pontife a confié une mission.

Le contexte matériel, l'idée que la messe rappelle la mort du Christ sur la croix expliquent le caractère exceptionnel des messes nocturnes.

LES CLERCS

Le fait pour un prêtre pieux de se relever la nuit afin de prier constitue une sorte de *topos*. Grégoire, arrière-grand-père maternel de l'historien des Francs Grégoire de Tours, après la mort de son épouse, est élu par le peuple et ordonné évêque de Langres. Comme sa maison à Dijon est contiguë au baptistère contenant les reliques de nombreux saints, il se lève de son lit pendant la nuit, sans que personne s'en aperçoive et va faire sa prière au baptistère dont la porte s'ouvre miraculeusement et où il psalmodie avec recueillement. Quand il a terminé, il regagne son lit et se couche avec tant de précaution que personne ne se rend compte de son absence.

Bien entendu, les clercs participent aux vigiles, alors que les laïcs montrent parfois peu d'enthousiasme et ne s'y rendent pas. En témoigne cette anecdote tirée de la vie de saint Nizier, évêque de Lyon. Un homme s'adressant à un prêtre lui déclare que toute la communauté doit veiller pour obtenir du saint une année paisible. Le prêtre tout joyeux fait sonner la cloche pour les vigiles. Bien qu'il soit arrivé avec les clercs de son église et tout le peuple, l'homme sujet à la gourmandise ne se hâte nullement de venir. Finalement les vigiles s'achèvent, le matin arrive et celui qui le premier a parlé de les célébrer n'y a pas assisté.

Il suffit de feuilleter les œuvres de Grégoire de Tours

pour constater qu'il se lève fréquemment la nuit pour se rendre à des offices religieux. Ainsi dans l'*Histoire des Francs*. Alors que Grégoire participe à Paris au concile chargé de juger l'évêque de Rouen Prétextat, des messagers viennent pour tenter de le soudoyer « après le chant des hymnes nocturnes ». Une nuit, un grand prodige – des étoiles brillant dans le ciel – lui apparaît au moment où il célèbre la vigile de saint Martin. Alors qu'il loge dans la basilique du bienheureux Julien à Paris, il se lève au milieu de la nuit pour rendre grâces au Seigneur.

Au cours de la nuit pascale – puis de la journée – se déroulent des célébrations particulièrement importantes pour rappeler la Résurrection du Christ. Durant la cérémonie nocturne, l'archidiacre allume le cierge pascal. Il monte à l'ambon et prie avec les fidèles. Il rappelle la bonté et la miséricorde du Seigneur, rend grâces pour la mort du Christ qui a sauvé tous les hommes. La cérémonie s'achève avec la bénédiction des fonts baptismaux et la célébration du baptême. Au cours de la vigile de la Pentecôte, le prêtre bénit le lait, le miel, l'eau, et les catéchumènes sont baptisés.

Les règles monastiques permettent d'apporter des précisions sur la dévotion nocturne. Cassien, qui vit à Marseille probablement depuis 415, écrit les *Institutions* à la demande de l'évêque d'Apt, Castor. Comme le jour débute le soir selon la coutume orientale, il décrit et commente d'abord l'office de nuit. Le jour doit être consacré aux activités de l'esprit, et la nuit, domaine du mal, aux activités du corps (sommeil) ; mais comme il faut alors spécialement lutter contre les tentations du diable, il importe d'y adjoindre des veilles et prières.

L'horaire nocturne paraît se dérouler ainsi : après avoir chanté les psaumes, les moines se reposent jusqu'à une heure non précisée. Réveillés par des frères chargés de cette mission, ils récitent les psaumes. Cassien souhaite que les vigiles nocturnes ne durent pas trop longtemps, car il est bon de les continuer par des vigiles privées et du travail manuel en cellule. Beaucoup de moines toutefois apparemment retournent dormir. Les vigiles du samedi qui débutent le vendredi à partir des vêpres selon la coutume juive sont nettement plus longues. Comme elles durent jusqu'au quatrième chant du coq, il reste en hiver deux heures de sommeil avant le lever. Les vigiles du dimanche sont ordinaires, ce qui peut dénoter une influence juive.

Mais c'est avec la règle de saint Benoît que l'ordre des offices est véritablement organisé de façon complète et que les prières sont fixées minutieusement.

En hiver, après avoir dit notamment les psaumes 3 et 94 ainsi que six autres psaumes avec antiennes, l'abbé donne sa bénédiction, tous s'assoient sur des bancs, et des frères lisent tour à tour dans un livre posé sur le pupitre trois leçons, entre lesquelles sont chantés trois répons. Après la troisième leçon, le chantre dit le *Gloria*. Tous alors se lèvent de leurs sièges en signe de respect pour la Sainte Trinité. On lit aux vigiles des textes tirés de l'Ancien et du Nouveau Testament, ainsi que des commentaires faits par les Pères de l'Église. Suivent six psaumes et la leçon de l'Apôtre.

De Pâques aux calendes de novembre, on maintient entièrement toute la psalmodie, mais à la place des trois leçons, en raison de la brièveté des nuits, on se borne à en dire une de l'Ancien Testament. Le reste est accompli comme il a été indiqué, c'est-à-dire qu'on ne dit jamais aux vigiles nocturnes une quantité moindre que douze psaumes, non compris les psaumes 3 et 94.

Le dimanche, on se lève plus tôt pour les vigiles, qui comportent d'abord schématiquement les mêmes éléments qu'en hiver. Mais, outre les psaumes et les quatre leçons, on lit de nouveau quatre autres leçons avec leurs répons. Après quoi on dit quatre cantiques des prophètes, un verset, puis l'abbé donne sa bénédiction et on lit quatre autres leçons du Nouveau Testament; après le quatrième répons, l'abbé entonne l'hymne *Te Deum laudamus*. Celle-ci achevée, il lit la leçon de l'Évangile devant les moines qui se tiennent debout avec honneur et crainte. Il enchaîne l'hymne *Te decet laus*, et après la bénédiction on entonne les matines.

Cette ordonnance des vigiles doit être gardée le dimanche en toute saison, été comme hiver, sauf si on se lève en retard; dans ce cas on abrège un peu les leçons ou les répons. Mais Benoît recommande d'éviter avec le plus grand soin que cela n'arrive. Et, si le fait se produit, le responsable de l'accident par sa négligence doit en faire une digne satisfaction à Dieu dans l'oratoire.

Et Benoît de conclure en évoquant une citation du prophète : « Au milieu de la nuit, je me levais pour te rendre grâces. »

La liturgie bénédictine a connu des modifications au cours des siècles. Elle est particulièrement développée à Cluny, ainsi que le montre Guy de Valous.

L'office de nuit commence à 2 h 30 par la *Trina Oratio* que Benoît d'Aniane a introduite au IXe siècle pour célébrer la Sainte Trinité : récitation des trente derniers psaumes divisés en trois portions égales, la première dite à l'intention des défunts, la seconde pour soi-même, la troisième pour les rois et les familiers.

L'office de matines comporte les nocturnes célébrées suivant les indications de la règle. S'ajoutent diverses oraisons dont le psaume *Miserere*, et quatre psaumes à l'intention des familiers. En temps de carême on ajoute deux psaumes que les moines récitent prosternés.

Après les matines se déroule la procession quotidienne de la grande église à celle de Sainte-Marie au chant de deux psaumes.

A Sainte-Marie on psalmodie les laudes de l'office de tous les saints, puis les matines et les laudes des défunts, suivies de quatre psaumes, puis des trois psaumes pour les trépassés. Les moines retournent ensuite dans le chœur de la grande église où ils chantent l'heure des laudes lorsque l'aube paraît.

Après les laudes encore quatre psaumes que l'on retrouve aux vêpres et aux complies, quatre psaumes pour les familiers et deux psaumes récités prosternés. Les moines se recouchent jusqu'au réveil pour prime aux environs de 5 heures.

Au total on récite quotidiennement à Cluny 215 psaumes. Mais la liturgie clunisienne n'est pas seulement psalmique. Nous avons vu que pour saint Benoît les leçons des vigiles doivent provenir de l'Ancien et du Nouveau Testament. Les clunisiens les prennent, eux, plutôt dans les écrits des Pères lorsqu'ils contiennent des passages pouvant convenir à la fête du jour. En outre, pour l'octave des fêtes des saints, la leçon est tirée de leurs vies. Si le même jour sont célébrés deux anniversaires, on lit huit leçons d'un saint et quatre de l'autre. Et si l'on ne trouve pas de leçons pour des vigiles de saints, les clunisiens n'hésitent pas à en composer de nouvelles, tel l'abbé Odon pour saint Géraud et saint Martin.

L'office est démesurément allongé. Ainsi, pour les leçons, la lecture de la Genèse qui débute aux nocturnes de la septuagésime se termine dans la semaine. A partir de Pâques les leçons des nocturnes sont réduites. Mais aux calendes de novembre, c'est-à-dire le 1er novembre, reviennent les longues leçons des nocturnes avec, par exemple, les prophéties d'Ezéchiel achevées à la Saint-Martin, c'est-à-dire le 11 novembre. Il suffit de deux nuits pour lire *L'Épître aux Romains.*

Et la récitation des psaumes de surérogation ajoutés par les clunisiens constitue une obligation. Ainsi, en 1294, les moniales de Laveine et les moines de Roziers sont tancés par les visiteurs parce qu'ils ne disent pas les psaumes familiers.

Terminons par deux exemples hautement significatifs, l'un en raison de la personne, l'autre à cause du moment.

• Un saint. Dominique, fondateur des Frères prêcheurs, a l'habitude de passer la nuit très souvent dans l'église, rapporte frère Rodolphe, procureur du couvent Saint-Nicolas de Bologne lors du procès de canonisation; il y prie beaucoup et, en priant, verse d'abondantes larmes et pousse de nombreux gémissements. Le témoin a souvent vu Dominique pendant son oraison, debout sur la pointe des pieds et tenant les mains levées dans l'attitude de la prière. A cause de ses nombreuses veilles et des nuits passées en oraison, il s'endort fréquemment lors des repas.

• La nuit pascale. Carol Heitz a étudié comment les chanoinesses d'Essen vivent la nuit pascale au XIVᵉ siècle. Il s'agit d'ailleurs de rites attestés dès le milieu du Xᵉ siècle dans de nombreux lieux de France, d'Angleterre, d'Italie du Nord et d'Allemagne.

A minuit chanoines et chanoinesses se rendent à l'abbatiale, les premiers par la galerie sud, les secondes par la galerie nord reliée à leur chœur. Les douze chanoines pénètrent sous la tente qui abritent le Sépulcre, prennent sur le tombeau la pyxide, c'est-à-dire la boîte servant à contenir les hosties, cependant que les chanoinesses chantent devant le Sépulcre.

Puis se déroule la procession. Celle-ci, qui comprend sept groupes, marque sept stations. Viennent successivement des porteurs de cierges, des porteurs d'ostensoirs, le diacre avec la croix, des chanoines avec les reliquaires, l'hebdomadier accompagné de porteurs de cierges avec l'Eucharistie, le sous-diacre avec le *Liber pleonarius* (sacramentaire du début du XIᵉ siècle), enfin les chanoinesses. Saint-Riquier, à l'époque carolingienne, connaît une procession pascale tout à fait comparable.

Sept stations. Dans le chœur occidental, devant l'autel de saint Pierre, est récité le premier des sept psaumes de la pénitence. Ensuite la procession sort de l'église et se rend au cimetière des chanoinesses. Là, se déroule le rite bizarre du pesage mystique de l'abbesse qui monte sur l'extrémité d'une poutre faisant levier de balance tandis que l'autre bout de la poutre supporte un agneau. Cette cérémonie qui se déroule dans le cimetière manifeste la liaison entre la Résurrection du Christ et celle à venir des trépassés. Revenue dans l'église, la procession s'arrête successivement devant l'autel principal, l'autel du chœur des chanoinesses, l'autel principal de la crypte, l'autel Saint-Étienne et l'autel de la Sainte-Croix. L'hebdomadier replace la pyxide dans le *sacrarium* d'où il l'a ôtée le vendredi saint. Et tous d'adorer la Croix.

Les matines sont ensuite chantées. Avant le *Te Deum laudamus* se déroule sous forme d'un drame la visite du sépulcre. Dans la nef sur des stalles sont assis les chanoinesses du côté nord, les chanoines du côté sud. Devant eux, dans les travées occidentales, les élèves de la *schola*. Comme acteurs, des chanoines figurant les deux anges gardiens du tombeau, saint Jean et saint Pierre, des chanoinesses représentant les trois Marie. Après *Deo gratias*, le peuple entonne un chant en allemand.

Une dernière station devant l'autel de la Sainte-Croix termine la nuit pascale.

Les textes auxquels nous nous sommes référé sont soit d'ordre législatif, soit d'ordre narratif. C'est-à-dire qu'ils indiquent ce qu'il convient de faire pour les premiers, qu'ils manifestent la réalité pour les seconds, une réalité sans doute bien différente de l'idéal. Combien de femmes, par exemple, peuvent suivre les conseils contenus dans les journées chrétiennes?

Allant plus loin, certains mystiques à travers la nuit s'unissent à Dieu.

MYSTIQUE DE LA TÉNÈBRE

La nuit, l'homme ne perçoit plus le monde visible, de sorte qu'il cerne mieux l'invisible. C'est alors qu'il peut dans la tradition judéo-chrétienne rencontrer Dieu.

« Qu'y a-t-il de plus favorable à la sagesse que la nuit? écrit Cyrille de Jérusalem au IVe siècle. Alors nous songeons souvent aux choses de Dieu. Alors nous pratiquons lecture et contemplation des choses divines. Quand notre pensée est-elle plus attentive à psalmodier et à prier? N'est-ce pas la nuit? Quand en venons-nous à nous rappeler plus souvent nos propres péchés? N'est-ce pas la nuit? »

Grégoire de Nysse (mort en 394) développe de façon remarquable ce thème de la mystique des ténèbres qu'il expose principalement dans la *Vie de Moïse* et plus encore dans ses *Homélies sur le Cantique*. Il considère que l'expérience mystique n'est pas une expérience de lumière, mais de ténèbre, doctrine qui se développe de Denys le Pseudo-Aréopagite à saint Jean de la Croix au XVIe siècle.

Le thème de la ténèbre pour Clément d'Alexandrie et Origène signifie que l'esprit humain ne peut connaître l'essence divine. C'est Grégoire de Nysse qui lui donne un sens mystique, estime Jean Danielou au cours d'une analyse pénétrante : sentir l'impossibilité d'accéder à l'essence divine constitue la forme la plus haute de la contemplation.

« La nuit désigne la contemplation des invisibles, à l'imitation de Moïse qui entra dans la ténèbre *(gnophos)* où était Dieu, ce Dieu qui a fait de l'obscurité sa retraite... Environnée par la nuit divine, l'âme cherche celui qui est caché dans la ténèbre. » L'âme en parvenant à une étroite union avec Dieu s'attache à Lui dans l'amour. Dieu ténèbre pour l'intelligence ne peut être connu que par la foi. Se manifeste ainsi l'aspect positif de la connaissance de Dieu dans la ténèbre.

Comme Dieu habite dans l'âme grâce à la foi, la mystique de la ténèbre comporte l'expérience de la proximité divine.

« Après qu'elle a dépassé tout le sensible, l'âme est désormais environnée par la nuit divine, dans laquelle l'Époux se rend présent mais ne se manifeste pas. Comment, en effet, ce qui n'est pas visible se manifesterait-il dans la nuit ? Mais il donne à l'âme un sentiment de présence tout en échappant à la connaissance claire, cachée par l'invisibilité de sa nature. »

La proximité divine entraîne une sortie de l'âme hors d'elle-même, une extase.

Le sommeil permet d'exprimer cette extase. Mais il s'agit d'un sommeil supérieur à la veille. « Le sommeil succède normalement à l'ivresse [une ivresse sobre, extatique]... Mais il s'agit ici d'un sommeil extraordinaire et étranger à la réalité coutumière. En effet, dans le sommeil ordinaire, celui qui dort n'est pas éveillé et celui qui est éveillé ne dort pas, mais sommeil et veille s'opposent et se succèdent l'un à l'autre. Or ici on constate un mélange inouï et paradoxal des contraires. »

L'âme est tellement absorbée par la contemplation de Dieu qu'elle perd conscience des réalités. « L'âme jouit de la seule contemplation de la réalité et, laissant dormir toute activité corporelle par la pureté et la nudité de l'esprit, elle reçoit la manifestation de Dieu dans une divine vigile. Puissions-nous nous en rendre dignes, en réalisant par ce sommeil la veillée de l'âme. »

Cette expérience de Dieu par l'extase connaît une croissance infinie. Dieu reste ténèbre, mais l'âme avance à l'intérieur de cette ténèbre dans une tension, l'épectase, qui résulte de l'attraction divine exercée sur elle.

La pensée de Grégoire sera reprise au cours des siècles suivants de façon variée. Le dominicain allemand Eckhart (v. 1260-v. 1327) commente à plusieurs reprises le verset johannique : « La lumière luit dans les ténèbres » ; ces ténèbres représentent pour lui Celui en qui le Verbe est éternellement engendré.

Mais bien que la nuit permette la rencontre de Dieu, elle est redoutée. Pour Jean Tauler (v. 1300-v. 1361), disciple et continuateur de Maître Eckhart, s'il est des ténèbres « où l'esprit est introduit dans l'unité de l'unité », il existe également des ténèbres vécues comme un abandon par Dieu à l'instar de Jésus s'écriant sur la Croix : « Mon Dieu, pourquoi m'as-tu abandonné ? » Mais il s'agit d'épreuves temporaires.

C'est le religieux espagnol Jean de la Croix (1542-1591) qui exprime de la manière la plus nette le mystère de la ténèbre. Pour lui cette nuit est d'abord expérience de la transcendance divine, mais elle s'accompagne de tourments qui en font une nuit obscure.

CANTIQUES DE L'ÂME

I

Par une nuit profonde,
Étant pleine d'angoisse et enflammée d'amour,
Oh! l'heureux sort!
Je sortis sans être vue,
Tandis que ma demeure était déjà en paix.

II

J'étais dans les ténèbres et en sûreté
Quand je sortis déguisée par l'escalier secret,
Oh! l'heureux sort!
J'étais dans les ténèbres et en cachette,
Tandis que ma demeure était déjà en paix.

III

Dans cette heureuse nuit,
Je me tenais dans le secret, personne ne me voyait,
Et je n'apercevais rien
Pour me guider que la lumière
Qui brûlait dans mon cœur.

IV

Elle me guidait
Plus sûrement que la lumière du midi
Au but où m'attendait
Celui que j'aimais,
Là où nul autre ne se voyait.

V

Ô nuit qui m'avez guidée!
Ô nuit plus aimable que l'aurore!
Ô nuit qui avez uni
L'aimé avec sa bien-aimée
Qui a été transformée en lui!

VI

Sur mon sein orné de fleurs,
Que je gardais tout entier pour lui seul,
Il resta endormi,
Et moi je le caressais
Et avec un éventail de cèdre je le rafraîchissais.

VII

Quand le souffle provenant du fort
Soulevait déjà sa chevelure,
De sa douce main
Posée sur mon cou il me blessait,
Et tous mes sens furent suspendus.

VIII

Je restai là et m'oubliai,
Le visage penché sur le Bien-Aimé.
Tout cessa pour moi, et je m'abandonnai à Lui.
Je Lui confiai tous mes soucis
Et m'oubliai au milieu des lis.

Nuit des sens. Nuit de l'esprit. Il n'est pas dans notre propos d'étudier la mystique de saint Jean de la Croix. Bornons-nous à en dire quelques mots tirés de ses écrits :

« Ce n'est pas aussitôt qu'elle sort des sécheresses et des épreuves de la première purification ou nuit des sens que Sa Majesté l'introduit dans la nuit de l'esprit. Elle passe d'ordinaire un temps très long et même des années où, après avoir franchi l'état des commençants, elle doit s'exercer dans celui de ceux qui progressent [...]

« Néanmoins la purification de l'âme n'a pas été achevée ; il y manque la partie principale, la purification de l'esprit, sans laquelle, vu les liens étroits qu'il y a entre l'une et l'autre, puisqu'elles font partie d'un même sujet, la purification des sens elle-même, si profonde qu'elle ait été, ne saurait être achevée ni parfaite. »

Le but suprême étant de parvenir à l'union avec Dieu, Jean de la Croix le rappelle au début du commentaire de son poème. « Avant de commencer l'explication de ces strophes, il est bon de rappeler ici que l'âme les prononce lorsqu'elle est déjà parvenue à la perfection, c'est-à-dire à l'union d'amour avec Dieu. Elle est déjà passée par de rudes épreuves et angoisses en pratiquant les exercices spirituels du chemin étroit de la vie éternelle dont le Sauveur parle dans l'Évangile et par lequel passe d'ordinaire l'âme qui doit arriver à cette sublime union avec Dieu [1]. »

1. Saint Jean de la Croix est cité d'après la traduction du père Grégoire de Saint-Joseph.

CONCLUSION

La nuit est l'endroit, la nuit est l'être où il [l'enfant] se
[repose, où il se retire, où il se recueille,
Où il rentre. Et il en sort frais. La nuit est ma plus belle
[création.
[...]
C'est la nuit qui est continue, où se retrempe l'être, c'est
[la nuit qui fait un long tissu continu,
Un tissu continu sans fin où les jours ne sont que des
[jours.
Ne s'ouvrent que comme des jours.
C'est-à-dire comme des trous, dans une étoffe où il y a
[des jours.
Dans une étoffe, dans un tissu ajouré.
C'est la nuit qui est ma grande muraille noire
Où les jours ne s'ouvrent que comme des fenêtres
D'une inquiète et d'une vacillante
Et peut-être d'une fausse lumière.

C'est ainsi que Péguy dans *Le Porche du mystère de la deuxième Vertu* répond à Puck, le lutin du *Songe d'une nuit d'été*.

Ambivalence de la nuit médiévale ! A la violence liée à la nuit répondrait la sécurité dispensée par la lumière solaire. A la longue journée de travail s'opposerait le repos du sommeil nocturne, certains préférant toutefois consacrer aux jeux leurs soirées. Nuit, domaine de Satan et temps fort de la prière monastique.

Voire! Les choses en ce monde ne sont jamais aussi tranchées. Sur le plan linguistique la relation entre jour et nuit, comme l'a montré Gérard Genette, n'est pas uniquement d'exclusion réciproque, mais aussi d'inclusion; le terme « jour » qui comporte deux sens en l'un exclut la nuit, en l'autre l'inclut. Le jour représente l'essentiel dont la nuit n'est que l'accident, l'envers. On ne peut parler de la nuit sans penser au jour, alors que toute parole sur le jour peut se passer de référence à la nuit. Et la glorification de la nuit par Péguy ne peut se faire qu'aux dépens du jour.

La langue française a féminisé la nuit et masculinisé le jour, confortant le caractère sexuel inhérent à ces deux éléments. La nuit est la femme que l'amour relie au jour, parfois en l'opposant :

Ah! Nuit, si tant de fois, dans les bras de l'amour,
Je t'admis aux plaisirs que je cachais au jour...

écrit Boileau dans *Le Lutrin*. Et cette femme est mère, « mère universelle, selon Péguy, non plus seulement mère des enfants (c'est si facile), mais mère des hommes même et des femmes, ce qui est si difficile ». Cette nuit mère qui donne le jour le récupérera, en fin de compte.

Nuit-femme. Alors que l'homme médiéval éprouve angoisse et répulsion pour l'obscurité inquiétante au même titre que pour le corps féminin si mystérieux que pénètre le mâle et où se forme l'être humain, l'homme contemporain qui grâce à des techniques a vaincu l'obscurité de la nuit et donné à la femme la maîtrise de son corps peut apparemment adopter une autre attitude.

Néanmoins, si l'on poursuit l'analyse, on peut être frappé par une étrange ressemblance avec le Moyen Age. La nuit moderne ne serait-elle pas surtout différente en ce que l'homme s'est séparé de Dieu? En se substituant à Lui, il a cru amener partout lumière et maîtrise – à « la nuit *du* Moyen Age » ont succédé la Renaissance, les Lumières, notre vie de science et d'électricité! Il a hypertrophié la « nuit apprivoisée ». Mais, ce faisant, il a perdu le besoin, et donc la faculté de sublimation qui seule permet un authentique dépassement. Reste alors la « nuit horrifique » que la domination technique et humaine ne suffit pas à vaincre puisqu'elle s'effondre au moindre incident, sinon autour de nous, assurément en nous. Paradoxalement, le Moyen Age ne serait-il pas mieux armé? Nuit humaine éclairée par la lumière divine.

BIBLIOGRAPHIE

Sources [1]

Baye (Nicolas de), *Journal de Nicolas de Baye, greffier du Parlement de Paris, 1400-1417*, éd. A. Tuetey, 2 vol., Paris, 1885-1888 (Société de l'Histoire de France).

Benoît (saint), *La Règle de saint Benoît*, éd. A. de Vogüe et J. Neufville, 6 vol., Paris, 1972-1977 (collection « Sources chrétiennes », n° 181-186).

Boccace, *Le Décaméron*, trad. J. Bourciez, Paris, 1979.

Boileau (Étienne), *Le Livre des métiers*, éd. R. de Lespinasse et F. Bonnardot, Paris, 1879.

Bueil (J. de), *Le Jouvencel suivi du commentaire de Guillaume Tringant*, éd. L. Lecestre et C. Favre, 2 vol., Paris, 1887-1889.

Capitularia regum Francorum, éd. R. Boretius, dans *Monumenta Germaniae historica, Legum sectio*, 2 vol., 1881-1897.

Cent Nouvelles nouvelles, présentées par R. Dubuis, Lyon, 1991.

Césaire d'Arles, *Sancti Caesarii Arelatensis Sermones*, éd. C. Morin, 2 vol., Turnhout, 1953 (Corpus christianorum. Series latina, CIII et CIV).

Chastellain (G.), *Œuvres*, éd. Kervyn De Lettenhove, 8 vol., Bruxelles, 1863-1866.

Choix de pièces inédites relatives au règne de Charles VI, éd. L. Douet d'Arcq, 2 vol., Paris, 1863-1864.

Chronique du Religieux de Saint-Denis, contenant le règne de

1. Pour les sources iconographiques, voir notamment le paragraphe sur la peinture. Les miniatures utilisées au cours de l'ouvrage sont trop disséminées pour que nous les recensions ici.

Charles VI, de 1380 à 1422, éd. L.-F. Bellaguet, 6 vol., Paris, 1839-1852 (collection de documents inédits sur l'Histoire de France).

DANTE, *La Divine Comédie*, trad. A. Pézard, Paris, 1965 (Bibliothèque de la Pléiade).

DESCHAMPS (E.), *Œuvres complètes*, éd. A. Queux de Saint-Hilaire et G. Raynaud, 11 vol., Paris, 1878-1904 (Société des anciens textes français).

Documents relatifs à l'histoire de l'industrie et du commerce en France, éd. G. Fagniez, 2 vol., Paris, 1898-1900.

Les Évangiles des Quenouilles, éd. M. Jeay, Paris, 1985.

Farces du Moyen Age, transcription par A. Tissier, Paris, 1984.

FAUQUEMBERGHE (Clément de), *Journal de Clément de Fauquemberghe, greffier du Parlement de Paris, 1417-1435*, éd. A. Tuetey avec la collaboration d'H. Lacaille, 3 vol., Paris, 1903-1915 (Société de l'Histoire de France).

Flamenca. Roman occitan du XIIIe siècle, éd. et trad. J.-Ch. Huchet, Paris, 1988 (collection « 10-18 »).

FORTUNAT (Venance), *Vita prima sanctae Radegundis*, éd. B. Krusch, dans *Monumenta Germaniae historica, Scriptores rerum merovingicarum*, II, 1888 (réimpr. 1956), p. 364-377.

FROISSART (J.), *Chroniques*, éd. S. Luce, G. Raynaud, L. et A. Mirot, 15 vol., Paris, 1869-1975, en cours (Société de l'Histoire de France), éd. Kervyn de Lettenhove, 26 vol., Bruxelles, 1870-1876.

FROISSART, *Poésies*, éd. A. Scheler, t. II, Bruxelles, 1871.

GERVAIS DE TILBURY, *Le Livre des Merveilles. Divertissement pour un Empereur* (troisième partie), trad. et commentaires par A. Duchesne, Paris, 1992.

GIRY (A.), *Les Établissements de Rouen*, 2 vol., 1883-1885.

GRÉGOIRE DE TOURS, *Historiarum libri decem*, éd. B. Krusch et W. Levison, dans *Monumenta Germaniae historica, Scriptores rerum merovingicarum*, t. I, 1, 1937-1951 (rééd. 1962) (*Histoire des Francs*, trad. R. Latouche, 2 vol., Paris, 1963-1965 (Les Classiques de l'Histoire de France au Moyen Age, 27 et 28).

GRÉGOIRE DE TOURS, *Miracula et opera omnia*, éd. B. Krusch, dans *Monumenta Germaniae historica, Scriptores rerum merovingicarum*, t. I, 2, 1885 (rééd. 1969 avec une pagination différente) (*Les Livres des miracles et autres opuscules*, éd. et trad. H. Bordier, 4 vol., Paris, 1857-1864).

GUIBERT DE NOGENT, *Autobiographie*, éd. et trad. E.-R. Labande, Paris, 1981 (Les Classiques de l'Histoire de France au Moyen Age).

GUILLAUME DE LORRIS et JEAN DE MEUN, *Le Roman de la Rose*, éd. A. Strubel, Paris, 1992 (collection « Lettres gothiques »).

HANSEN (J.), *Quellen und Untersuchungen zur Geschichte des Hexenwahns und der Hexenverfolgung im Mittelalter*, Bonn, 1901.

HEITO, *Visio Wettini*, éd. Duemmler, dans *Monumenta Germaniae historica, Poetae latini medii aevi*, t. II, p. 267-275.

HILDEGARDE DE BINGEN, *Hildegardis causae et curae*, éd. P. Kaiser, Leipzig, 1903 (p. 82-83 : *De somniis*; p. 142-143 : *De nocturna oppressione et De somniis*).

INSTITORIS (H.) et SPRENGER (J.), *Le Marteau des sorcières*, trad. A. Danet, Paris, 1973.

ISIDORE DE SÉVILLE, *Isidori Hispalensis episcopi Etymologiarum sive Originum libri XX*, éd. W. M. Lindsay, 2 vol., Oxford, 1911.

JEAN DE LA CROIX (saint), *La Nuit obscure*, trad. père Grégoire de Saint-Joseph, Paris, 1984 (collection Points-Seuil).

JEAN DE SALISBURY, *Policraticus, sive De nugis curialium et vestigiis philosopharum*, éd. C. Ch. J. Webb, Oxford, 1909.

Journal d'un bourgeois de Paris de 1405 à 1449, éd. C. Beaune, Paris, 1990 (collection « Lettres gothiques »).

LA MARCHE (Olivier de), *Mémoires*, éd. H. Beaune et J. d'Arbaumont, 4 vol., Paris, 1883-1888.

LECOUTEUX (Cl.) et MARCQ (Ph.), *Les Esprits et les Morts*, Paris, 1990 (collection « Essais »).

Leges nationum germanicarum, dans *Monumenta Germaniae historica*, 4 t., 1920-1937.

LEROUX DE LINCY (A.), et TISSERAND (L.-M.), *Paris et ses historiens aux XIV*e *et XV*e *siècles*, Paris, 1867.

LESPINASSE (R. de), *Les Métiers et Corporations de la ville de Paris*, 3 vol., Paris, 1886-1897.

LONGNON (A.), *Paris pendant la domination anglaise. 1420-1436*, Paris, 1878 (Société de l'Histoire de Paris et de l'Ile-de-France).

MANSI et ses continuateurs, *Sacrorum conciliorum nova et amplissima collectio*, réimpr. avec continuation, Paris, depuis 1901.

MARIE DE FRANCE, *Les Lais de Marie de France*, éd. K. Warnke, trad. L. Harf-Lancner, Paris, 1990 (collection « Lettres gothiques »).

Le Ménagier de Paris, éd. J. Pichon, 2 vol., Paris, 1846-1847.

MONSTRELET (Enguerrand de), *Chronique, 1400-1444*, éd. L. Douet d'Arcq, 6 vol., Paris, 1857-1862.

Ordonnances des rois de France de la troisième race, 22 vol., Paris, 1723-1849.

Prier au Moyen Age. Pratiques et Expériences (v^e^-xve siècle). Textes traduits et commentés sous la direction de N. Bériou, J. Berlioz et J. Longère, Turnhout, 1991.

Proverbes français antérieurs au xve siècle, éd. J. Morawski, Paris, 1925.

Les XV Joies de Mariage, éd. J. Rychner, 1967.

RAOUL GLABER, *Les Cinq Livres de ses histoires (900-1044)*, éd. M. Prou, Paris, 1886.

Recueil de documents concernant la commune et la ville de Poitiers. I. *de 1063 à 1327*. II. *de 1328 à 1380*, Poitiers, 1923 et 1928, dans *Archives historiques du Poitou*, t. XLIV et XLVI.

Recueil général et complet des fabliaux des XIIIe et XIVe siècles, éd. A. de Montaiglon et G. Raynaud, 6 vol., Paris, 1872-1890.

Recueils des documents concernant le Poitou, contenus dans les registres de la Chancellerie de France, éd. P. Guérin, t. I-XI (1302-1474), dans *Archives historiques du Poitou*, t. XI, XIII, XVII, XIX, XXI, XXIV, XXVI, XXIX, XXXII, XXXV, XXXVIII, 1881-1909 ; P. Guérin et L. Celier, t. XII (1475-1483) dans *Archives historiques du Poitou*, t. XLI, 1919 ; L. Célier, t. XIII-XIV (1483-1502), dans *Archives historiques du Poitou*, t. L et LVI, 1938 et 1958.

REGINON DE PRUM, *Libri de synodalibus causis et disciplinis ecclesiasticis*, éd. F.W.H. Wasserschleben, Leipzig, 1840.

Registre criminel du Châtelet de Paris du 6 septembre 1389 au 18 mai 1392, éd. H. Duples-Agier, 2 vol., Paris, 1861-1864.

RUFIN, *The Herbal of Rufinus*, éd. L. Thorndike et F.S. Benjamin, Chicago, 1945.

VILLON, *Poésies complètes*, éd. Cl. Thiry, Paris, 1991 (collection « Lettres gothiques »).

VOGEL (C.), *Le Pécheur et la Pénitence au Moyen Age*, Paris, 1969.

TRAVAUX [1]

* ALEXANDRE-BIDON (D.) et CLOSSON (M.), *L'Enfant à l'ombre des cathédrales*, Lyon, 1985.
* ARIÈS (Ph.) et DUBY (G.) (dir.), *Histoire de la vie privée* ; t. II : *De l'Europe féodale à la Renaissance*, Paris, 1985.
AUBRUN (M.), « Caractères et portée religieuse et sociale des *Visiones* en Occident du VIe au XIe siècle », dans *Cahiers de civilisation médiévale*, avril-juin 1980, p. 109-130.
BACHELARD (G.), *La Flamme d'une chandelle*, Paris, 1961.
BAROJA (J.-C.), *Les Sorcières et leur monde*, Paris, 1972 (trad. fr.).
BARROUX (M.), *Les Fêtes royales de Saint-Denis en mai 1389*, Paris, 1936.
* BAUTIER (R.-H.), « Contestations de la personne du roi et de l'autorité royale (XIIe-XIVe siècle). L'exemple d'Orléans (1284) », dans *Violence et contestation au Moyen Age*, Paris, 1990, p. 207-234.
BECKER (R. de), *Les Machinations de la nuit*, Paris, 1965.
* BIARNE (J.), « Le temps d'après les premières règles monastiques d'Occident (IVe-VIe siècle) », dans *Le Temps chrétien de la fin de l'Antiquité au Moyen Age. IIIe-XIIIe siècle*, p. 99-128.
BILLOT (Cl.), *Chartres aux XIVe et XVe siècles : une ville et son plat pays*, Paris, 1980.
* BOUREAU (A.), « Satan et le dormeur. Une construction de l'inconscient au Moyen Age », dans *Chimères*, n° 14, 1991-1992, p. 41-61.
BOUTONNIER (J.), *Contribution à la psychologie et à la métaphysique de l'angoisse*, Paris, 1945.
* BRAET (H.), *Le Songe dans la chanson de geste au XIIe siècle*, Gand, 1975.
BRUYNE (E. de), *Études d'esthétique médiévale*, 3 vol., Bruges, 1946.
CARTELLIERI (O.), *La Cour des ducs de Bourgogne*, Paris, 1946.
CARBONNIER (J.), « Nocturne », dans *Mélanges Henri Lévy-Bruhl*, Paris, 1959, p. 345-350.
CAROZZI (Cl.), *Le Voyage de l'âme dans l'au-delà d'après la lit-*

1. En raison de l'absence de notes bibliographiques infrapaginales, nous avons fait précéder d'un astérique les travaux les plus utilisés.

térature latine (v^e-XIIIe siècle), thèse d'État soutenue à Paris en 1989.

CASSAGNES-BROUQUET (S.), *La Violence des étudiants toulousains de 1460 à 1610*, thèse de 3e cycle, École des Hautes Études, 1982 (dactyl.).

* CHAMPION (P.), *François Villon. Sa vie et son temps*, 2 vol., Paris, 1913.

CHAMPION (P.), *La Vie de Paris au Moyen Age*. I. *L'Avènement de Paris*. II. *Splendeurs et misères de Paris (XIVe-XVe siècle)*, 2 vol., Paris, 1933-1934.

* CHEVALIER (B.), *Les Bonnes Villes de France du XIVe au XVIe siècle*, Paris, 1982.

CHEVALIER (B.), *Tours, ville royale (1356-1520). Origine et développement à la fin du Moyen Age*, Louvain et Paris, 1975.

CHIFFOLEAU (J.), *La Comptabilité de l'au-delà. Les hommes, la mort et la religion dans la région d'Avignon à la fin du Moyen Age (vers 1320-vers 1480)*, Rome, 1980 (collection de l'École française de Rome, n° 47).

COHEN (G.), *Histoire de la mise en scène dans le théâtre religieux français du Moyen Age*, Paris, 1926.

COHEN (G.), *Le Théâtre en France au Moyen Age*. I. *Le Théâtre religieux*, Paris, 1928 ; II. *Le Théâtre profane*, Paris, 1931.

* COHN (N.), *Démonolâtrie et Sorcellerie au Moyen Age. Fantasmes et réalités*, trad. fr., Paris, 1982.

COLLIOT (R.), « Soleil, lune, étoiles à l'horizon littéraire médiéval ou les signes de la lumière (textes du XIIIe siècle) », dans *Le Soleil, la Lune et les Étoiles au Moyen Age*, p. 39-52.

COMBARIEU DU GRÈS (M. de), « Le jour et la nuit dans le Roman de Béroul », dans *Tristania*, vol. 11, n° 1, novembre 1976, p. 12-31.

COMBARIEU [DU GRÈS] (M. de), « Scènes de nuit dans le *Roman de Renart* », dans *Mélanges Alice Planche*, p. 117-125.

COMBARIEU DU GRÈS (M. de), « Le soleil et la lune dans le cycle du Lancelot-Graal », dans *Le Soleil, la Lune et les Étoiles au Moyen Age*, p. 53-80.

* CONTAMINE (Ph.), « Les aménagements de l'espace privé, XIVe-XVe siècle », dans ARIÈS (Ph.) et DUBY (G.), *Histoire de la vie privée*, t. II, p. 421-501.

CONTAMINE (Ph.), « Prodige et propagande. Vendredi 20 août 1451, de 7 heures à 8 heures du matin : le ciel de Bayonne », dans *Observer, Lire, Écrire le ciel au Moyen Age*, p. 63-86.

CONTAMINE (Ph.), *La Vie quotidienne pendant la guerre de Cent Ans. France et Angleterre (XIVe siècle)*, Paris, 1976.
CORRAIN (L.), « Raffigurare la notte », dans SBRICCOLI (éd.), *La Notte...*, p. 141-162.
COULET (N.), *Aix-en-Provence. Espace et relations d'une capitale (milieu XIVe siècle-milieu XVe siècle)*, 2 vol., Aix-en-Provence, 1988.
CROUZET-PAVAN (E.), « Potere politico e spazio sociale : il controllo della notte a Venezia nei secoli XIII-XV », dans SBRICCOLI (éd.), *La Notte...*, p. 46-66.
* DANIÉLOU (J.), « Mystique de la ténèbre chez Grégoire de Nysse », dans l'article « Contemplation », dans *Dictionnaire de spiritualité ascétique et mystique*, t. II, col. 1872-1885.
* DELAMARE, *Traité de la police*, t. I, Paris, 1722.
DELORT (R.), *Le Commerce des fourrures en Occident à la fin du Moyen Age*, 2 vol., Rome, 1978.
DELORT (R.), *La Vie au Moyen Age*, Paris, 1982.
DELUMEAU (J.), *Le Péché et la Peur. La culpabilisation en Occident. XIIIe-XVIIIe siècle*, Paris, 1983.
* DELUMEAU (J.), *La Peur en Occident (XIVe-XVIIIe siècle)*, Paris, 1978.
DELUZ (Ch.), « Un ciel mieux étudié que la terre, d'après quelques textes sur le monde (XIIe-XIVe siècle) », dans *Le Soleil, la Lune et les Étoiles au Moyen Age*, p. 91-109.
* DEMIANS D'ARCHIMBAUD (G.), *Les Fouilles de Rougiers (Var). Contribution à l'archéologie de l'habitat rural en pays méditerranéen*, Paris, 1980.
* *Le Diable au Moyen Age (Doctrine, Problèmes moraux, Représentations), Sénéfiance* 6, Aix-en-Provence, 1979.
DINZELBACHER (P.), « Körperliche und Seelische Vorbedingungen religiöser Träume und Visionen », dans *I Sogni nel Medioevo*, p. 57-86.
DINZELBACHER (P.), *Vision und Visionsliteratur im Mittelalter*, Stuttgart, 1981.
* DUBOST (F.), *L'Autre, l'Ailleurs et l'Autrefois. Aspects fantastiques de la littérature narrative médiévale (XIIe-XIIIe siècles)*, thèse de doctorat d'État, Paris III, 1989 (dactyl.).
DUPUY (M.), article « Nuit », dans *Dictionnaire de spiritualité ascétique et mystique*, t. XI, col. 519-525.
DURAND (G.), *Les Structures anthropologiques de l'imaginaire. Introduction à l'archétypologie générale*, Paris, 1969.
FARAL (Éd.), *La Vie quotidienne au temps de Saint Louis*, Paris, 1938.

FAVIER (J.), *Paris au XVe siècle. 1380-1500*, Paris, 1974 (Nouvelle histoire de Paris).
FAVREAU (R.), « Aspects de l'Université de Poitiers au XVe siècle », dans *Bulletin de la Société des antiquaires de l'Ouest*, 1959-1960, p. 31-71.
FAVREAU (R.), « Les vues de Poitiers au Moyen Age », dans *Bulletin de la Société des antiquaires de l'Ouest*, 1979, p. 223-238.
FRAPPIER (J.), « Le thème de la lumière de *La Chanson de Roland* au *Roman de la Rose* », dans *Histoire, Mythes et Symboles*, p. 181-198.
* GAUVARD (Cl.), « *De grace especial* ». *Crime, État et Société en France à la fin du Moyen Age*, 2 vol., Paris, 1991 (Publications de la Sorbonne).
GAY (V.) et STEIN (H.), *Glossaire archéologique du Moyen Age et de la Renaissance*, 2 vol., Paris, 1887 et 1928.
GENETTE (G.), *Figures II*, 1e éd., Paris, 1969. « Le jour, la nuit », dans rééd. 1979 (Points-Seuil), p. 101-122.
GEREMEX (B.), *Les Marginaux parisiens aux XIVe et XVe siècles*, trad. du polonais, Paris, 1976.
* GEREMEK (B.), *Le Salariat dans l'artisanat parisien aux XIIIe-XVe siècles*, Paris-La Haye, 1968.
GEREMEK (B.), *Truands et Misérables dans l'Europe moderne (1350-1600)*, Paris, 1980.
* GILLES (H.), « L'interdiction canonique des messes nocturnes », dans *La Religion populaire en Languedoc du XIIIe siècle à la moitié du XIVe siècle, Cahiers de Fanjeaux*, 11, Toulouse, 1976, p. 419-428.
GINZBURG (C.), *Le Sabbat des sorcières*, Paris, 1992.
GONTHIER (N.), *Cris de haine et rites d'unité. La violence dans les villes. XIIIe-XVIe siècle*, Turnhout, 1992.
GONTHIER (N.), *Délinquance, Justice et Société en Lyonnais, fin XIIIe siècle – début XVIe siècle*, thèse dactyl., Lyon, 1988, 4 vol.
GOUIRAN (G.), « *Flamenca* : du " grand soleil d'amour chargé " aux " princes de la nuit " », dans *Le Soleil, la Lune et les Étoiles au Moyen Age*, p. 141-157.
HASENOHR (G.), « La vie quotidienne de la femme vue par l'Église : l'enseignement des " journées chrétiennes " de la fin du Moyen Age », dans *Frau und Spätmittelalterlicher Alltag*, Vienne, 1986, p. 19-101.
* HEITZ (C.), « La nuit pascale des chanoinesses d'Essen au XIVe siècle », dans *La Femme au Moyen Age*, Maubeuge, 1990, p. 33-48.
HUIZINGA (J.), *Le Déclin du Moyen Age*, trad. fr., Paris, 1932.

* JAROUSSEAU (G.), « Le guet, l'arrière-guet et la garde en Poitou pendant la guerre de Cent Ans », dans *Bulletin de la Société des antiquaires de l'Ouest*, t. 8, 1965, p. 159-202.

JEAY (M.), « Sur quelques coutumes sexuelles du Moyen Age », dans *L'Érotisme au Moyen Age*, Montréal, 1977, p. 123-141.

JONES (E.), *Le Cauchemar*, trad. de l'anglais, Paris, 1973.

JONIN (P.), « L'espace et le temps de la nuit dans les romans de Chrétien de Troyes », dans *Mélanges Alice Planche*, p. 235-246.

* LAHARIE (M.), *La Folie au Moyen Age. XIe-XIIIe siècle*, Paris, 1991.

* LANDES (D.S.), *L'heure qu'il est. Les horloges, la mesure du temps et la formation du monde moderne*, Paris, 1987.

* LANGLOIS (Ch.-V.), *La Vie en France au Moyen Age de la fin du XIIe au milieu du XIVe siècle*, 4 vol., Paris, 1926-1928.

LAVAUD (B.-M.), « L'angoisse spirituelle selon Jean Tauler », dans *Études carmélitaines*, octobre 1938, p. 82-91.

LECLERCQ (H.), article « Incubation », dans *Dictionnaire d'archéologie chrétienne et de liturgie*, t. VII-I, 1926, col. 511-517.

LECLERCQ (H.), article « Nuit » dans *ibid.*, t. XII-2, col. 1808-1809.

LEFÈVRE (Y.), *L'Élucidarium et les Lucidaires*, Paris, 1954.

* LE GOFF (J.), « Au Moyen Age : temps de l'Église et temps du marchand », dans *Annales. Économies. Sociétés. Civilisations*, 1960, p. 417-433.

LE GOFF (J.), « Aspects savants et populaires des voyages dans l'au-delà au Moyen Age », dans *L'Imaginaire médiéval. Essais*, Paris, 1985, p. 103-119.

* LE GOFF (J.), *La Naissance du Purgatoire*, Paris, 1981 (Bibliothèque des Histoires).

* LE GOFF (J.), « Le christianisme et les rêves (IIe-VIIe siècle) », dans *L'Imaginaire médiéval*, p. 265-316.

LE GOFF (J.), « Le désert-forêt dans l'Occident médiéval », dans *ibid.*, p. 59-75.

LE GOFF (J.), « Le temps du travail dans la " crise " du XIVe siècle : du temps médiéval au temps moderne », dans *Le Moyen Age*, LXIX, 1963, p. 597-613.

LE GOFF (J.), « Les rêves dans la culture et la psychologie collective de l'Occident médiéval », dans *Scolies*, I, 1971, p. 123-130.

* LE GOFF (J.) et RÉMOND (R.) (dir.), *Histoire de la France religieuse*; t. I : *Des origines au XIVe siècle*, Paris, 1988.

LE GOFF (J.) et SCHMITT (J.-Cl.) (éd.), *Le Charivari*, actes de la table ronde organisée à Paris (25-27 avril 1977), Paris-La Haye-New York, 1981.

LEGUAY (J.-P.), *Un réseau urbain au Moyen Age : les villes du duché de Bretagne aux XIVe et XVe siècles*, Paris, 1981.

LEGUAY (J.-P.), *La Rue dans les villes françaises de la fin du Moyen Age*, Rennes, 1984.

* LE ROY LADURIE (E.), *Montaillou, village occitan de 1294 à 1324*, Paris, 1975.

* LORCIN (M.-Th.), « Le soleil, l'œil et la vision au Moyen Age », dans *Le Soleil, la Lune et les Étoiles au Moyen Age*, p. 215-228.

LOUIS DE LA TRINITÉ (P.), « L'obscure nuit du feu d'amour », dans *Études carmélitaines*, octobre 1938, p. 7-32.

LUCE (S.), *La France pendant la guerre de Cent Ans*, Paris, 1890.

LUCHAIRE (A.), *Les Communes françaises à l'époque des Capétiens directs*, nouvelle éd. revue par L. Halphen, réimpr. Genève, 1977.

LUCIEN-MARIE DE SAINT-JOSEPH (P.), « A la recherche d'une structure essentielle de la nuit de l'esprit », dans *Études carmélitaines*, octobre 1938, p. 254-281.

* MAGUIN (J.-M.), *La Nuit dans le théâtre de Shakespeare et de ses prédécesseurs*, thèse, Montpellier III, 1977, 2 vol., Lille, 1980.

MAIRE-VIGUEUR (J.-Cl.), « Valenze della notte in alcune esperienze religiose medievali (Italia centrale, XIII-XIV secolo) », dans SBRICCOLI (éd.), *La Notte...*, p. 23-29.

MANTINI (S.), « Notte in città, notte in campagna tra Medioevo ed Età moderna », dans *ibid.*, p. 30-45.

* MARIGNAN (A.), *Études sur la civilisation française*. I. *La Société mérovingienne*. II. *Le Culte des saints sous les Mérovingiens*, Paris, 1899.

MEHL (J.-M.), *Les Jeux au royaume de France du XIIIe au début du XVIe siècle*, Paris, 1990.

MUCHEMBLED (R.), *La Sorcière au village (XVe-XVIIe siècle)*, Paris, 1979.

MUCHEMBLED (R.), *La Violence au village. Sociabilité et comportements populaires en Artois du XVe au XVIIe siècle*, Turnhout, 1989.

« La nuit », *Corps écrit*, n° 14, Paris, P.U.F., 1985.

Observer, Lire et Écrire le ciel au Moyen Age, actes du colloque d'Orléans, 22-23 avril 1989 sous la direction de B. Ribemont, Paris, 1991.

* PACAULT-LEGENDRE (V.) et GUILLEMINAULT (Ch.), « Troubles du

sommeil », dans *Encycl. Med. Chir.* (Paris, France), Psychiatrie, 37129 A¹⁰, 7, 1984, 6 pages.

PASTOUREAU (M.), « Du bleu et du noir : éthiques et pratiques de la couleur à la fin du Moyen Age », dans *Médiévales*, 1988, p. 9-21.

* PAUL (J.), « Le démoniaque et l'imaginaire dans le *De Vita sua* de Guibert de Nogent », dans *Le Diable au Moyen Age*, p. 371-399.

* PAVANT (E.), « Recherches sur la nuit vénitienne à la fin du Moyen Age », dans *Journal of Medieval History* 7 (1981), p. 339-356 (voir CROUZET-PAVAN E.).

* PAYEN (J.-Ch.) et LEGROS (Y.), « La femme et la nuit ou recherches sur le thème de l'échange amoureux dans la littérature courtoise », dans *Mélanges Pierre Jonin*, publications du CUERMA, *Senéfiance* 7, 1979, p. 515-525.

PELLE-DOUËL (Y.), *Saint Jean de la Croix et la nuit mystique*, Paris, 1992, (1ᵉ éd. 1960) (collection « Maîtres spirituels », Seuil).

PESEZ (J.-M.), « L'habitation paysanne en Bourgogne médiévale », dans *La Construction au Moyen Age. Histoire et archéologie* (actes du congrès de la Société des historiens médiévistes de l'Enseignement supérieur public, Besançon, 1972), Paris, 1973, p. 219-237.

PESEZ (J.-M.), « Le foyer de la maison paysanne (XIᵉ-XVᵉ siècle), dans *Archéologie médiévale*, 16, 1986, p. 65-92.

PIETRI (L.), *La Ville de Tours du IVᵉ au VIᵉ siècle : naissance d'une cité chrétienne*, Rome, 1983 (collection de l'École française de Rome, 69).

QUENEDEY (R.), *L'Habitation rouennaise. Études d'histoire, de géographie et d'archéologie urbaines*, Rouen, 1926.

RAMNOUX (Ch.), *La Nuit et les enfants de la Nuit dans la tradition grecque*, Paris, 1959.

RAMNOUX (Ch.), « Histoire d'un symbole. Histoire antique de " la Nuit ", dans *Cahiers internationaux du symbolisme*, nº 13, 1967, p. 57-68.

REYPENS (L.), « La " nuit de l'esprit " chez Ruusbroec », dans *Études carmélitaines*, octobre 1938, p. 75-81.

RICHARD (J.-M.), *Mahaut, comtesse d'Artois et de Bourgogne (1302-1329)*, Paris, 1887.

RICHE (P.), *La Vie quotidienne dans l'Empire carolingien* Paris, 1973.

ROSSIAUD (J.), *La Prostitution médiévale*, Paris, 1988.

* SBRICCOLI (M.) éd., *La Notte. Ordine, sicurezza e disciplinamento in età moderna*, Città di Castello, 1991.

SBRICCOLI (M.), « Nox quia nocet, I giuristi, l'ordine e la nor-

malizzazione dell' immaginario », dans SBRICCOLI (éd.), *La Notte...*, p. 9-19.
SCHMITT (J.-Cl.), « Les revenants dans la société féodale », dans *Le Temps de la Réflexion*, III, Paris, 1983, p. 285-306.
SCHMITT (J.-Cl.), « Rêver au XIIe siècle », dans *I Sogni nel Medioevo* (Congrès international, Rome, 1983), Rome, 1985, p. 291-316.
SCHMITT (J.-Cl.), « Le suicide au Moyen Age », dans *Annales. Économies. Sociétés. Civilisations*, janvier-février 1976, p. 3-28.
* SCHMITT (J.-Cl.), « Les " superstitions " », dans LE GOFF (J.) et RÉMOND (R.), *Histoire de la France religieuse*, t. I, p. 417-551.
* SIGAL (P.-A.), *L'Homme et le miracle dans la France médiévale (XIe-XIIe siècle)*, Paris, 1985.
* *Le Soleil, la Lune et les Étoiles au Moyen Age, Sénéfiance* 13, Marseille, 1983.
* *Le Temps chrétien de la fin de l'Antiquité au Moyen Age*, (colloques internationaux du Centre national de la recherche scientifique, Paris, 9-12 mars 1981), Paris, 1984.
THÉRY (P.G.), « Denys au Moyen Age », dans *Études carmélitaines*, octobre 1938, p. 68-74.
TOUSSAERT (J.), *Le Sentiment religieux, la vie et la pratique religieuse des laïcs en Flandre maritime et au « West Hoeck » de langue flamande aux XIVe, XVe et début du XVIe siècle*, Paris, 1963.
* VALOUS (G. de), *Le Monachisme clunisien des origines au XVe siècle. Vie intérieure et organisation de l'ordre*; t. I : *L'Abbaye de Cluny. Les monastères clunisiens*, Paris, 1970.
VAN MARLE (R.), *Iconographie de l'art profane au Moyen Age et à la Renaissance et la décoration des demeures*; t. I : *La Vie quotidienne*, La Haye, 1931 ; t. II : *Allégories et symboles*, La Haye, 1932.
* VAULTIER (R.), *Le Folklore en France pendant la guerre de Cent Ans, d'après les Lettres de rémission du Trésor des Chartes*, Paris, 1965.
VERDON (J.), « Dormir au Moyen Age », à paraître dans la *Revue belge de philologie et d'histoire*.
VERDON (J.), *Isabeau de Bavière*, Paris, 1981.
VERDON (J.), *Les Loisirs au Moyen Age*, Paris, 1980.
VERDON (J.), « Recherches sur la société religieuse et la nuit au Moyen Age », à paraître dans *Mélanges Bernard Guillemain*.
VERDON (J.), « Sur l'ambivalence de la nuit au Moyen Age »,

Premier Congrès européen d'études médiévales, 27-29 mai 1993, Spoleto (Italie).

VICAIRE (M.-H.), *Saint Dominique. La vie apostolique*, Paris, 1965.

* VOISIN (A.), « Notes sur la vie urbaine au XVe siècle. Dijon la nuit », dans *Annales de Bourgogne*, IX, 1937, p. 265-279.

WEIL (M.), *De la circonstance de nuit en droit pénal*, Marseille, 1910, thèse de droit, Paris, 1910.

* ZANNETTACCI STEPHANOPOLI (M.), « La lumière naturelle dans l'habitation médiévale », dans *Le Soleil, la Lune et les Étoiles au Moyen Age*, p. 451-465.

ZINK (M.), « Froissart et la nuit du chasseur », dans *Poétique*, 41, février 1980, p. 60-77.

TABLE

DEUXIÈME PARTIE
L'HOMME OU LA NUIT APPRIVOISÉE

TROISIÈME PARTIE
DIEU OU LA NUIT SUBLIMÉE

Cet ouvrage a été réalisé par la
SOCIÉTÉ NOUVELLE FIRMIN-DIDOT
Mesnil-sur-l'Estrée
en février 1999

Édition exclusivement réservée aux adhérents du Club
Le Grand Livre du Mois
15, rue des Sablons
75116 Paris
réalisée avec l'aimable autorisation des éditions Perrin

Imprimé en France
Dépôt légal : février 1998
N° d'impression : 45710
ISBN : 2-7028-1753-X